쏙쏙 들어오는 자료구조

Grokking Data Structures

© J-Pub Co., Ltd. 2025.
Authorized Korean translation of the English edition © 2024 Manning Publications.
This translation is published and sold by permission of Manning Publications,
the owner of all rights to publish and sell the same.

이 책의 한국어판 저작권은 대니홍 에이전시를 통한 저작권사와의 독점 계약으로 제이펍 출판사에 있습니다.
신저작권법에 의해 한국 내에서 보호를 받는 저작물이므로 무단 전재와 무단 복제를 금합니다.

쏙쏙 들어오는 자료구조

1판 1쇄 발행 2025년 9월 26일

지은이 마르첼로 라 로카
옮긴이 김성원
펴낸이 장성두
펴낸곳 주식회사 제이펍

출판신고 2009년 11월 10일 제406-2009-000087호
주소 경기도 파주시 회동길 159 3층 / **전화** 070-8201-9010 / **팩스** 02-6280-0405
홈페이지 www.jpub.kr / **투고** submit@jpub.kr / **독자문의** help@jpub.kr / **교재문의** textbook@jpub.kr

소통기획부 김정준, 이상복, 안수정, 박재인, 박새미, 송영화, 김은미, 나준섭, 권유라
소통지원부 민지환, 이승환, 김정미, 박예은 / **디자인부** 이민숙, 최병찬

진행 송영화 / **교정·교열** 김은미 / **내지 디자인** 이민숙 / **내지 편집** 남은순
용지 타라유통 / **인쇄** 해외정판사 / **제본** 일진제책사

ISBN 979-11-94587-59-0 (93000)
책값은 뒤표지에 있습니다.

※ 이 책은 저작권법에 따라 보호를 받는 저작물이므로 무단 전재와 무단 복제를 금지하며,
   이 책 내용의 전부 또는 일부를 이용하려면 반드시 저작권자와 제이펍의 서면 동의를 받아야 합니다.
※ 잘못된 책은 구입하신 서점에서 바꾸어드립니다.

제이펍은 독자 여러분의 아이디어와 원고를 기다리고 있습니다. 책으로 펴내고자 하는 아이디어나 원고가 있는 분께서는
책의 간단한 개요와 차례, 구성과 저(역)자 약력 등을 메일(submit@jpub.kr)로 보내주세요.

쏙쏙 들어오는
자료구조
Grokking Data Structures

그림과 코드로 재미있게 배우는 파이썬 자료구조

마르첼로 라 로카 지음 / 김성원 옮김

※ 드리는 말씀

- 이 책에 기재된 내용을 기반으로 한 운용 결과에 대해 지은이/옮긴이, 소프트웨어 개발자 및 제공자, 제이펍 출판사는 일체의 책임을 지지 않으므로 양해 바랍니다.
- 이 책에 등장하는 각 회사명, 제품명은 일반적으로 각 회사의 등록상표 또는 상표입니다. 본문 중에는 ™, ⓒ, ® 등의 기호를 생략했습니다.
- 이 책에서 소개한 URL 등은 시간이 지나면 변경될 수 있습니다.

차례

옮긴이 머리말	ix	머리말	xiv
베타리더 후기	x	감사의 글	xvi
추천사	xii	이 책에 대하여	xviii

CHAPTER 1 | 자료구조 소개: 왜 자료구조를 배워야 할까? 1

여러분을 환영한다 … 1
자료구조란 무엇인가? … 3
왜 자료구조에 관심을 가져야 할까? … 4
프로젝트에서 자료구조를 어떻게 사용할까? … 8
요약 … 14

CHAPTER 2 | 정적 배열: 자료구조의 시작점 15

배열이란 무엇인가? … 15
파이썬의 배열 … 21
배열에 대한 작업 … 23
배열의 실제 활용 … 28
요약 … 31

CHAPTER 3 | 정렬된 배열: 빠른 검색과 효율적 데이터 관리 33

정렬된 배열의 의미는 무엇일까? … 33
정렬된 배열 구현 … 34
요약 … 41

CHAPTER 4 | Big-O 표기법: 알고리즘 효율성의 기본 원리 — 43

어떻게 최선의 선택을 할 수 있을까? — 43
Big-O 표기법 — 46
점근적 분석의 예 — 55
요약 — 59

CHAPTER 5 | 동적 배열: 크기를 유연하게 조절하는 자료구조 — 60

정적 배열의 한계 — 61
배열의 크기를 어떻게 늘릴 수 있을까? — 63
트로피 진열장 — 63
배열의 크기도 줄여야 할까? — 68
동적 배열 구현하기 — 71
요약 — 76

CHAPTER 6 | 연결 리스트: 유연한 동적 컬렉션 — 77

연결 리스트 vs. 배열 — 78
단일 연결 리스트 — 80
정렬된 연결 리스트 — 88
이중 연결 리스트 — 90
순환 연결 리스트 — 97
요약 — 100

CHAPTER 7 | 추상 자료형: 단순한 컨테이너의 설계 원리 — 102

추상 자료형 vs. 자료구조 — 103
컨테이너 — 108
가장 기본적인 컨테이너: 가방 — 110
요약 — 115

CHAPTER 8 | 스택: 데이터 처리를 위한 쌓기 구조 — 117

- 추상 자료형으로서의 스택 — 118
- 자료구조로서의 스택 — 121
- 연결 리스트 구현 — 124
- 이론과 현실 — 127
- 추가적인 스택의 응용 — 129
- 요약 — 133

CHAPTER 9 | 큐: 도착 순서대로 데이터를 처리하기 — 134

- 추상 자료형으로서의 큐 — 134
- 자료구조로서의 큐 — 138
- 구현 — 144
- 동적 배열은 어떨까? — 150
- 큐의 더 많은 응용 — 152
- 요약 — 153

CHAPTER 10 | 우선순위 큐와 힙: 데이터의 우선순위 처리법 — 154

- 우선순위를 통해 큐 확장하기 — 154
- 우선순위 큐를 자료구조로 사용하기 — 157
- 힙 — 160
- 힙 구현 — 163
- 우선순위 큐의 실제 활용 — 173
- 요약 — 175

CHAPTER 11 | 이진 탐색 트리: 균형 잡힌 데이터 구조 — 176

트리란 무엇인가? — 176
이진 탐색 트리 — 180
균형 잡힌 트리 — 192
요약 — 195

CHAPTER 12 | 딕셔너리와 해시 테이블: 연관 배열을 구축하고 사용하는 방법 196

딕셔너리 문제 — 197
딕셔너리를 구현하는 자료구조 — 199
해시 테이블 — 201
해싱 — 204
충돌 해결 — 206
요약 — 213

CHAPTER 13 | 그래프: 복잡한 관계를 효율적으로 모델링하기 — 214

그래프란 무엇인가? — 214
그래프 구현 — 221
그래프 탐색 — 225
남은 단계 — 232
요약 — 233

찾아보기 — 235

옮긴이 머리말

자료구조는 개발자라면 누구나 한 번쯤 지나온 길입니다. 저 역시 그 길을 오래전에 지나왔고, 이후 수많은 프로젝트와 버그, 디버깅과 밤샘 속에서 익숙해졌다고 생각했습니다.

그래서 이 책을 처음 펼쳤을 땐 솔직히 '뻔한 이야기겠거니' 싶었습니다. 그런데 책장을 넘길수록 색다른 감정이 밀려왔습니다. 마치 오래된 영화 속 게임 〈쥬만지〉처럼, 익숙한 규칙 속에서 전혀 새로운 풍경들이 펼쳐졌습니다. 알고 있던 개념인데 새롭게 다가오고, 익숙한 설정인데 전개는 낯선, 그런 반짝이는 구조와 설명이 이 책에 가득합니다.

코드보다 그림이 더 많고, 수식보다 감이 먼저 오는 이 책은 '자료구조가 낯선' 분들뿐 아니라, '자료구조가 익숙한' 분들에게도 잔잔한 자극을 줄 거라 믿습니다.

이 책을 한국어로 옮기는 일은 꽤 즐거웠습니다. 개발자들이 가장 애증하는 '자료구조'를 '쏙쏙' 들어오게 풀어보겠다는 일념으로 이 책을 번역했습니다. '자료구조가 이렇게 말랑말랑할 수 있다니!'라는 말을 듣는 것이 작은 소망입니다.

부디 이 책이 독자 여러분에게도 낯설고 익숙한, 그 사이 어딘가의 묘한 재미로 다가가기를 바랍니다.

김성원

베타리더 후기

 강찬석(LG전자)

자료구조나 알고리즘 책은 왠지 모르게 딱딱하고 지루하다는 인식이 지배적입니다. 하지만 이 책은 다릅니다. 여타 '그로킹' 시리즈처럼 어렵게 느껴지는 개념을 쉽고 친절하게 설명해줍니다. 중간중간 그림과 예시를 삽입하여 특정 알고리즘에서 어떤 자료구조를 사용해야 할지 직관적으로 보여줌으로써 이해하기 쉽도록 도와줍니다.

 김용현(마이크로소프트 MVP)

배열, 연결 리스트, 그래프 등 개발자로 성장하는 데 필요한 핵심 자료구조들을 스토리와 그림으로 재미있게 배우고 싶은 분께 이 책을 추천합니다. 직관적인 설명, 실용적인 파이썬 코드와 유쾌한 비유를 가미해 지루한 기존 도서들과 차별화를 꾀하는 책입니다. 이 책으로 자료구조를 익혀 코딩 문제 해결력을 높여보세요.

 김진영

자료구조와 알고리즘은 코딩에서 가장 중심이 되기에 모든 내용을 한꺼번에 이해하고자 두꺼운 책을 읽는 데만 급급했던 적이 많았습니다. 이 책은 그런 부담을 덜고, 자료구조를 단계별로 차근차근 배울 수 있게 도와줍니다. 핵심만 담은 구성이라 책의 두께가 압도적이지 않고, 초심자도 충분히 따라갈 수 있습니다. 자료구조 학습의 좋은 출발점으로 이 책을 추천합니다.

 김태웅(클라크스퀘어)

대부분의 자료구조 책이 실습 위주라면, 이 책은 이론과 전략을 친절히 설명하는 점이 돋보입니다. 특히 시간 복잡도를 다양한 전략과 함께 소개해, 효율적인 코딩을 고민하는 분들께 큰 도움이 될 것입니다. 일상과 연결된 설명을 통해 자료구조의 개념을 배우고 싶은 분께 추천하는 책입니다.

박수빈(삼성전자)

재미있는 스토리와 아기자기한 그림 덕분에 자료구조를 쉽게 이해할 수 있습니다. 자료구조는 자주 쓰이지는 않더라도, 성능 개선을 생각한다면 반드시 알아야 하는 개념입니다. 학교나 강의에서 자료구조를 어렵게 느끼고 포기했던 분들께 특히 유용하리라 생각합니다.

 이현수(스튜디오킹덤)

학교에서 배웠던 자료구조 과목을 다시 복습하며, 그때의 기억이 새록새록 떠올랐습니다. 예진에 C로 배웠던 내용을 이번에 파이썬 코드를 통해 다시 접했는데, 훨씬 직관적이라 작동 원리를 이해하는 데 큰 도움이 되었습니다. 익숙한 개념도 새로운 언어로 다시 보면 더 잘 와닿는다는 걸 느꼈습니다.

임슬기(책 읽는 프로그래머)

초심자라도 책의 흐름만 따라가면 자료구조의 개념과 작동 원리를 자연스럽게 이해할 수 있는 구성이 돋보입니다. 각 장에는 독자의 사고를 유도하는 질문이 적절히 배치되어 학습에 큰 도움이 됩니다. 저자는 책에서 다루지 못한 부분에 대해서도 독자 스스로 탐구해보도록 권하며 아낌없는 제안을 건넵니다. 그런 점에서 이 책은 친절하면서도 단단하게 느껴졌습니다.

제이펍은 책에 대한 애정과 기술에 대한 열정이 뜨거운 베타리더의 도움으로 출간되는 모든 IT 전문서에 사전 검증을 시행하고 있습니다.

추천사

오늘날의 프로그래머들은 더 높은 수준의 프로그래밍 언어, 더 높은 수준의 라이브러리와 도구, 생성형 AI를 활용하여 이전보다 훨씬 더 높은 수준의 생산성으로 작업할 수 있다. 그리고 나는 이런 발전을 정말 좋아하는데, 프로그래밍 커뮤니티가 더 넓어지고 다양한 사람들에게 프로그래밍을 배울 수 있는 기회를 주는 것이 중요하다고 생각한다. 고급 딥러닝 파이썬 라이브러리가 AI를 제대로 사용할 수 없었던 사람들을 도울 수 있다면, 나는 이런 변화를 전적으로 찬성한다.

하지만 여전히 많은 사람이 지난 60년 동안 컴퓨팅을 지탱해온 기본적인 자료구조와 알고리즘을 알아야 하며, 앞으로도 마찬가지일 것이라고 생각한다. 내가 무슨 작업을 하든지 간에 데이터를 효율적으로 구성하는 방법에 대한 기본적인 의문이 항상 떠올랐다. 왜 내 코드가 여기서 이렇게 느릴까? 여기서는 배열 대신 연결 리스트를 사용해야 할까? 해시 테이블이 빠르다고 하는데, 지금 코드는 뭐가 잘못된 거지?

가장 좋은 점은 이런 내용들은 한 번만 배우면 (가까운 시일 내에 바뀌지 않을 것이기 때문에) 이후의 모든 프로그래밍 프로젝트나 프로그래밍 면접에 활용할 수 있다는 것이다.

자료구조를 배우는 것은 알고리즘을 배우는 것만큼 중요하다. 마르첼로 라 로카Marcello La Rocca가 1장에서 보여주듯이, 매우 밀접하게 연결되어 있는 자료구조와 알고리즘은 함께 배우는 것이 가장 합리적이다. 이 책에서는 가장 중요한 자료구조와 그 위에서 작동하는 알고리즘에 대해 배울 수 있다(만약 알고리즘을 전문적으로 다루는 참고 서적이 필요하다면 '그로킹' 스타일로 구성한 아디트야 바르가바Aditya Bhargava의 《그로킹 알고리즘(2판)》(한빛미디어, 2025)도 확인해보길 권장한다).

이 책의 편집자acquisitions editor로서 참여한 나는 마르첼로가 책을 집필하는 내내 그와 많은 논의를 했다. 개인적으로 마르첼로가 학습자와 그들이 배우는 자료에 대해 깊은 관심과 존중을 가지고 있다는 것을 보증할 수 있다. 예시를 중심으로 독특하고 그래픽이 풍부한 '그로킹' 스타일을 살려 자료구조를 알기 쉽게 제시한 마르첼로에게 축하의 인사를 전한다.

또한 실제로 이러한 자료구조를 가르치려는 마르첼로의 의지를 강조하고 싶다. 차례를 살펴보면 배열에 관한 장이 3개나 있는 것을 확인할 수 있다. '진짜로, 3개나? 배열이 그렇게 복잡한가?'라고 생각할 수도 있다. 하지만 자료구조가 '간단'할지라도 실제로는 내부적으로 많은 것들이 일어나고 있다. 마르첼로는 이러한 세부 사항들을 많은 사람이 이해할 수 있도록 신중하게 제시할 수 있는 인내심과 교육 역량을 갖추고 있다.

컴퓨팅의 기초 요소들을 배우기 위해 헌신하고 최신의 인기 있는 것에서 벗어나 계속해서 적용할 수 있는 지식을 쌓는 여러분을 응원한다. 즐겁게 학습하기를!

다니엘 진가로 Daniel Zingaro 박사

머리말

2016년, 나는 기술 블로그에 자바스크립트JavaScript와 그 프레임워크에 대한 내용을 정기적으로 기고했다. 그 작업을 하는 내내 즐거웠을 뿐 아니라, 트위터Twitter(현 엑스)에서 매일 사용하던 언어를 더 깊이 이해하는 데 도움이 되었다. 하지만 어느 날 번뜩 그것이 내가 정말 다루고 싶은 주제인지 스스로에게 물었다. 그것은 일종의 수사적 질문이었다. 왜냐하면 대학 2학년 때부터 내가 흥미를 가질 만한 주제가 알고리즘, 자료구조, 최적화라는 것을 알았기 때문이다.

이것은 나의 첫 번째 책인 《Advanced Algorithms and Data Structures》(Manning, 2021)의 출간으로 이어진 5년간의 여정의 시작이었다.

2023년 봄, 나는 가까운 시일 내에 다른 책을 쓸 계획이 없었다. 그러다가 평소보다 여유 시간이 많았을 때 《쏙쏙 들어오는 자료구조》를 작업할 기회가 생겼다. 거의 우연의 일치였다.

험난한 도전이 될 것이 불 보듯 뻔했지만, 나는 그 도전을 기꺼이 받아들이고 이후 6개월 동안 《쏙쏙 들어오는 자료구조》 초안 작업에 몰두하기로 결심했다. 이 책은 《Advanced Algorithms and Data Structures》와는 본질적으로 매우 달랐기 때문에 쉽지 않았다. 후자가 고급 주제에 관한 심도 있는 탐구라면, '그로킹' 시리즈의 모든 책의 목표는 개념이 아무리 복잡하더라도 최대한 많은 독자가 그 뿌리에서부터 쉽게 이해할 수 있도록 하는 것이다. 이는 그간 나의 접근 방식을 전환하여 다른 것들에 집중해야 한다는 것을 의미했다.

첫 번째 도전은 독자들이 책을 통해 흥미를 잃지 않고 따라갈 수 있는 경로를 만드는 것이었다. 나는 배열과 연결 리스트에 대한 핵심 지식을 구축하는 것에서부터 출발하여, 이 주제들을 깊이 탐구한 다음, 그것들을 바탕으로 더 복잡한 자료구조를 구축하기로 결정했다.

책 전반에 걸쳐 내가 시도한 것은 각 자료구조를 다양한 관점에서 보여주는 것이었다. 먼저 이론적으로 접근하여 자료구조가 어떻게 작동하는지 소개하고 이를 실제로 어떻게 사용할 수 있는지, 그리고 그것이 어떻게 우리의 삶을 더 편리하게 이끌어주고 코드의 견고성을 높일 수 있는지 설명한다. 또한 왜 특정 자료구조가 필요한지, 여러 옵션 중 하나를 선택해야 할 경우 어떤 이유로 특정 자료구조를 선호해야 하는지도 다룬다.

'그로킹' 시리즈의 책 형식은 참으로 독특하다. 각 장마다 독자가 공감할 수 있는 이야기를 제공하고, 일반 책보다 더 많은 삽화를 곁들여 이 독특함을 살리고자 했다.

책을 쓰는 것은 많은 작업과 마찬가지로 여러 가지 측면에서 올바른 균형을 찾는 것이 관건이라고 할 수 있다. 나는 각 자료구조를 올바르고 명확하게 설명하는 데 중점을 두고 각 구조에 대한 탄탄한 기초를 제공하고자 했다. 이 접근 방식이 자료구조에 익숙해지는 데 도움이 되기를 바란다. 혹시 이미 이 놀라운 주제에 익숙하다면 더 깊은 이해를 통해 새로운 것을 발견하는 계기가 될 수도 있을 것이다. 마지막으로 몇몇 고전적인 책에서 내가 이 주제에 관한 영감을 받은 것처럼 이 책이 독자에게 자료구조와 알고리즘에 대한 열정을 불러일으키기를 기대한다.

마르첼로 라 로카 Marcello La Rocca

감사의 글

이 책은 많은 사람의 노력이 녹아 있는 결과물이다. 그야말로 팀 작업이나 마찬가지였기 때문에 감사 인사를 전하고 싶은 사람이 많다.

먼저 이 책의 집필 계기를 제공한 기획 편집자인 다니엘 진가로에게 감사의 말을 전한다. 그는 처음부터 끝까지 모든 과정을 함께하면서, 도움을 주고 방향을 제시하고 검토하고 계획을 세웠다. 차례와 각 장의 구조는 우리 둘이 수차례 회의를 거쳐 도출해낸 결과물이다. 그는 도움이 필요할 때마다 언제나 곁에 있었고, 자신의 역할을 넘어 이 책이 수월하게 나아갈 수 있도록 많은 노력을 기울였다. 그와 함께 일하는 내내 많은 영감을 받았고 늘 즐거웠다. 한마디로 그의 도움 없이는 이 작업을 끝까지 해낼 수 없었을 것이다.

개발 편집자인 마리나 마이클스Marina Michaels에게도 감사의 말씀을 전한다. 원고를 개선하고 전체 과정을 조직하는 데 그녀의 기여도는 이루 말할 수 없이 크다. 그녀의 인내심과 지도, 그리고 피드백 덕분에 이 책이 훨씬 더 깔끔해졌다. 정말 고마운 마음을 전한다.

소프트웨어 개발자이자 freeCodeCamp.org에서 가르치는 보 칸즈Beau Carnes에게도 이 자리를 빌려 감사 인사를 전한다. 그는 이 책의 기술 편집자로서 훌륭하고 통찰력 있는 피드백을 제공해주었다. 그리고 기술 교정자인 저먼 곤잘레스-모리스German Gonzalez-Morris에게도 감사한다. 그는 꼼꼼하게 오류와 불일치를 잡아주었다.

이 책의 출판을 도와준 매닝의 모든 숨은 관계자들에게도 감사한다. 또한 리뷰어들에게 크나큰 감사를 드린다. Ganesh Falak, Ganesh Swaminathan, JonathanCamara, Jonathan Womack, Kollin Trujillo, Maxim Volgin, Najeeb Arif, Navjot Singh, J.Pablo Herrera J., Patrick Regan, Poorvi Shetty, Rahul Kavale, Ritobrata Ghosh, Romell Ian De La Cruz, Sally Tsung, Sasha Sankova, Simone De Bonis, Simone Sguazza, Sören Schellhoff, Tam Thanh Nguyen, Tatiana Komaristaia,

Weronika Burman, William Jamir Silva, Yilun Zhang. 여러분의 모든 제안 덕분에 이 책의 완성도를 더 높일 수 있었다.

다른 측면에서, 이 책을 집필하는 동안 나를 지원해준 사람들에게 감사한다. 처음부터 매닝의 목표(그리고 나의 목표)는 이 책을 1년 이내에 독자들에게 선보이는 것이었다. 이는 내 개인 생활과 놀라울 정도로 이해심 많고 나를 지원해주는 가족과 친구들을 잠시 외면하고 원고 작업에 집중해야 한다는 것을 의미했다.

항상 그렇듯, 오늘의 나를 성장시켜준 사람들(고등학교와 대학 교수님들 포함)에게 특별한 감사를 전하고 싶다. 나는 교육받을 권리를 기반으로 하는 이탈리아 교육 시스템과 세계적인 수준의 컴퓨터 과학 커리큘럼을 제공한 카타니아Catania 대학교에서 양질의 교육을 받았다. 나는 이 교육 시스템이 미래에도 계속 개선되기를 바란다. 교육이 전 세계적으로 더 공정하고 평등해져서, 아이들이 그들의 국적이나 개인적 형편에 관계없이 최상의 교육을 받을 수 있기를 바란다.

무엇보다도 개인적인 희생을 감수하면서도 나의 학업을 지원해주고, 항상 큰 꿈을 꾸라고 격려해준 나의 어머니에게 감사하고 싶다. 이 책이 세상에 나오는 데에는 분명 어머니의 공로가 녹아 있다. 어머니의 지원이 없었다면 지금의 나의 커리어도 없었을 테니 말이다.

이 책에 대하여

누가 이 책을 읽어야 할까요?

이 책은 초보자를 위한 것이다. 학생, 최근 졸업생 또는 자료구조에 대해 더 알고 싶어 하는 주니어 프로그래머라면 이 책의 접근 방식이 흥미로울 수 있다. 초급 및 (일부) 중급 자료구조를 다루는 이 책에서는 수학적 세부 사항이나 증명에 대해서는 언급하지 않는다. 즉, 이 책에는 수학이 거의 없다.

이 책에서는 고급 알고리즘과 자료구조를 배우기 전에 이해해야 할 핵심 자료구조를 설명한다. 자료구조의 핵심 아이디어를 살펴보고, 그것들이 어떻게 작동하는지, 그리고 일상적인 작업에서 어떻게 사용할 수 있는지 알아본다.

이 개념을 처음 접하거나 학교에서 배운 내용을 복습하고 싶은 경우, 또는 코딩 인터뷰를 준비하거나 코드의 품질과 성능을 향상시키고 싶다면 이 책이 완벽한 선택이 될 것이다.

더 고급 내용이나 이 주제에 대한 심도 있는 논의를 원한다면(아마도 이 책을 읽은 후에), 나의 다른 책 《Advanced Algorithms and Data Structures》를 참고하길 바란다.

이 책의 구성 방식: 로드맵

이 책은 13개 장으로 나뉘어 있다. 대부분의 장은 단일 자료구조에 초점을 맞추었다. 자료구조를 처음 접하거나 완전한 초보라면 순서대로 따라가는 것이 좋다. 각 장은 이전 장을 기반으로 하므로 2장과 3장에서 배열에 대해 깊이 있게 이해하고 4장에서 점근적 분석의 기본 개념을 배우면, 다음 장에서 설명하는 더 복잡한 자료구조를 이해하는 데 도움이 된다.

먼저 처음부터 끝까지 완독한 후에 이 책을 참고서 삼아 복습이 필요한 자료구조나 주제로 넘어간다. 중급이나 고급 독자로 이 책에 접근하는 경우에도 적어도 한 번은 각 장을 순서대로 훑어보는 것이 유익하다.

각 장을 자세히 살펴보자.

- **1장**: 자료구조를 간단히 소개한다. 어떤 자료구조를 사용하는지에 대한 의문을 제기함으로써 언제, 어떻게, 왜 이점을 얻을 수 있는지에 대해 논의한다.
- **2장**: 배열을 소개한다. 배열이 어떻게 작동하고, 지원하는 일반적인 연산이 무엇인지 보여준다. 이 장에서는 정적 크기의 배열에 중점을 둔다.
- **3장**: 정렬된 배열을 다룬다. 더불어 그 이점을 어떻게 활용할 수 있는지, 단점을 어떻게 처리해야 할지 논의한다. 또한 이진 탐색의 소개와 함께 왜 선형 탐색보다 더 잘 작동하는지에 대해 설명한다.
- **4장**: Big-O 표기법과 점근적 분석을 소개하고, 이를 사용하여 주어진 문제에 대한 임의의 알고리즘 성능을 비교하는 방법을 설명한다. 그런 다음 이러한 개념을 통해 실제로 이진 탐색이 선형 탐색보다 좋다는 것을 공식적으로 보여준다.
- **5장**: 동적 크기의 배열을 희생하지 않고 배열의 확장성을 유지하는 방법을 설명하면서 배열에 대한 논의를 마무리한다.
- **6장**: 데이터를 순차적으로 저장하기 위해 배열 대신 사용할 수 있는 연결 리스트에 대해 논의한다. 이 장에서는 연결 리스트와 배열을 비교하고, 4장에서 배운 것을 활용해 언제 어떤 것을 사용하는 것이 효과적인지를 이해한다.
- **7장**: 자료구조, 추상 자료형, 구현의 차이점을 명확히 알아본 후 이론을 구체적인 예에 적용한다. 그런 다음 컨테이너 클래스와 간단한 컨테이너인 가방bag을 소개한다.
- **8장**: LIFO 정책을 구현하는 컨테이너인 스택stack을 소개한다. 스택이 어떻게 작동하는지, 어떻게 구현할 수 있는지 설명한다. 이어서 스택의 몇 가지 실용적인 응용 프로그램을 살펴본다.
- **9장**: FIFO 정책을 구현하는 컨테이너인 큐queue를 소개한다. 스택과 큐의 차이점, 배열(선형 및 원형 큐)과 연결 리스트를 사용한 다양한 구현에 대해 논의한다.
- **10장**: 우선순위 큐를 사용하여 큐의 개념을 일반화한다. 우선순위 개념, 추상 자료형의 **API**를 설명한 다음, 우선순위 큐의 가장 일반적인 구현인 바이너리 힙binary heap을 소개한다.
- **11장**: 컨테이너를 넘어서는 첫 번째 장이다. 자료구조의 한 종류인 트리tree를 소개한다. 모든 기본 연산(삽입, 삭제, 검색)의 성능에 좋은 균형을 제공할 수 있는 자료구조인 이진 탐색 트리에 초점을 맞춘다.
- **12장**: 딕셔너리dictionary 추상 자료형을 소개하고 이전 장에서 제시한 자료구조로 어떻게 구현할 수 있는지 논의한다. 이어서 해시 테이블hash table 소개와 함께 해시 테이블이 어떻게 작동하는지, 왜 해시 테이블이 딕셔너리를 구현하는 데 더 적합한지 설명한다.

- **13장**: 이 책을 마무리하면서 중요한 자료구조인 그래프를 소개한다. 그래프의 정의와 기본 속성을 설명한 후, 그래프의 두 가지 구현 전략을 논의한다. 마지막으로 BFS와 DFS 검색 알고리즘을 살펴본다.

대부분의 장에는 해결해야 할 연습 문제가 포함되어 있다. 해당 장에서 논의한 것을 변형하도록 요구하기도 하고, 더 추상적이고 개방적인 질문도 있다. 두 유형의 연습 문제 모두 주제에 대한 이해도를 스스로 점검할 수 있는 좋은 기회이므로, 최소한 몇 분이라도 시간을 내어 풀어보기를 권한다. 책에서는 연습 문제의 해답을 찾을 수 없지만, 책의 깃허브GitHub에는 연습 문제에 대한 토론과 힌트를 추가했다.

코드에 대하여

이 책의 집필 과정에서 처음 맞이한 난관은 코딩에 사용할 프로그래밍 언어를 정하는 것이었다. 이전 책에서 자료구조에 대해 다룰 때는 코드 조각에 의사코드pseudocode를 사용하고, 여러 언어로 코드를 제공했다. 그 이유는 알고리즘이 특정 언어에 종속되지 않고 구현보다 더 높은 수준에 있다는 점을 강조하기 위해서였다.

이 선택에는 몇 가지 단점이 존재했다. 특히 의사코드를 테스트하는 것은 어렵고 오류가 발생하기 쉬웠다. 또한 의사코드가 독자들에게 새로운 프로그래밍 언어를 배우는 것만큼이나 큰 장애물로 작용할 가능성이 높았다. 혹은 그보다 더 어려울 수도 있었다.

그래서 이 책에서는 파이썬Python을 사용하기로 했다. 왜 파이썬일까? 파이썬은 가장 널리 사용되는 프로그래밍 언어다. 대학과 부트캠프bootcamp에서 학생들을 가르치는 데 사용되므로 독자, 특히 초보자가 이미 파이썬을 알고 있을 확률이 더 높다. 또한 파이썬은 느슨한 타입을 사용하며, 최소한의 중복으로 구문이 간단한 특성 덕에 다른 정적 타입 언어보다 간결하다. 이는 책 페이지처럼 제한된 공간에서 유용하다.

파이썬은 명령형 언어와 객체지향 언어 모두로 쉽게 사용할 수 있고, 빠른 프로토타이핑에 매우 적합하다. 또한 주피터 노트북Jupyter notebook과 같은 훌륭한 도구들 덕분에 더욱 편리하다. 마지막으로 파이썬에는 자료구조, 머신러닝, 시각화, 심지어 양자 컴퓨팅까지 다양한 분야를 아우르는 폭넓고 정립된 라이브러리 생태계가 있다.

객체지향 접근 방식

파이썬은 전역 함수가 데이터를 인수로 받아 작동하는 명령형 접근 방식이 가능하지만, 이 책에서는 주로 객체지향 프로그래밍object-oriented programming, OOP을 사용했다. OOP는 명령형 패러다임에 비해 간결성이 떨어지고 약간 복잡하다. 그러나 몇 가지 주요 장점이 있다.

- **추상화**: 복잡한 시스템을 더 간단하고 관리하기 쉬운 객체로 추상화할 수 있다.
- **캡슐화**: 캡슐화를 통해 내부 구현의 세부 사항을 숨기고 필요한 인터페이스만 노출한다. 이는 객체의 내부 작동과 외부 사용 간의 명확한 구분을 제공한다.
- **모듈성 및 재사용성**: 객체의 데이터와 기능을 캡슐화함으로써 모듈형 설계를 촉진한다. 그리고 이것을 통해 객체를 프로그램의 다른 부분이나 다른 프로젝트에서 쉽게 재사용할 수 있다.
- **코드 유지 관리 및 확장성**: 코드 유지 보수와 확장성을 향상시킨다.

위에서 소개한 것은 우리가 OOP에서 얻는 이점의 몇 가지 예일 뿐이다. OOP는 완벽하지 않으며, 모든 문제를 해결해주지는 않는다. 여러분은 OOP 대신 다른 대안적이고 성공적인 접근 방식을 선호하거나 익숙할 수도 있다. OOP와 함수형 프로그래밍functional programming, FP은 서로 완전히 다른 프로그래밍 방식이지만, 둘 중 하나만 골라야 하는 것은 아니다. OOP에 FP의 좋은 아이디어를 섞어 사용할 수도 있다. 이 책에서도 그런 방법을 채택했다.

스칼라Scala는 아마도 이 두 가지 접근 방식이 공존하고 서로를 보완하는 언어의 가장 좋은 예일 것이다. 파이썬은 순수한 FP 언어는 아니지만 일부 FP 개념을 지원하며, 다양한 프로그래밍 스타일을 허용할 만큼 유연하다.

테스트, 스타일, 단순화

책을 쓰려면 여러 가지 타협이 필요하다. 우선 지면이 한정되어 있는 특성상 저자는 책에 무엇을 포함할지 신중하게 선택해야 한다. 하지만 더 중요한 것이 있다. 개념을 명확하게 설명하기 위해 저자는 때때로 중요한 것에 집중하고 세부 사항에 집착하지 않아야 한다. 때로는 그 과정에서 과도하게 단순화해야 할 수도 있다.

독자에게 가능한 코드를 명확하게 전달하고자 이 책에서는 자료구조의 가장 간단한 작동 버전을 제공한다. 성능 최적화, 메모리 낭비, 스레드thread 안전성과 같은 세부 사항은 제외했다. 물론 실제 애플리케이션에서는 중요한 세부 사항이지만, 이러한 문제를 파헤치면 독자의 주의가 자료구조가 작동하는 방식이라는 핵심 주제에서 벗어날 수 있다.

책에 있는 코드는 타입 힌트가 없다. 타입 힌트는 깃허브에서 제공하는 버전에서 확인할 수 있다. 이는 코드의 복잡함을 줄이고 파이썬의 타입 힌트에 익숙하지 않은 초보자에게 추가적인 인지적 부담을 주지 않으려는 방안이다.

테스트의 중요성은 아무리 강조해도 지나치지 않다. 코드를 테스트하는 것은 여러 가지 이유로 중요하다. 테스트가 버그 없는 코드를 보장할 수는 없지만, 높은 커버리지coverage 비율을 가진 테스트는 확실히 현재와 미래의 코드를 보다 견고하게 만들 수 있다. 현재는 기존 버그를 찾고 프로그램의 요구 사항과 논리를 다시 확인하는 데 도움이 된다. 미래에는 코드를 유지 관리하는 데 도움이 될 것이고, 코드를 리팩터링할 때 잘못된 부분을 쉽게 찾아낼 수 있다.

이 책의 모든 코드는 철저한 테스트를 거쳤다. 테스트는 종종 코드보다 더 자세하고 길며, 코드 줄 수 대비 3:1 비율도 드물지 않다. 책에서는 테스트를 제공하지 않지만 깃허브 저장소에서 확인할 수 있다.

마지막으로 이 책에서는 번호가 매겨진 예제와 일반 텍스트에 맞춰 많은 소스 코드 예제를 제공한다. 두 경우 모두 소스 코드는 일반 텍스트와 구분하기 위해 고정폭 글꼴로 표시한다.

많은 경우, 책의 사용 가능한 페이지 공간을 수용하기 위해 줄 바꿈을 추가하고 들여쓰기를 다시 작업해서 원본 소스 코드를 재구성했다. 드물게 이것만으로도 충분하지 않아서 목록에 줄 바꿈 표시(➡)를 추가하기도 했다. 또한 본문에서 코드 설명이 충분히 이루어졌을 경우 소스 코드에서 주석을 제거했다. 중요한 개념을 강조할 때 코드 주석을 사용했다.

기타 온라인 리소스

이 책에서 제공하는 전체 파이썬 코드와 해당 코드에 대한 테스트는 책의 깃허브 저장소에서 찾을 수 있다.[*] 또한 C# 및 자바와 같은 다른 프로그래밍 언어로 구현을 추가하는 작업도 진행 중이므로 수시로 저장소를 확인해보자.

---

[*] https://github.com/mlarocca/grokking_data_structures

CHAPTER 1

자료구조 소개: 왜 자료구조를 배워야 할까?

이 장의 주요 내용
- 자료구조란 무엇인가?
- 자료구조가 왜 필요한가?
- 자료구조가 차이를 만드는 사례들
- 프로젝트에 자료구조를 적용하는 단계별 가이드

자료구조는 세상을 움직이는 하나의 축이다. 정보는 인터넷 시대의 금이며, 자료구조는 정보를 효율적으로 처리하고 이해하는 데 필요하다. 자료구조는 데이터를 의미 있게 구성하고, 우리가 원하는 정보를 찾을 수 있도록 도와준다.

여러분을 환영한다

《쏙쏙 들어오는 자료구조》에 온 것을 환영한다. 자료구조를 향한 이 여정에 여러분과 동행하여 매우 기쁘게 생각한다. 이 책을 통해 나는 자료구조에 대한 몇 가지 오해를 해소하고자 한다. 자료구조는 일상 업무에 매우 유용하다. 연구자가 아니더라도 큰 효과를 만들어낼 수 있고 배우는 것 또한 어렵지 않다. 자료구조를 이해하고 사용하기 위해 수학 전문가가 될 필요도 없다.

이 책과 함께 여행을 하는 동안 나는 자료구조가 지루한 이론적인 것이 아님을 보여줄 것이다. 우리의 삶에 깊이 스며들어 있는 자료구조를 이미 자신도 모르게 자주 사용하고 있을지도 모른다. 코딩 외에도 일상생활 상황에서 앞으로 설명할 자료구조 중 일부를 사용하거나 실제로 본 적이 있을 것이다.

자료구조는 어디에나 존재한다

쉽게 믿기지 않을 것이다. 작은 내기를 하면 더 흥미롭겠지만, 그건 여러분께 너무 불공평한 일이다! 예를 들어보자. 식료품점이나 백화점에 가본 적이 있는가? 쇼핑을 할 때 카트에 사고 싶은 물건을 담는다. 바로 그게 하나의 **컨테이너**container다. 어떤 컨테이너일까? 책을 읽고 나면 알게 될 것이다.

필요한 물건을 다 담은 후에 계산대로 가서 결제를 한다. 차례를 기다리는 동안, 여러분은 또 다른 자료구조인 **큐**queue에 있는 것이다! 무슨 말인지 이해했는가? 여러분이 소프트웨어 개발자라면 쉽게 이해할 수 있을 것이다. 코드를 작성하는 사람이라면 최소한 배열은 사용해봤을 것이기 때문이다. 이 책을 디지털 버전으로 읽고 있다면 전자책 단말기e-reader는 책의 페이지와 단어, 추가할 수 있는 북마크 등을 저장하기 위해 많은 자료구조를 사용하고 있다.

자료구조는 모든 사람을 위한 것이다

이 책은 배경에 관계없이 누구나 쉽게 자료구조를 배울 수 있는 것을 목표로 한다. 고급 수학이 필요하지 않으며, 컴퓨터 과학 개론이나 다른 과정을 수강한 적이 없어도 되고, 코딩의 고수가 아니어도 괜찮다. 다만 파이썬에 대한 기본적인 지식이 있으면 도움이 될 것이다. 이 책은 그로킹Grokking 시리즈*의 다른 책들과 마찬가지로, 사물이 어떻게 작동하는지 이해할 수 있도록 설명한다. 또한 자료구조가 무엇인지, 기본적인 구조가 무엇이며, 특정 작업에 어떤 자료구조가 더 나은지 객관적으로 결정하는 방법을 알려준다. 이 책은 기본적인 지식이 없는 초보자도 쉽게 이해할 수 있도록 직관적이고 시각적으로 설명한다. 주제에 이미 익숙한 사람이라면 기술을 복습하고 더 깊이 이해하는 데 도움이 될 것이다.

---

* [편집자] 국내 출간된 그로킹 시리즈는 《쏙쏙 들어오는 함수형 코딩》(2022), 《쏙쏙 들어오는 인공지능 알고리즘》(이상 제이펍, 2021), 《그로킹 동시성》(길벗, 2024), 《그로킹 알고리즘(2판)》(2025), 《그로킹 심층 강화학습》(2021), 《그로킹 딥러닝》(이상 한빛미디어, 2019) 등이 있다.

자료구조란 무엇인가?

이 책을 읽고 있다면, 아마도 우리가 흔히 말하는 '데이터 시대'에 살고 있다는 사실을 알고 있을 것이다. 이 시대에 데이터는 우리 삶에 없어서는 안 될 중요한 요소가 되었고, 기술 발전에 힘입어 정보의 생산 속도는 그 어느 때보다 기하급수적으로 증가하고 있다. 이 거대한 데이터의 흐름은 우리의 삶과 일, 서로 소통하는 방식까지 변화시키고 있다.

이처럼 방대한 정보를 제대로 이해하고, 그에 압도당하지 않기 위해서는 정보를 효과적으로 구성하는 방법이 필요하다. 바로 여기서 **자료구조**가 등장한다. 자료구조는 컴퓨터나 프로그램이 정보를 저장하고 구성하는 방식으로, 데이터를 더 효율적으로 관리하고 조작할 수 있도록 도와준다.

예를 들어 학교 친구가 페이스북Facebook에 있는지 알고 싶다면 찾아보면 된다. 이것은 10억 명의 사용자 중에서 학교 친구를 쉽고 빠르게 검색할 수 있게 구성한 자료구조가 있기 때문에 가능하다.

알고리즘과 자료구조

알고리즘algorithm과 **자료구조**data structure라는 용어를 세트처럼 함께 사용하는 경우가 많다. 그렇다 보니 이 두 용어가 같은 것인지 궁금할 수도 있다. 사실 알고리즘과 자료구조는 밀접하게 관련되어 있을 뿐 동일하지는 않다.

알고리즘은 잘 정의된 지침의 집합으로, 특정 문제를 해결하거나 특정 작업을 수행하도록 설계된 단계별 절차다. 페이스북 예에서 우리는 모든 사용자 이름을 검색하여 가장 높은 일치를 반환하는 알고리즘을 사용한다.

자료구조는 컴퓨터 프로그래밍 언어에서 데이터를 구성하고 관리하는 방법이다. 데이터 요소 간의 관계, 수행할 수 있는 작업, 데이터 접근과 수정에 대한 규칙이나 제약을 정의한다. 페이스북 사용자는 이름으로 사용자 검색을 효율적으로 할 수 있도록 데이터를 구성한 데이터베이스에 저장된다.

NOTE 알고리즘은 자료구조에서 수행되는 작업을 설명하는 데 사용된다. 비유하자면 자료구조는 명사와 같고 알고리즘은 동사와 비슷하다.

자료구조와 알고리즘은 상호 의존적이다. 영어 문장에서 동작을 설명하기 위해 주어, 목적어, 동사가 필요한 것과 마찬가지다.

정렬되지 않은 배열
(명사)

퀵 정렬
(동사)

정렬된 배열
(명사)

알고리즘이 데이터를 변형하는 것은 동사가 명사에 작용하는 것과 같다.

자료구조는 정보(데이터)를 구성하고 표현하는 역할을 하며, 알고리즘은 그 데이터를 변환하는 지침으로 작용한다. 각 자료구조는 요소의 추가, 검색, 제거 등의 작업을 위한 알고리즘을 내포하고 있다. 일부 자료구조는 키 기반 검색을 위한 해시 테이블과 같이 특정 알고리즘을 효율적으로 실행할 수 있도록 특별히 설계되어 있다(이 시점에서 이러한 용어를 모르더라도 걱정하지 않아도 된다. 이 책의 후반부에서 모두 다룰 것이다).

따라서 자료구조를 설명하려면 해당 메서드method의 알고리즘을 정확하게 설명해야 한다. 이 책에서는 많은 알고리즘을 살펴볼 것이다.

왜 자료구조에 관심을 가져야 할까?

자료구조는 컴퓨터 과학의 기본 구성 요소다. 데이터 구성, 어려운 문제 해결, 효율성 개선, 메모리 사용 최적화, 보안 위험을 피하는 데 도움이 되는 자료구조는 매우 중요하다. 자료구조는 컴퓨터 프로그램에서 정보를 효과적으로 관리하고 구성하는 데 필수적인 도구다.

최근에는 자료구조를 활용한 새로운 컴퓨터 과학 트렌드도 등장했다. 예를 들어 그래프 신경망은 딥러닝 모델을 구동하는 머신러닝의 구성 요소를 더욱 강력하게 만든 버전이다.

데이터베이스 환경도 진화하고 있으며, 최근 **유연한 인덱싱**flexible indexing이라는 개념이 도입되었다. 이는 모든 조합과 모든 깊이로 중첩할 수 있는 자료구조를 기반으로 하는 인덱싱 모델이다. 자료구조를 마스터해야만 매우 강력한 도구인 이 힘을 활용할 수 있다.

하지만 나는 훨씬 더 강력한 이유를 댈 수 있는데, 자료구조를 배우면 더 나은 소프트웨어 개발자가 될 수 있다는 점이다. 자료구조와 알고리즘에 대해 아는 것은 여러분의 도구 벨트에 새로운 도구를 추가하는 것과 같다. 도구의 법칙이라고도 불리는 매슬로의 망치Maslow's hammer에 대해 들어본 적 있는가? 이 법칙은 도구 벨트에 망치만 있다면 모든 것을 못으로 취급하고 싶은 유혹을 느

나사를 조일 때 망치는 별 도움이 되지 않는다.

낄 것이라는 내용을 담고 있다. 사람들은 자신이 알고 있는 것만을 다양한 상황에 적용하려는 경향이 있는데, 때로는 그것이 적절하지 않을 때도 있다.

자료구조의 경우 **해시 테이블**hash table이라는 자료구조만 사용할 줄 알면, 모든 상황에서 그것을 사용하고 싶을 것이다. 하지만 **다음 요소 얻기**next, **이전 요소 얻기**previous와 같은 작업을 효율적으로 수행해야 할 때는 오히려 **트리**tree를 사용하는 것이 더 적합하다. 이런 예가 지금 당장 잘 이해가 안되거나 일부 용어를 모르더라도 걱정하지 말자. 계속해서 읽어나가면 후반부에서 이 주제가 또 나올 것이다.

이 책은 이와 같은 문제에 접근할 때 사용할 수 있는 더 많은 도구를 제공하며, 그런 도구들을 사용해서 코드를 어떻게 개선할 수 있는지를 인식하도록 훈련시켜준다.

언제 자료구조가 필요한가?

이론적으로는 데이터를 어떤 특정 규칙에 따라 쉽게 저장하고 검색할 수 있도록 구성해야 할 때 자료구조가 필요하다. 이 정의는 매우 형식적이지만, 일상적인 삶에서 우리가 이해하는 세계와는 다소 거리가 있는 것처럼 느껴진다. 자료구조가 실제로 어떻게 작동하는지 더 잘 이해할 수 있도록 몇 가지 예를 살펴보자.

전문가처럼 검색하기

톰Tom에게는 엄청나게 많은 수집품이 있다. 수천 장의 야구 카드나 더 큰 규모로는 그의 전자상거래 사이트에는 수백만 개의 제품이 있다고 상상해보자. 이러한 품목에는 속성이 있으며, 그중 일부(예: 이름)는 품목을 고유하게 식별한다. 톰은 그의 수집품을 어떻게 검색해야 할까? 예를 들어 그는 모든 카드 중에서 조 디마지오Joe Di Maggio의 카드를 어떻게 검색해야 할까?

물론 톰은 찾고자 하는 카드를 발견할 때까지 하나씩 전부 확인할 수 있다. 하지만 카드를 많이 모아 본 사람이라면 알겠지만, 수천 장의 카드 중에서 특정 카드를 찾는 것은 시간이 상당히 오래 걸린다. 수백만 개의 항목이 있는 온라인 카탈로그에서 제품을 검색하려면 얼마나 오래 걸릴지 상상해보라!

톰은 아이템을 저장하고 검색할 더 나은 방법이 필요하며, 다양한 요구 사항을 균형 있게 맞추기 위한 절충점을 찾는 법(트레이드오프tradeoff)을 배워야 한다. 이 책은 검색 효율적인 자료구조에 대한 몇 가지 선택지를 제공하며, 필요에 맞는 적합한 구조를 찾을 수 있도록 도와준다. 그럼 정렬된 배열과 이진 탐색부터 시작해보는 건 어떨까?

사용자 수가 너무 많아!

또 다른 상황을 가정해보자. 캣Kat은 웹 애플리케이션에서 로그인한 사용자와 그들의 IP를 추적해야 한다. 처음에는 직접 IP 추적 기능을 구현했다. 로컬에서는 잘 작동했지만, 이를 프로덕션 환경에 배포하자 사용한 자료구조가 웹 애플리케이션의 트래픽을 감당하기에 너무 느려서 애플리케이션 서버가 다운되고 말았다.

문제 해결의 긴급성을 인지한 캣은 더 나은 해결책을 가지고 있을 것이라 기대하며 외주 업체에 컨설팅을 맡겼다. 그들이 제안한 해결책은 프로덕션 환경에서도 잘 작동하는 것처럼 보였지만, 얼마 지나지 않아 또 문제가 발생했다. 해커가 올바른 호출 순서를 파악하고 외주 업체가 사용한 자료구조에 과부하를 걸어서 캣의 애플리케이션을 다시 다운시킨 것이다.

여기서 무슨 일이 일어난 걸까? 처음에는 성능이 문제였다. 잘못된 자료구조를 사용했기 때문에 대규모 환경에서 작동하기엔 너무 느렸다.

두 번째는 더 좋은 옵션을 선택했지만, 새로운 해결책이 부주의하게 사용되어 악의적인 시퀀스sequence(문제를 일으키기 위해 의도적으로 선택한 입력 시퀀스)에 대한 취약점이 남아 있었다. 이 취약점으로 인해 **서비스 거부**denial of service, DoS 공격이 가능해졌다. 이런 시나리오에서 해커는 이 취약성을 사용하여 정당한 사용자가 애플리케이션과 상호작용할 수 없게 만들 수 있다.

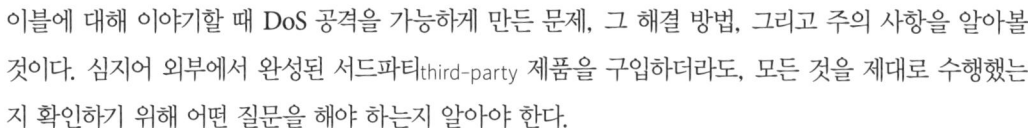

희망이 있을까? 해시 테이블을 제대로 사용하면 캣이 겪었던 문제 대부분을 해결할 수 있다는 것을 알게 될 것이다. 해시 테이블에 대해 이야기할 때 DoS 공격을 가능하게 만든 문제, 그 해결 방법, 그리고 주의 사항을 알아볼 것이다. 심지어 외부에서 완성된 서드파티third-party 제품을 구입하더라도, 모든 것을 제대로 수행했는지 확인하기 위해 어떤 질문을 해야 하는지 알아야 한다.

관계 모델링

산드라Sandra는 연결하는 방식을 바꿀 차세대 소셜 네트워크를 출시하려고 한다. 그것은 그녀의 꿈이다. 그녀는 여전히 아직 최소 기능 제품minimum viable product, MVP을 구현 중이며, 자금을 마련하려고 노력하고 있다.

원활한 작업을 이어가던 중 그녀는 사용자 간의 관계를 추적하는 작업을 하던 중 약간의 장애물을 만났다. 스프레드시트spreadsheet나 표 구조와 같은 것을 만들고 싶지만, 그것을 저장하거나 '친구의 친구' 관계에 대한 쿼리를 어떻게 구현해야 할지 확신이 서지 않았다. 산드라는 사용자 목록 전체를 여러 번 반복하는 단순한 해결책을 시도했지만, 그러는 동안 그녀의 애플리케이션은 먹통이 되어 좌절감을 맛보았다.

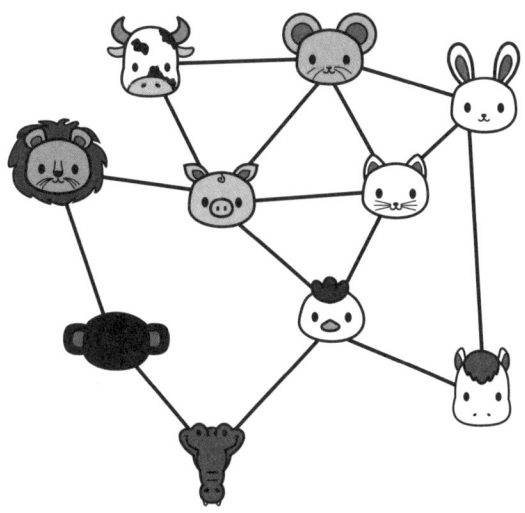

산드라는 메모리에서만 이 작업을 시도했다. 만약 그녀가 이 데이터를 지속적으로 저장하고 싶다면? 또 나중에 '친구의 친구의 친구'나, 케빈 베이컨Kevin Bacon의 여섯 다리 건너의 더 먼 관계를 찾고 싶다면 어떻게 해야 할까? 안타깝게도 SQL 데이터베이스는 그녀가 필요로 하는 모든 것을 지원하지 않는 것 같다.

이 책의 후반부에서 소개할 그래프가 산드라가 높은 관계성을 가진 데이터를 다루는 데 도움을 줄 수 있으며, 너비 우선 탐색 알고리즘을 사용하면 간접적인 친구 관계를 탐색할 수 있다는 것을 알게 될 것이다. 그래프와 함께 그래프 데이터베이스가 등장하는데, 이는 고도로 관계적인 데이터를 저장하는 또 다른 방식으로, 서로 다른 데이터 간의 관계에 따라 쿼리를 빠르게 실행할 수 있다.

이런 자료구조에 대한 코드를 작성할 수 있을까?

약간의 연구가 필요한 직책을 제외하고 대부분의 소프트웨어 엔지니어링 직책은 매일 또는 매주 자신의 알고리즘이나 자료구조를 작성할 필요가 없다. 대부분의 경우, 다른 사람의 코드를 사용하게 될 것이다. 하지만 그때도 자료구조를 공부하면 올바른 선택을 하거나 더 나은 해결책을 알아내는 데 도움이 된다.

그래도 소매를 걷어붙이고 직접 구현해야 할 상황이 있을 수 있다. 예를 들자면 사용 가능한 라이브러리가 많지 않은 새로운 프로그래밍 언어를 사용하거나, 특수한 상황을 해결하기 위해 자료구조에 대한 사용자 정의가 필요한 경우다.

하지만 직접 구현할 일이 없더라도, 자료구조에 대한 직접적인 지식은 코드에서 선택하는 절충안을 더 잘 이해하고 코드를 더 효율적으로 만드는 방법을 알려준다.

어떤 자료구조를 선택해야 할까?

이전 절의 예를 보면 자료구조를 현명하게 선택하는 것이 중요하다는 것은 분명하다. 덜 명확한 점은 완벽한 자료구조를 선택하는 것이 아니라는 것이다. 항상 최상의 자료구조를 선택할 필요는 없다. 대부분의 경우 거의 최적의 대안으로도 충분하다. 그러나 근본적인 것은 잘못된 선택을 피하는 것이다. 즉, 애플리케이션을 충돌시키거나 보안 문제를 일으킬 수 있는 자료구조를 피해야 한다.

이 책에서 가장 중요한 것은 주어진 상황에서 어떤 자료구조를 사용할지 평가하고 선택하는 방법이다. 어떻게 그럴 수 있을까? 올바른 자료구조를 선택하는 능력은 훈련이 필요한 근육과 같다. 이 책을 통해 직면할 수 있는 위험을 보여주고, 알고리즘의 복잡성을 평가하여 체계적으로 식별하는 방법, 균형을 맞춰야 할 측면, 그리고 고려해야 할 절충안을 설명함으로써 지식과 직관을 키워나갈 것이다.

프로젝트에서 자료구조를 어떻게 사용할까?

이 책에 어떤 내용이 들어 있고 그것이 왜 중요한지 알았다면 다음 단계는 여기서 배운 것을 일상 업무에 어떻게 활용할 수 있는지 이해하는 것이다. 자료구조와 알고리즘은 기술이 아니므로 그것을 사용하는 방법에 대한 매뉴얼을 상상하기는 어렵다. 또한 어디에서나 사용되는데, 대부분의 경우 의식하지 못한 채 사용하고 있다.

중요한 것은 코드에 자료구조를 추가하는 방법이 아니다. 어떤 방식으로든 이미 사용하고 있기 때문이다. 오히려 자료구조를 선택할 때 의식적이고 정보에 기반한 결정을 내릴 수 있도록 프로세스를 개발하고, 문제에 직면했을 때 가능한 대안을 기억할 수 있도록 자료구조에 대한 지식을 확장하는 것이 핵심이다.

데이터 적용을 위한 정신 모델 구조

앞서 언급했듯이 자료구조와 알고리즘에 대한 전문가의 경험과 지식을 단계별 프로세스로 정리하는 것은 쉽지 않다. 아마도 과학과 예술이 결합된 것으로 볼 수 있으며, 경험을 통해 축적된 암묵적인 지식이 차이를 만들어낸다. 이는 도전적인 일이지만, 도움이 되는 몇 가지 지침을 추출해서 코딩 실력을 향상시킬 수 있다고 믿는다.

높은 수준에서 알고리즘과 자료구조를 사용해 문제를 해결해나가는 과정을 다음 그림과 같이 몇 가지 단계로 설명할 수 있다.

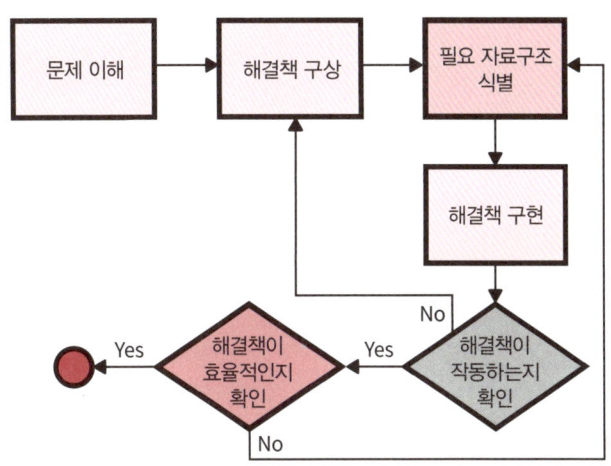

단계는 다음과 같다.

1. 해결하려는 문제를 이해한다.
2. 가능한 해결책을 구상해본다.
3. 필요한 자료구조를 식별한다.
4. 해결책을 구현한다.
5. 해결책이 효과가 있는지 확인하고, 효과가 없으면 2단계로 돌아가서 반복한다.
6. 해결책이 충분히 좋은지(효율적인지) 확인하고, 그렇지 않으면 3단계로 돌아가서 반복한다.

가장 중요한 부분은 3단계와 6단계다.

- 3단계에서는 사용할 수 있는 자료구조에 대해 생각한다.
- 6단계에서는 (작동하는) 솔루션이 너무 느린지, 메모리를 과도하게 사용하는지, 아니면 다른 방식으로 요구 사항을 위반하는지 평가한다.

자료구조를 처음부터 구현하는 경우에도 구현 단계가 중요하다. 그런 경우 자료구조의 코드의 정확성과 성능을 철저히 테스트해야 한다. 하지만 여기서 구현은 우리의 목표가 아니다. 단순화를 위해 우리가 사용할 수 있는 서드파티 라이브러리가 있다고 가정한다.

필요한 자료구조를 식별하기

문제의 요구 사항을 이해했다고 가정하면(간과해서는 안 될 단계!) 작업할 만한 해결책을 구상한 다음, 이제 그 해결책을 구축하는 데 필요한 것이 무엇인지 생각할 차례다. 여기서 문제를 해결하기 위한 고차원적인 아이디어에서 해결에 사용할 구체적인 계획으로 나아가게 된다.

예를 들어 다음 날 아침 9시까지 회의에 가는 것이 문제라면, 상위 수준의 해결책에는 알람 설정, 집에서 회의장까지 가는 계획, 프레젠테이션을 챙기는 것을 포함할 수 있다. 다음 단계는 사용할 수 있는 도구를 파악하는 것이다. 알람 설정을 위한 휴대전화, 이동 수단인 버스나 차, 프레젠테이션용 노트북 등이 그것이다.

해결책이 충분히 좋은지 확인하기

문제를 해결할 수 있는 방법을 찾는 것만으로는 충분하지 않을 수 있다. 사용 가능한 리소스로 합리적인 시간 내에 문제를 해결할 수 있어야 한다. 전자상거래 웹사이트의 경우 검색 결과를 반환하는 데 10분(또는 1분!)이 걸리는 것은 허용되지 않는다. 비디오 게임의 경우 가정용 컴퓨터 성능 이상의 요구 사항이 있는 것은 허용되지 않는다.

다시 한번 말하지만 애플리케이션을 지나치게 복잡하게 만들고 싶지는 않을 것이다. 학교 웹사이트를 운영하는 데 슈퍼컴퓨터가 필요하지 않은 것처럼, 배열을 사용하면 효율적으로 해결할 수 있는 문제에는 지나치게 복잡한 자료구조가 필요하지 않다. 불필요한 최적화를 피하고 싶다면 보통 작게 시작해서 이미 알고 있거나 이 단계에서 병목현상이 있다는 것을 발견한 경우에만 더 복잡한 자료구조를 시도하는 것이 좋다.

테스트는 어떻게 되나?

앞서 구상한 흐름을 보면 코드 테스트, 정리, 변수와 메서드 이름이 혼란스럽지 않도록 확인하는 것과 같은 소프트웨어 개발의 중요한 단계들이 빠져 있다고 생각할 수 있다. 맞는 말이다. 이 단계들은 분명히 중요하다. 그러나 여기서는 과정을 높은 수준에서 바라보고 추상적인 해결책에 집중하고 있기 때문에 구현 세부 사항은 제외했다.

자료구조의 실제 활용

이제 프로젝트에 자료구조를 포함시키는 단계에 익숙해졌으니, 흐름을 더 명확하게 설명하고, 가장 적합한 자료구조를 선택하는 것이 얼마나 중요한지를 보여주는 예를 살펴보자.

우리의 시나리오는 반려동물 응급실이다. 이 시나리오에서 자그마한 털북숭이(그리고 말하는!) 친구들이 의사를 만나러 와서 로비에서 차례를 기다리다가 입원한다. 우리는 환자를 분류하고, 누가 언제 입원할지 결정하고, 모든 과정이 순조롭게 돌아가도록 노력해야 한다. 환자들, 특히 성질이 나쁜 것으로 유명한 악어 환자를 화나게 하고 싶지는 않을 것이다.

문제의 이해와 해결책 구상

사소한 일처럼 보일 수 있지만, 작업을 과소평가하는 것은 큰 실수다. 모든 프로젝트에서 가장 중요한 것은 고객의 요구 사항을 이해하는 것이다. 요구 사항을 빨리 명확히 파악할수록 프로젝트가 덜 고통스러워진다. 여기서는 문제 정의가 다소 모호하여 여러 가지 해석이 나올 수 있다. 방에 누가 있는지 신경 써야 할까? 고양이, 개, 악어, 토끼가 같은 방에 있어도 될까? (로비의 수용 인원이나 하루 방문 제한과 같은) 수용 인원 제한이 있을까? 이러한 질문(및 기타 여러 질문)은 비슷한 일에 직면했을 때 반드시 물어봐야 한다.

이 경우에서는 문제를 단순화한다. 환자의 등록과 입원만 처리하며, 로비의 수용 인원은 무한하고, 다른 제약 사항은 없다고 가정한다. 따라서 필요한 것은 환자를 등록하고 특정 순서대로 입원시키는 장치, 즉 소프트웨어다.

다음 절에서는 좋은 해결책을 찾을 때까지 남은 단계를 반복하는 방법을 알아보자.

첫 번째 시도: 순서 무시

입력과 출력을 이해했다. 이제 이 장치를 어떻게 만들지 이해하는 단계다.

해결책을 작업한다는 것은 입력을 변환하고 목표에 도달하는 자신만의 알고리즘을 작성하는 것을 의미하지만, 이는 배경지식에 기반한 보다 고차원적인 작업이다. 이제 세부 사항에 대해 생각할 때가 되었다.

우리는 환자 등록을 저장하고 우리가 요청할 때마다 다음에 입원할 환자를 반환할 수 있는 컨테이너, 즉 자료구조가 필요하다. 이때 어떤 컨테이너를 사용해야 할까?

이후 언급하는 모든 자료구조는 책에 포함되어 있으므로 지금 당장 이해할 필요는 없다. 첫 번째 시도로 등록 시 제안함에 양식을 넣고, 시간이 나면 의사가 그중 하나를 무작위로 꺼내 읽는 방법을 시도해보겠다. 우리가 사용한 컨테이너는 '가방bag'이며, 저장된 요소를 읽는 순서에 신경 쓰지 않는 경우에 이상적이다.

이 예제에서는 구현 단계에서 버그 없는 코드를 생성했다고 가정한다. 따라서 바로 질문으로 넘어가자. 이 해결책이 유효할까? 그리고 잘 작동할까?

👍 구현하기 쉽다.

👎 순서에 대한 제어가 없다.

무작위로 다음 입원 환자를 선택하는 것은 몇 가지 문제가 있다. 평균적으로 모든 환자는 적절한 시간 내에 진료를 받을 수 있다. 그러나 특히 환자가 적을 때면 자신보다 나중에 도착한 누군가가 먼저 진료를 받는 것을 알아채기 쉽다. 그 결과 싸움이 벌어지고, 악어가 자신의 앞에 줄을 선 토끼를 잡아먹는다면 이것이 좋은 해결책이 아니라는 것이 명백해질 것이다.

역순 reverse order

우리는 해결책을 반복해서 수정해야 한다. 고수준의 해결책은 작동하지만, 사용 중인 자료구조를 변경해야 한다.

이번에는 순서대로 양식을 저장한다. 그 결과 가장 오래된 것이 맨 아래에 있고 가장 최근 것이 맨 위에 있다. 하지만 불행히도 오해로 인해 분류 담당자는 맨 위에 있는 양식부터 꺼낸다. 이는 **스택**stack을 구현한 것이므로, 마지막 등록 환자가 첫 번째로 입원하게 된다! 첫날이 끝날 때, 발에 박힌 가시를 제거하기 위해 하루 종일 기다리느라 화가 난 사자를 상대하는 상황을 맞닥뜨리고서야 모두가 이 스택 설루션이 전혀 작동하지 않는다는 것을 알아차린다.

스택은 가장 최근 항목을 먼저 처리해야 할 때 유용하지만, 대기열을 처리하는 데는 적합하지 않다.

스택

👍 입력된 데이터를 받는 즉시 처리

👎 대기열 처리용

선착순 처리 first come, first serve

이번 수정은 개념적으로 더 간단하다. 맨 아래에서부터 양식을 꺼내므로 가장 먼저 도착한 환자가 첫 번째로 의사를 만난다. 이 접근 방식에서는 **큐**를 사용한다. 큐는 요소를 추가한 순서대로 처리해주는 자료구조다.

이 설루션은 꽤 잘 작동한다. 더 이상 논쟁도 없고, 끝없는 대기시간도 없으며, 환자들의 만족도가 높고 분류 작업의 스트레스도 덜하다. 마침내 설루션이 제대로 작동한다.

이제 마지막 단계다. 이 설루션은 충분히 잘 작동할까? 몇 주간 새로운 분류 시스템으로 일한 후, 의사들은 몇몇 경우에 환자들이 자신의 차례를 기다리기보다 바로 치료를 받았다면 합병증을 피할 수 있었을 거라는 것을 깨닫는다.

이게 무슨 뜻일까? 더 나은 해결책이 있다는 의미다. 다시 반복할 때가 왔다.

긴급 상황 우선

우리에게 필요한 것은 도착 시간 이외 속성을 고려할 수 있는 자료구조다. 분류 담당자들은 환자의 초기 병력을 기록하는 등록 양식을 가지고 있다. 그들은 사례의 긴급성을 추정하고 양식을 재정렬해서 가시가 박힌 사자가 먼저 응급실에 도착하더라도, 컴퓨터 마우스를 삼킨 뱀이나 달리다 발목을 접질린 거북이보다 순서를 뒤로 미룰 수 있다.

다행히도 이러한 상황에 알맞은 자료구조가 있는데, 바로 우선순위 큐다. 모든 케이스를 우선순위 큐에 추가하면 가장 긴급한 경우부터 차례대로 반환해달라고 요청할 수 있다.

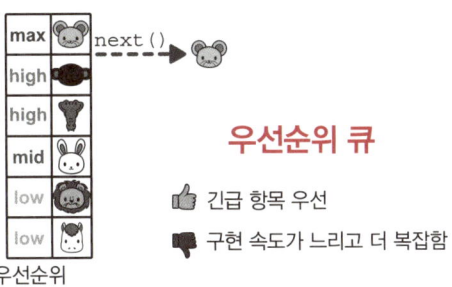

이 설루션은 효과적으로 잘 작동한다. 이제 다 끝났을까? 그것은 상황에 따라 다르다. 우선 실제 요구 사항에 따라 더 많은 보장이 필요할 수 있다. 그런 다음, 시스템의 실제 구현을 고려하여 어떤 종류의 우선순위 큐가 충분히 빠르거나 메모리를 잘 처리하는지 결정해야 한다.

하지만 핵심은 이해했을 것이다. 성능을 측정하고 요구 사항과 비교한 다음 결정할 수 있다. 이 예제에서는 적절한 자료구조를 선택하는 방법을 이해했기 때문에 요구를 완벽하게 충족시키는 해결책을 찾아내는 데 성공했다.

요약

- 자료구조란 데이터를 컴퓨터나 프로그래밍 언어 내에서 정의된 관계, 수행할 수 있는 연산, 데이터 접근과 수정에 대한 규칙이나 제약을 통해 구성하고 저장하는 방법이다.
- 자료구조는 데이터를 효율적으로 구성하고 저장하는 데 기본이 된다.
- 알고리즘이란 특정 문제를 해결하거나 특정 작업을 수행하기 위해 고안된 일련의 명확한 지침, 단계별 절차를 말한다.
- 알고리즘과 자료구조는 문장에서 동사와 명사의 관계처럼 서로를 보완한다.
- 잘못된 자료구조를 선택하면 웹사이트가 다운되거나 보안 위험이 발생하는 등 심각한 결과를 초래할 수 있다.
- 프로젝트에서 어떤 자료구조를 사용할지 결정하는 데 도움이 되는 단계별 프로세스가 있다.
- 이 프로세스는 반복적이며 모든 요구 사항을 충족할 때까지 해결책의 품질을 확인해야 한다.

CHAPTER 2

정적 배열: 자료구조의 시작점

이 장의 주요 내용
- 자료구조의 몇 가지 기본 개념
- 기본 자료구조(배열) 소개
- 정적 및 동적 크기 배열의 차이점
- 배열에서 수행할 수 있는 일반적인 작업 소개
- 배열을 사용하여 문제 해결

이번 장에서는 자료구조가 어떻게 작동하는지, 이를 어떻게 구현하는지를 살펴보고자 한다. 또한 책 전반에 걸쳐 우리가 다루게 될 기술들을 어떤 방식으로 소개하고 설명할지를 천천히 안내한다. 이 장에서 소개하는 내용은 이후 이어지는 장들에서 설명할 내용을 이해하는 데 필요한 몇 가지 기본 개념을 익히는 데도 도움이 될 것이다.

배열이란 무엇인가?

우리는 **배열**array, 특히 **정적 배열**static array을 가지고 자료구조 세계로의 여행을 떠날 것이다. 배열은 요소들의 컬렉션collection을 보관하고 인덱스index를 통해 액세스할 수 있도록 데이터를 구성한다.

그러나 지금 가장 중요한 질문은 이것이다. 왜 배열을 사용하는가? 예를 들어 설명하겠다.

메모리와 서랍

먼저 **메모리**memory가 어떻게 구성되어 있는지 살펴보자. 단순하게 말해서, 나는 메모리를 탈착 가능한 서랍을 보유한 모듈식 선반으로 생각하는 것을 좋아한다.

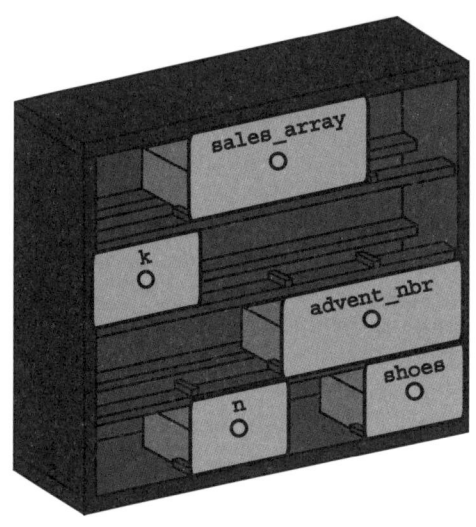

선반 구조가 메모리라면 서랍은 변수가 된다. 이는 여러분이 이미 잘 알고 있는 프로그래밍 개념과 일맥상통한다. 메모리를 잠재력으로 생각해보자. 메모리를 사용하고 싶다면 변수를 만들 수 있는데, 이 변수는 데이터를 담고 꺼낼 수 있는 서랍과 같다.

선반의 크기는 서랍의 최대 개수를 결정한다. 선반의 공간에 맞는 한, 다양한 크기의 변수(서랍)를 만들 수 있다. 또한 이러한 서랍을 데이터로 채울 수 있으며, 더 큰 서랍은 더 큰 자료형을 보관할 수 있다. 예를 들어 문자나 (짧은) 정수보다 부동소수점값에 더 큰 서랍이 필요하다.

배열은 언제 필요한가?

마리오Mario를 만나보자! 그는 단것을 좋아하는데, 특히 초콜릿을 정말 사랑한다. 그의 부모님 부엌에는 마리오가 좋아하는 초콜릿 트러플을 보관하는 서랍이 있다. 지금 마리오에게는 트러플이 5개 남아 있다. 서랍은 데이터를 담는 변수와 같다. 이 경우, `drawer`라는 이름의 정수 변수는 값 5를 담고 있을 것이다.

정수 변수에서 배열로 넘어가기 위해 다른 예를 살펴보자. 12월이 다가오자 마리오의 가족은 자녀들을 위해 **강림절 달력**advent calendar*을 준비한다. 달력은 작은 서랍에 번호가 매겨진 진저브레드 하우스gingerbread house† 모양이다. 번호는 1일부터 24일까지다. 강림절 달력이 익숙하지 않다면 **강림절 코드**advent of code‡와 비슷하다고 생각하면 된다. 다만 코딩 문제 대신 12월 1일부터 24일까지 매일 달콤한 간식을 받는다는 점이 다르다(대부분 사람들에게는 강림절 달력이 '매일 간식을 받는 것'을 의미하지만, 소프트웨어 엔지니어에게는 '매일 문제를 푸는 것'이라는 차이가 있다!). 강림절 달력의 각 서랍에는 쿠키, 초콜릿 또는 다양한 사탕이 들어 있으며, 아이들은 서랍 번호에 해당하는 요일에만 각 서랍을 열 수 있다.

선반 비유로 돌아가서, 강림절 달력을 위해 큰 보관 선반의 일부를 재사용한다고 가정해보자. 24개의 서랍은 선반의 어느 곳에나 만들 수 있다. 서로 옆에 있을 필요도 없고, 특정한 순서도 필요 없다. 하지만 번호가 매겨진 서랍을 만든다면 오름차순으로 나란히 놓고 싶을 것이다. 그러지 않으면 찾기 어려울 것이기 때문이다.

마찬가지로 소프트웨어에서 강림절 달력을 모델링하고 싶다면, 24개의 작은 변수를 만들어서 `advent_drawer_1`, `advent_drawer_2` 등으로 명명할 수 있다. 아무도 우리가 그렇게 하는 것을 막지 않을 것이다(물론, 누군가는 우리가 이 혼란을 프로덕션에 넣기 전에 막아야 할 것이다!).

24개의 서로 다른 변수를 직접 만드는 것도 힘든 일이지만, 더 까다로운 점은 코드에서 서랍에 접근할 때마다 올바른 변수 이름을 사용해야 한다는 것이다. 즉, 일반적으로 대부분의 프로그래밍 언어에서는 컴파일 시점(즉, 코드를 작성할 때)에 어떤 변수가 필요한지 알아야 한다.

하지만 때로는 코드가 실행될 때 **런타임**runtime에 이러한 정보를 얻는다. 예를 들어 사용자가 어느 서랍을 확인해야 할지를 묻는 프로그램이 있다고 가정하면, 실행 도중에 I/O를 통해 정보를 받기 때문에 어떤 변수를 사용해야 할지 미리 알 수 없다. 프로그래밍 작성 경험이 조금이라도 있다면 아마도 루프loop에 익숙할 것이다. 만약 루프 없이 모든 서랍을 하나하나 확인해야 한다고 상상해보면 얼마나 복잡해질지 알 수 있을 것이다(상상하기 힘들다면 그냥 넘어가자. 곧 예제를 통해 확인할 수 있다).

여기서 배열이 등장한다. 배열은 인덱스를 통해 접근할 수 있는 여러 개의 항목을 저장하는 자료구조다. 다음 절에서 배열에 대해 제대로 정의하겠지만, 지금은 일반적인 규칙으로, (대략적으로) 동일한 타입의 값을 모아두고, 각 값들이 서로 어떻게 연관되는지에 대해 별로 알 필요가 없을 때 배열을 사용한다고 기억하자(만약 데이터의 내부 구조와 요소 간의 관계에 대한 정보가 더 많은 경우, 이 책에서는 다른 자료구조를 소개할 것이며, 이를 통해 더 나은 해결책을 찾을 수 있을 것이다).

---

* 옮긴이 성탄절을 앞두고 날짜를 세는 데 사용된다. 보통 1일부터 25일까지 날짜에 맞는 칸을 열면 랜덤하게 작은 선물이 들어 있는 방식으로 구성되어서 매일매일 새로운 선물을 받으며 성탄절을 기다린다.

† 옮긴이 집 모양 진저브레드 간식이다. 크리스마스 시기에 흔히 사탕류와 아이싱(icing) 등으로 장식해 만든다.

‡ 옮긴이 https://en.wikipedia.org/wiki/Advent_of_Code

정의: 정적 크기 vs. 동적 크기

배열이란 무엇일까? 배열로 본 강림절 달력은 다음과 같다.

 강림절 달력을 위한 정수 배열

배열은 일반적으로 정수나 숫자를 저장하는 데 한정되지 않는다. 분수, 문자열, 기타 유형의 객체를 저장할 수 있다. 예를 들어 사탕 배열은 어떨까?

사탕을 위한 정수 배열

가장 간단하게 정의하면 배열은 인덱스가 있는 데이터 모음(컬렉션이라고도 함)이다. 인덱스가 있다는 것은 배열이 일련의 항목(일반적으로 **요소**element라고 함)을 저장하고, 그 위치(인덱스라고도 함)로만 액세스할 수 있다는 것을 의미한다. 예를 들어 강림절 달력에서 1이라는 인덱스가 있는 서랍에 액세스하여 12월 1일의 간식을 얻을 수 있지만, 서랍의 내용을 기준으로는 접근할 수 없다. 즉, 트러플 7개가 들어 있는 서랍을 쉽게 찾을 수 없고, 캔디 배열에서 '딸기 막대사탕을 가져와'라고 말할 수도 없다.

이제 배열의 공식적인 정의에 가까워졌으니 배열을 다양한 관점에서 살펴볼 필요가 있다. 배열의 기능에 집중해 추상적인 수준에서 배열을 살펴보면, 배열 자료구조는 몇 가지 주요 특징을 가지고 있다.

- 데이터 모음을 저장한다.
- 인덱스를 통해 요소에 접근할 수 있다.
- 요소에 순차적으로 접근할 필요는 없다. 즉, 배열의 10번째 요소가 필요한 경우 배열에 저장된 9개 요소를 읽지 않고도 해당 요소에 직접 접근할 수 있다.

이 몇 가지 요점은 추상적인 수준에서 배열을 정의한다. 기술적으로 말하자면 배열을 **추상 자료형** abstract data type으로 정의한 것이다. 이 용어를 기억해두자. 7장에서 다시 언급할 것이다.

다른 관점에서 보면 배열은 많은 프로그래밍 언어의 핵심 기능 중 하나다. 여기서 내용이 좀 더 구체화된다. 이 관점에서 배열을 살펴보면 선택한 프로그래밍 언어에 따라 달라지는 구현의 세부 사항을 처리해야 한다. 그러나 많은 프로그래밍 언어는 배열을 핵심 언어 기능으로 구현할 때 몇 가지 공통적인 특성을 따르고 있다(이전 목록을 계속해서 설명하자면 다음과 같다).

- 배열은 순차적인 위치를 갖는 단일의 연속적인 메모리 블록으로 메모리에 할당되므로 메모리와 시간 측면에서 효율적이다.

- 배열은 동일한 유형의 데이터만 저장할 수 있다. 이러한 제한은 최적화의 필요성에서 비롯되는데, 배열의 각 요소에 동일한 크기의 메모리를 할당하고, 컴파일러나 인터프리터가 각 요소의 메모리 주소를 빠르게 알 수 있기 때문이다. 다음 절에서 보다 자세히 알아보자.
- 배열의 크기, 즉 배열에 포함되는 요소의 개수는 배열을 생성할 때 결정되어야 하며, 이 크기는 변경할 수 없다.

이 마지막 세 가지 사항은 C, C++, 자바 등 많은 프로그래밍 언어의 핵심 기능인 **정적**static(또는 **정적 크기**이) 배열을 설명하는 **저수준**lower-level의 정의다.

이 장에서는 **정적 배열**에 초점을 맞춘다. 런타임에 크기가 변경될 수 있는 **동적**dynamic(일명 **동적으로 크기 조정**) 배열은 이 자료구조의 또 다른 변형이다. 5장에서 동적 배열에 대해 자세히 다룰 것이다. 앞의 목록에서 다섯 번째 요점을 완화하고 배열에 대해 이기종 콘텐츠를 허용할 수도 있다. 즉, 배열의 요소에 대해 서로 다른 자료형을 혼합할 수 있다. 이 책에서 사용하는 프로그래밍 언어인 파이썬은 기본적으로 요소에 대해 모든 데이터 유형을 허용하는 동적 크기의 배열인 **리스트**list를 제공한다.

값과 인덱스

이전 절에서 우리는 배열이 인덱스가 있는 자료구조라는 것을 배웠다. 즉, 배열은 포함된 각 요소에 인덱스를 할당하며, 인덱스를 통해서만 해당 요소에 접근할 수 있다. 정적 배열을 설명할 때, 많은 언어에서 배열은 모든 요소를 동일한 데이터 유형으로 강제한다고 언급했다. 이 요구 사항은 여러 가지 이유로 유용하다. 첫째, 다음 그림에서 알 수 있듯이 배열에 필요한 정확한 양의 메모리를 할당할 수 있다. 둘째, 모든 요소가 동일한 크기를 가지므로 메모리 주소를 빠르게 계산할 수 있다. 이것은 요소들이 동일한 간격으로 배치되어 요소의 메모리 위치를 계산하는 것이 간단해지기 때문이다.

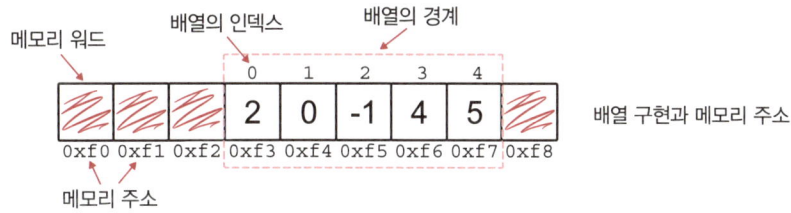

배열 구현과 메모리 주소

이전 절에서 설명한 강림절 달력 배열의 예에서 배열 요소의 인덱스가 1에서 시작한다는 것을 보았을 것이다. 즉, 각 인덱스는 12월 1일부터 24일까지의 날짜 중 하나에 해당한다. 인덱스가 0에서 시작하는 데 익숙해서 의문을 가지는 사람도 있을 텐데, 이 이야기를 해보자. 많은 프로그래밍 언어가 인덱스를 0에서 시작하지만, 일부 언어는 배열 인덱스를 1에서 시작한다. 가장 잘 알려진 예로는 줄리아Julia, 매트랩MATLAB, R, 포트란Fortran 등이 있다. 파이썬은 0부터 시작하는 인덱싱을 사용하는 언어 중 하나이므로, 이 책에서도 배열의 인덱스를 0부터 시작하는 관례를 따른다.

0 기반 인덱싱은 상상할 수 있듯이 (그리고 이미 경험했을 수도 있지만) 개발자가 인덱스에 대해 생각할 때 주의해야 한다. 특히 특정 위치에 액세스하는 알고리즘을 구현하거나 유효한 인덱스의 범위 내에 머물러야 할 때 더욱 그렇다. 예를 들어 크기가 n인 0 기반 배열의 마지막 요소의 인덱스는 $n-1$이며, 인덱스 n에 접근하려고 하면 오류가 발생한다.

4	1	2	7
0	1	2	3

0 기반 인덱싱을 사용한 강림절 달력 배열

초기화

앞서 논의했듯이, 이 장의 나머지 부분은 정적 배열에 초점을 맞춘다. 간략하게 핵심은 정적 배열을 만들 때 크기를 미리 결정해야 한다는 것이다. 예를 들어 배열에 5개의 요소를 저장해야 하는 경우, 배열을 만들 때 각각의 요소에 메모리를 할당해야 한다. 즉, 배열 선언 시 특정 타입의 5개 값을 저장할 구조를 만드는데, 이때 그 타입도 결정해야 한다.

요소를 저장할 공간을 준비했는데, 실제로 요소에 값을 할당하기 전에는 어떤 일이 일어날까?

시작할 때 배열을 생성하는 방법은 두 가지가 있다. 그냥 선언만 하거나, (대부분의 프로그래밍 언어에서는) 선언과 동시에 배열 요소를 **초기화**initialize할 수 있다. 배열을 초기화한다는 것은 모든 요소에 (유효한) 값을 할당하는 것을 의미한다. 이 경우, 컴파일러는 코드를 기계에서 실행할 수 있는 프로그램으로 변환하는 동시에 배열의 메모리를 할당하고, 컴파일 시점에 결정한 값들로 배열을 채운 후 다음 명령으로 넘어간다.

초기화하지 않고 배열을 선언만 하면 어떻게 될까? 배열의 요소들은 '비어 있는' 상태로 남아 있을까?

?	?	?	?	?
0	1	2	3	4

'빈' 배열: 어떤 값을 찾을 수 있을까? 알 수 없다!

비어 있다는 개념이 없으므로 변수를 선언할 때 컴파일러는 반드시 그 변수에 값을 할당해야 한다. 배열의 경우, 모든 요소에 값이 할당되어야 한다. 실제 값은 프로그래밍 언어와 배열의 유형에 따라 달라진다. 예를 들어 자바에서 초기화 없이 정수 배열을 생성하면 모든 요소가 0으로 설정된다. 일부 프로그래밍 언어는 비어 있다는 것을 나타내는 특수 값을 가지고 있다. 파이썬은 `None`이라는 값이 있고 자바는 `null`를 사용한다. 이 값들은 배열 요소에 명시적으로 할당되는 특수 값들이다.

중요한 것은 배열을 생성할 때 값을 할당하지 않고 요소에 접근할 계획이라면 주의해야 한다는 것이다. 의심스러울 경우, 실제로 어떤 일이 발생하는지 이해하기 위해 사용하는 언어 사양을 확인하는 것이 좋다.

파이썬의 배열

자, 이제 이론은 그만하고 배열의 실제 모습을 살펴보자. 어린 마리오는 사탕뿐만 아니라 컴퓨터 프로그래밍도 좋아한다. 파이썬을 배우고 있는 그는 강림절 달력을 추적하기 위해 매일 아침 서랍을 여는 즉시 달력의 디지털 버전을 업데이트하고자 한다. 또한 초콜릿을 먹을 때마다 달력을 업데이트해서 핼러윈 Halloween에 마리오의 간식을 훔쳤다는 의심을 받고 있는 동생 이안Ian을 감시할 계획이다.

마리오가 배열을 사용해 간단한 애플리케이션을 작성하도록 도와주자!

파이썬 리스트 vs. array.array 클래스

파이썬이 네이티브 배열과 같은 해결책으로 `list` 클래스를 제공한다는 것을 이미 언급했다. 파이썬 리스트는 동적 배열에 더 가깝고, 동일한 유형의 데이터를 보유해야 하는 제한도 없다. 숫자, 문자열 또는 다른 리스트를 모두 함께 사용해서 리스트를 만들 수 있다.

파이썬의 **리스트**는 정적 배열보다 강력하다. 리스트는 동적으로 크기를 조절할 수 있지만, 파이썬 표준 라이브러리의 `array.array`는 그렇지 않다. 하지만 알다시피 큰 힘에는 큰 책임이 따른다. 그리고 그만큼 대가도 따른다. 일반적으로 동적 크기 조절 기능을 지원하는 대가는 성능 저하와 느린 자료구조다(이 부분은 4장에서 더 자세히 다룰 것이다). 명확히 말해서 많은 경우, **리스트**를 사용해도 괜찮을 것이고 애플리케이션에서도 그 차이를 알아차리지 못할 것이다. 하지만 성능이 중요한 코드의 일부에서 병목이 발생할 수 있는 경우에는 가장 성능이 좋은 옵션을 사용하는 것이 좋다.

 개발 시간, 유지 보수, 코드의 명확성 등에서 비용이 발생하므로 너무 이른 최적화는 피하는 것이 좋다. 최적화를 결정하기 전에 먼저 코드를 실행하고, 최적화가 가장 큰 차이를 만들어낼 수 있는 부분을 확인하는 것이 중요하다.

동적 배열에 접근하기 전에 정적 배열의 작동 방식을 이해하는 것이 좋다. 안타깝게도 파이썬은 네이티브 정적 배열의 대안을 제공하지 않는다. 가장 가까운 것은 파이썬의 `array` 모듈로, 타입 일관성을 강제하지만 여전히 동적 배열이다. 진정한 정적 배열은 `NumPy` 라이브러리에서 찾을 수 있는데, 이는 벡터 계산에 효율적인 수학 라이브러리로 최적화되어 있다. `numpy.array`를 사용하면 자바 배열과는 다소 다른 고정 크기의 `double` 타입의 배열을 만들 수 있다.

이곳에서 가능한 모든 설루션의 장단점을 논의할 필요는 없지만, 그러한 설루션이 존재한다는 것을 아는 것이 중요하다. 대신 정적 배열을 실험해볼 수 있도록 우리는 `array.array`를 기반으로 한 사용자 정의 클래스를 만들어 정적 배열이 어떻게 작동하는지 시뮬레이션했다(이 사용자 정의 클래스는 책의 깃허브*에서 찾을 수 있다). 여기서는 정적 배열을 어떻게 구현하는지에 대한 세부 사항은 신경 쓰지 않아도 된다. 중요한 점은 이 클래스를 불러온 후 다음 코드를 사용해서 크기 n의 배열을 생성할 수 있다는 것이다.

```
from arrays.core import Array
a = Array(n)
```

그러면 0에서 $n-1$까지 모든 요소에 접근하고 일반 배열처럼 값을 할당할 수 있지만, 이 배열을 확장하거나 축소하지는 못한다.

기본적으로 **정수**integer 배열이 생성된다. **실수**float로 구성된 배열(예: 5개의 요소)을 생성하는 방법은 다음과 같다.

```
b = Array(5, 'f')
```

그런 후, 예를 들어 다음을 실행할 수 있다.

```
print(b)
print(b[2])
b[3] = 3.1415
```

새로 생성된 배열의 모든 요소가 0(또는 실수의 경우 0.0)으로 초기화된다는 점에 유의하자.

인덱싱

이전에 언급했듯이, 파이썬은 배열에 대해 0부터 시작하는 인덱싱을 사용한다. 즉, n개의 요소가 있는 배열의 경우, 배열의 첫 번째 요소는 항상 인덱스 0에 있고 마지막 요소는 인덱스 $n-1$에 있다.

때때로 0 기반 인덱싱은 불편할 수 있다. 예를 들면 강림절 달력 예제에서는 1일을 인덱스 0에서 찾아야 한다. 직관적으로는 인덱스 1에서 찾는 것이 더 자연스러울 것이다. 때로는 불편한 것 이상이다. 배열 범위를 넘어가지 않도록 인덱스에 주의해야 한다. 배열 크기가 n일 때, 마지막 유효 인덱스는 $n-1$이다. 파이썬 리스트의 경우, -1은 유효한 인덱스다(특히 배열의 마지막 요소를 가리킴). 하지만 $a[n]$에 접근하려고 하면 애플리케이션이 다운될 것이다. 이제 궁금할 수 있다. $a[-n]$과 $a[n+1]$는 어떨까? 그중 하나만 작동할 것이다. 어떤 것이 될지 맞힐 수 있는가?

이런 혼란을 피하기 위해 우리는 정적 배열 클래스에서 음수 인덱스를 사용하지 못하게 했다.

---

* https://mng.bz/VxpG

배열에 대한 작업

이제 배열을 만드는 방법을 알았으니, 배열을 '어떻게 활용할 것인가'로 넘어간다. 처음에 배열은 빈 컨테이너다. 요소가 실제로 비어 있다는 의미가 아니라 배열의 셀에 할당된 값이 무의미하다는 뜻이다. 헬퍼 클래스는 많은 프로그래밍 언어에서 하는 것처럼 모든 배열 요소를 임의로 0으로 초기화한다. 하지만 각 프로그래밍 언어의 세부 사항은 지금은 중요하지 않다. 해야 할 유일한 가정은 배열을 초기화하지 않는 한, 그 데이터는 **의미가 없다는 것**이다.

원하는 대로 배열을 채울 수 있다. 요소에 새 값을 할당할 때 특정 순서를 따를 필요는 없지만, 주의해야 할 사항이 있다. 애플리케이션에서 **의미 있는 요소**를 추적하는 것이 좋다는 것이다. 더 강력하게 말하자면 반드시 추적해야 한다. 추적하지 않아도 되는 예는 없을 것이다.

대부분의 경우, 요소를 저장하는 순서는 중요하지 않다. 그렇다면 단순히 배열에서 사용하지 않는 첫 번째 인덱스에 새로운 요소를 추가해서 배열을 왼쪽 정렬로 유지할 수 있다. 즉, 배열에 $k \leq n$개의 요소를 추가하면 그 요소들은 인덱스 0부터 $k-1$까지 저장된다.

?	7	?	?	3	-1	?
0	1	2	3	4	5	6

일부 요소가 할당되고
일부 '빈' 요소가 있는 배열

7	3	-1	?	?
0	1	2	3	4

왼쪽 정렬 배열

왼쪽 정렬 배열을 사용하면 어떤 요소가 의미 있는지를 추적하기가 매우 편리하며, 배열의 채워진 부분의 크기만 저장하면 된다.

> **NOTE** 이것은 여러 가지 방법 중 하나일 뿐이다. 왼쪽 정렬 배열을 사용하기로 선택했다면 현재 배열에 저장된 요소의 수를 추적하는 것은 여러분의 책임이다.

이제 (정렬되지 않은) 배열에서 몇 가지 기본적인 연산을 수행하는 방법을 살펴보자.

정렬되지 않은 배열을 위한 클래스

`core.Array` 객체를 인수로 받아서 조작하는 전역 함수의 집합을 만들 수 있다. 하지만 이 책에서는 이 접근 방식을 취하지 않을 것이다. 배열을 감싸고 격리(**캡슐화**encapsulate)하는 `UnsortedArray` 클래스를 작성하면 더 깔끔하게 구현할 수 있다는 것을 알기 때문이다. 왜 그럴까? 명령형 패러다임보다 객체지향 프로그래밍을 선호하는 데에는 많은 이유가 존재한다. 이 논쟁이 새롭게 느껴진다면 시간을 내어 조사하고 알아볼 것을 추천한다.

이미 고려했을 수 있는 한 가지는 배열의 채워진 부분의 크기를 추적해야 한다는 점이다. 왼쪽 정렬 배열을 사용하면, 데이터가 저장된 부분과 비어 있는 부분을 구분하기에 충분하다. 정렬되지 않은 배열을 다루는 클래스를 구현하면, 크기를 그 속성으로 저장하고 배열에 대한 연산을 수행할 때 이를 업데이트할 수 있다. 만약 정렬되지 않은 배열을 클래스에 감싸지 않는다면, 배열의 크기를 전역 변수에 저장하고, 배열을 조작하는 함수들에 이 값을 전달해야 한다.

이런 방법은 호출자를 신뢰하고 입력에 대한 일종의 유효성 검사를 수행해야 한다. 이런 방법을 사용하는 사람은 실수 또는 의도적으로 배열 크기에 대한 잘못된 값을 전달할 수 있다. 더 나쁜 것은 배열의 소유자가 요소를 삽입하거나 삭제한 후에 배열을 업데이트하는 것을 기억해야 한다는 점이다.

캡슐화: 현대 프로그래밍의 기둥

배열 크기를 저장하는 변수를 누구나 변경할 수 있다는 사실은 오류 발생 가능성을 크게 높인다. 이를 방지하기 위해 **캡슐화**라는 개념이 필요하다. 각 배열 인스턴스는 크기 값을 자체적으로 포함하고, 이상적으로는 이 값을 인스턴스 자체에서만 수정 가능하게 해야 한다(파이썬은 클래스 속성에 대해 완전한 비공개(private) 접근을 지원하지 않기 때문에 이 부분에서 큰 도움을 주지 않는다).

그래서 이 책에서는 정렬되지 않은 배열을 클래스로 구현할 것이다. 전체 코드는 깃허브*에서 확인할 수 있다.

```
class UnsortedArray :
    def __init__(self, max_size, typecode = 'l'):
        self._array = Array(max_size, typecode)
        self._max_size = max_size
        self._size = 0
```

생성자에서는 우리가 만든 기본적인 정적 배열 도우미 클래스와 동일한 시그니처를 유지한다. 사실 내부적으로 데이터를 저장하기 위해 정적 배열 인스턴스를 사용하고 있다. 여기서 주목할 점은 `core.Array`를 상속받는 대신 `core.Array`의 인스턴스를 생성해서 객체의 속성으로 할당한다는 것이다. 즉, 상속inheritance이 아닌 컴포지션composition을 사용한다.

NOTE 일반적인 규칙은 상속보다 컴포지션을 선호하는 것이다. 설계 면에서 컴포지션이 더 유연하기 때문이다.

컴포지션과 상속에 익숙하지 않다면 데인 힐라드Dane Hillard의 《프로그래머를 위한 파이썬》(제이펍, 2020)을 읽어보면 도움이 될 것이다.

---

* https://mng.bz/x2dX

새로운 항목 추가

우리가 `arr = UnsortedArray(n)`라는 배열을 만들었나고 가정하자. 여기서 *n*은 배열에 할당한 최대 크기를 의미한다. 이미 배열에 *k*개의 요소를 추가했다고 가정한다. 요소들의 순서는 상관없으며, 추가될 항목의 순서 또한 상관없다. 이러한 가정하에 배열의 마지막 항목 바로 다음 인덱스 *k*에 새로운 항목을 추가할 수 있다. 물론 배열에 여유 공간이 있을 때만 가능하다! 먼저 *k*가 유효한 인덱스라면 해당 인덱스에 값을 할당한 후 *k*값을 증가시키면 된다. 배열이 가득 찬 경우, 예외를 발생시켜 호출자에게 문제를 알린다.

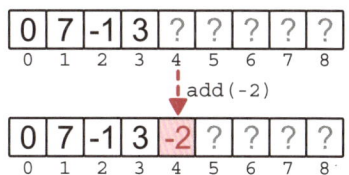

크기가 n=9인 배열에 다섯 번째 항목 추가

 NOTE 오류를 숨기지 않는다. 꼭 예외를 사용할 필요는 없지만, 클라이언트에게 문제를 알려서 실패를 발견하고 처리할 수 있도록 하는 것이 중요하다.

오류 시 예외를 발생시키는 것이 특별한 값을 반환하는 것보다 유리한 점은, 예외는 호출자가 해당 작업이 성공했는지 신경 쓰고 확인하도록 강제한다는 것이다. 반면 반환값은 무시될 수 있고, 실제로도 종종 무시된다.

다음은 클래스의 메서드로 작성한 코드의 예시다.

```python
def insert(self, new_entry):
    if self._size >= len(self._array):
        raise ValueError('배열이 이미 가득 찼습니다')
    else:
        self._array[self._size] = new_entry
        self._size += 1
```

항목 제거

정렬되지 않은 배열에 새로운 요소를 추가하는 것은 비교적 간단하다. 반면에 기존 항목을 제거하고자 한다면 상황이 조금 더 복잡하다. 일반적으로 배열 중간의 항목을 제거하려고 할 때, 그 위치에 있는 값을 그냥 '삭제'하면 배열의 가운데에 빈 공간이 생긴다. 이로 인해 배열의 유효한 항목들이 왼쪽 정렬을 이루고 있다는 가정이 깨지게 된다. 추상적으로 이 상황을 해결하려면 빈 공간의 오른쪽에 있는 모든 항목을 왼쪽으로 한 칸씩 이동시켜야 한다. 이렇게 하면 문제는 해결되지만 작업량이 많아질 것이다.

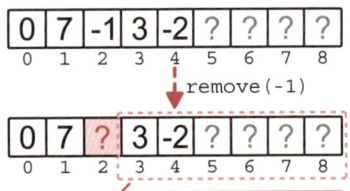

이것은 안타까운 일이다. 배열의 마지막 항목을 제거하면 훨씬 쉬울 것이다! 배열의 크기를 업데이트해서 마지막 항목을 무시하면 된다.

특별한 경우로 **스택**이라는 자료구조가 있는데, 여기서는 마지막 항목만 제거할 수 있다. 8장에서 스택을 공부하겠지만, 운 좋게도 우리가 다루는 정렬되지 않은 배열에서도 마지막 항목만 삭제하는 방법을 사용할 수 있다. 배열이 정렬되어 있지 않고 항목의 순서가 중요하지 않다고 가정했으므로, 마지막 항목과 제거하려는 항목을 바꾼 다음 항상 마지막 항목을 제거하는 것이다!

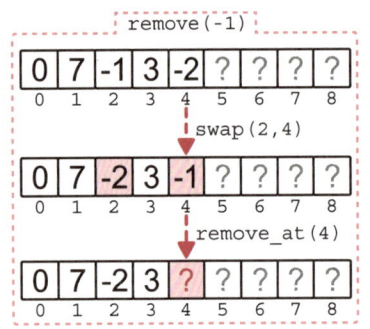

제거할 항목을 배열의 가장 오른쪽 항목과 바꾼 다음 삭제한다.

몇 가지 예외 처리를 신경 써야 하는데, 특히 배열이 비어 있는지 확인해야 하지만, 그 후에는 생각보다 훨씬 간단하다.

```
def delete(self, index):
    if self._size == 0:
        raise ValueError('빈배열은 삭제할 수 없습니다.')
    elif index < 0 or index >= self._size:
        raise ValueError(f'인덱스 {index}가 범위를 벗어났습니다.')
    else:
        self._array[index] = self._array[self._size-1]
        self._size -= 1
```

마지막 요소는 채워진 배열 영역 밖에 위치한다 (주의: 배열 로이터링(loitering)* 문제).

삭제된 요소를 덮어쓰는 '스마트 교환' (삭제할 값을 따로 저장할 필요가 없음)

---

* [옮긴이] 배열에서 요소를 삭제할 때, 삭제된 그 요소에 대한 참조나 데이터가 여전히 배열에 남아 메모리를 차지하고 있지만 더 이상 사용되지 않는 상황을 말한다. 메모리 누수, 프로그램 성능 저하로 이어질 수 있다.

값의 검색

우리가 수행하고 싶은 또 다른 중요한 작업은 검색이다. 특정값이 주어졌을 때 그 값이 배열에 저장되어 있는지, 그리고 어떤 인덱스에 저장되어 있는지 알고 싶다. 좀 더 자세히 살펴보면 몇 가지 질문을 더 해야 한다. 예를 들어

- 같은 값이 여러 번 발생하면 어떻게 될까? 첫 번째 값을 반환할 것인가, 임의의 값을 반환할 것인가, 아니면 모두 반환할 것인가?
- 대상 값이 배열에 없으면 무엇을 반환할 것인가? 한 가지 방법은 `-1`을 반환하는 것이다. 많은 언어에서 그러하듯이 파이썬에서도 `-1`이 리스트의 유효한 인덱스다. 파이썬에서는 음수를 사용해서 오른쪽에서 왼쪽으로 인덱싱할 수 있다. 따라서 `-1`을 반환하는 것은 호출자가 메서드 출력값을 확인하지 않으면 오류를 눈치채지 못하고 넘어가는 문제를 발생시킬 수 있다.

다음과 같은 가정을 해보자. 발견된 대상 항목의 첫 번째 발견 인덱스를 반환하고, 발견되지 않으면 `None`(유효하지 않은 인덱스)을 반환한다.*

그렇다면 어떻게 검색할까? 불행히도 순서 없이 항목을 저장했기 때문에 일치하는 항목을 찾을 때까지 모든 항목을 반복하는 것보다 더 좋은 방법은 없다. 그다지 효율적이지 않지만, 더 나은 작업을 할 수 있는 정보가 없기 때문이다.

```
def find(self, target):
    for index in range(0, self._size):
        if self._array[index] == target:    여기까지 왔다면 원하는
            return index                     항목을 찾지 못한 것이다.
    return None
```

이 검색 메서드는 이전 절에서 정의한 `delete` 메서드와 함께 사용해서 값을 기반으로 요소를 삭제할 수 있다. 먼저 삭제하려는 값의 인덱스를 찾은 후, `delete` 메서드를 호출하면 된다.

순회

때때로 우리는 자료구조의 모든 요소에 동일한 연산을 적용할 필요가 생기는데, 이는 배열에도 마찬가지다. 배열의 요소들을 출력하거나 제곱할 수 있다. 우리가 원하는 것은 배열의 모든 요소를 한 번씩 순회하면서(정확히 한 번, 자료구조에 따라 어떤 순서로) 특정 메서드를 적용하는 것이다. 이 메서드는 인수로 요소를 전달하게 된다. 트리와 그래프 같은 더 고급 자료구조는 더 복잡하다. 하지만 배열은 단순히 `for` 루프만 있으면 충분하다.

---

* [옮긴이] 파이썬은 정숫값 반환을 기대하는 함수에서 None을 반환할 수 있다. 자바에서는 기본 자료형(primitive type)인 정수형 int가 null을 가질 수 없다. 기본 자료형은 메모리 효율성을 위해 고정된 크기의 값을 직접 저장하기 때문에 null 값을 표현할 방법이 없기 때문이다. 물론 참조형(reference type)으로 제공되는 래퍼 클래스 Integer를 사용하면 null을 반환할 수 있다.

```
def traverse(self, callback):
    for index in range(self._size):
        callback(self._array[index])
```

여기서 우리가 수행하려는 연산이 어떤 형태로든 부작용*을 가지고 있으며, 그 출력값을 수집할 필요가 없다고 가정한다(그렇지 않으면 map 연산에 대해 이야기하게 될 것이다). 가장 간단한 형태로 정의하고 `print` 메서드로 호출해서 작동 원리를 파악해보자.

`array.traverse(print)`

배열의 실제 활용

이제 배열의 작동 방식을 알았으니, 배열을 어떻게 활용할 수 있는지 살펴보자.

통계

마리오와 토니Tony는 자신들이 직접 개발한 게임을 한다. 토니는 주사위의 숫자 중 1, 2, 3을 선택하고, 마리오는 4, 5, 6을 선택한다. 주사위를 굴려 1, 2, 3이 나오면 토니가 이기고, 4, 5, 6이 나오면 마리오가 이기는 게임이다. 그들은 주사위를 굴리고 각 판에 자신의 야구 카드를 걸고 베팅한다. 주사위를 굴리는 사람은 베팅할 카드 수를 결정하고, 다른 사람은 베팅 금액을 2배로 올릴 수 있다.

한동안 게임을 한 후, 마리오는 자신의 카드 절반을 잃었다. 그는 토니가 너무 많이 이기고 있다고 생각했는데, 그 이유를 이해하지 못했다. 마리오가 아버지에게 이 게임에 대해 이야기했을 때, 마리오의 아버지는 토니가 (본인도 모르게) 불공평한 주사위를 사용하고 있을 수 있다고 말했다. 즉, 특정 숫자가 다른 숫자보다 더 자주 나오는 주사위일 수 있다는 것이다.

아버지는 공정한 주사위를 사용하면 주사위를 많은 횟수 굴렸을 때, 6개의 숫자가 각각 약 1/6의 확률로 나와야 한다고 설명했다. 주사위를 많이 굴릴수록 실제 빈도는 서로 더 비슷해질 것이다. 따라서 주사위가 불공평하다는 것을 증명하는 한 가지 방법은 여러 번 굴린 결과의 통계를 기록한 다음 분포 결과를 확인하는 것이다. 프로그래밍과 배열에 대해 어느 정도 이해한 마리오는 토니가 속임수를 쓰고 있다는 것을 배열로 증명하고자 했다. 아버지는 마리오가 주사위 결과를 기록할 수 있는 모바일 애플리케이션을 구현하는 것을 도와주었다.

---

* [옮긴이] 부작용이란 연산을 실행하는 과정에서 함수 외부의 상태를 변경하는 것을 의미한다. 콘솔에 값을 출력하거나, 파일을 수정하거나, 전역 변수를 변경하는 동작 등이 부작용의 예다.

주사위를 굴려 숫자가 나올 때마다 해당 숫자의 카운터가 증가하는,
6개의 카운터 요소로 이루어진 하나의 배열을 사용

마리오가 휴대폰에서 주사위 결과를 등록할 때마다 애플리케이션은 6개의 요소로 이루어진 배열 카운터에 그 결과를 기록한다. 모든 요소는 `counters` 앱을 처음 실행할 때 0으로 초기화된다. 주사위가 4가 나오면 애플리케이션은 `counters[3]`을 증가시킨다. 가능한 값은 1에서 6까지지만 배열 인덱스는 0에서 5까지(파이썬 및 기타 여러 언어에서)이므로, 숫자 k가 나온 횟수를 업데이트하려면 `counters[k-1]`을 증가시켜야 한다.

이 애플리케이션에서는 배열을 점진적으로 채우거나 의미 있는 항목을 추적할 필요가 없다. 시작할 때 정확히 몇 개의 항목을 할당할지 알고 있고, 0으로 초기화된 후에는 모두 의미 있는 값으로 간주할 수 있기 때문이다. 다시 말해 배열은 초기화 시에 채워진다. 하지만 다음 예제에서는 배열을 점진적으로 채우는 방법에 대해 배운 것을 어떻게 사용하는지 살펴볼 것이다.

토니와 마리오가 충분히 게임을 하고, 마리오가 수백, 심지어 수천 번의 주사위 굴리기 결과를 기록하고 나서야 흥미로운 부분이 나온다. 마리오는 이 값들이 공정한 주사위의 값인지 어떻게 확인할까? 몇 가지 방법이 있지만, 대부분은 초등학생의 수학 수준을 넘어설 것이다. 그래서 마리오의 아버지는 배열에서 가장 많이 나타나는 값과 그 횟수를 찾는 것으로 시작하자고 제안한다. 최댓값이 하나만 있다고 가정하거나 동점일 경우 가장 낮은 인덱스를 가진 값을 반환하면 된다.

그러면 마리오가 코딩해야 할 것은 배열 순회의 변형이다. 배열의 모든 요소를 하나하나 살펴보고 '이것이 가장 높은 빈도를 가진 수인가?'를 확인한다. 배열의 최댓값이 음수가 아닐 것이라고 가정하는 대신(우리의 경우에는 맞는 가정이지만), 더 안전하고 일반적인 방법으로 코드를 작성할 수 있다. 이를 위해 `max_value` 변수를 배열의 첫 번째 요소로 초기화하고, 두 번째 요소부터 반복을 시작하는 것이다. 이 변형은 코드의 견고성을 더 높여줄 뿐 아니라(호출자가 음수가 아닌 값을 가진 배열을 전달할 것이라는 가정에 의존할 필요가 없다) 더 널리 적용할 수 있다.

각 요소를 현재 저장된 `max_value` 값과 비교해서 현재 요소가 더 크면 값과 인덱스를 모두 업데이트한다. 마지막에는 찾은 값과 해당 인덱스를 반환한다. 그러나 주사위에서 가장 자주 나온 수를 얻으려면 반환된 인덱스에 1을 더해야 한다는 것을 잊지 말자.

```
def max_in_array(array):
    if len(array) == 0:
        raise Exception('빈 배열에서 최댓값을 구할 수 없습니다.')
    max_index = 0
    for index in range(1, len(array)):
        if array[index] > array[max_index]:
            max_index = index
    return max_index, array[max_index]
```

마리오의 아버지가 두 번째로 준 과제는 주사위에서 가장 적게 나온 값과 그 횟수를 반환하는 비슷한 함수를 작성하는 것이다.

마리오의 아버지는 이 네 가지 값만 있으면 토니의 주사위가 공정한지 확인할 수 있다고 말했다.

```
max_in_array(counters)
> 1, 234
min_in_array(counters)
> 5, 107
```

그들은 주사위에서 가장 자주 나타나는 값이 2라는 것을 발견했다(주사위의 실제 값에서 1을 뺀 값이 인덱스라는 것을 기억하자). 그리고 가장 적게 나온 값은 6이었으며, 그 빈도에 큰 차이가 있었다.

"이상하네." 마리오가 의문을 표한다. "아버지, 이게 무슨 뜻인가요?"

"그건 내가 토니 부모님께 전화를 할 거라는 뜻이야. 넌 네 카드를 돌려받아야 해."

연습 문제

2.1 배열의 최솟값과 그 인덱스를 반환하는 함수의 코드를 작성하자.

| 힌트 | `max_in_array` 함수를 응용할 수 없을까?

2.2 최댓값과 최솟값을 동시에 반환하는 메서드를 작성할 수 있을까? 두 값을 동시에 계산하는 것의 장점은 무엇일까?

컬렉션

배열의 또 다른 사용 사례는 어떤 것들이 나타나는지 기록하는 것이다. 예를 들어 마리오는 야구 카드(또는 모든 종류의 카드)를 모으는 것을 좋아한다. 그의 부모님은 그에게 가장 귀중한 카드를 넣을 수 있는 특별한 바인더를 주었다. 바인더의 용량은 제한적이므로 마리오는 어떤 카드를 넣을지 현명하게 선택해야 한다.

컴퓨터에서 이 바인더를 모델링하고 싶다면 배열이 좋은 비유가 된다. 이전 절에서 살펴보았던 정렬되지 않은 배열은 더 좋은 비유다. 배열을 카드 덱의 크기만큼 크게 만들 수 있다. 배열은 비어 있는 상태에서 시작하므로 추가하는 카드를 추적한다. 처음에는 아무것도 없다.

카드를 구매하거나 교환하면서 배열에 새로운 항목을 추가할 수 있다. 이때 순서에 신경 쓸 필요가 없다. 그냥 어떤 순서로든 추가하면 된다. 덱(배열)이 가득 차면 새로운 기념품을 덱에 넣기 위해 일부 카드를 제거할 수 있다. 어떤 카드를 제거할지 알고 있다면(예를 들어 수집가들 사이에서 유명한 1989년 빌리 립켄Billy Ripken의 욕설 카드), 배열 전체를 검색해서 인덱스를 찾아 제거할 수 있다.

마지막으로 이 비유를 완성하기 위해 각 카드의 선수의 이름이나 나이를 기록하고 싶다면, 해당 정보를 출력하는 함수를 사용하여 `traverse`를 실행하는 것을 고려해야 한다.

다차원 배열

배열은 숫자만 담는 데 국한되지 않는다. 배열의 항목은 문자, 문자열, 객체, 다른 배열일 수도 있다. 특히 배열의 배열은 **다차원 배열**multidimensional array이다. 행렬은 그래프 이론, 선형대수, 머신러닝, 물리 시뮬레이션과 같은 여러 분야에서 사용된다. 다차원 배열에 대해 자세히 알아보려면 이 책의 저장소*를 참고하자.

요약

- 배열은 여러 요소를 저장하고 위치를 기준으로 효율적으로 접근할 수 있는 방법이다.
- **배열**이라는 용어는 보통 정적 크기의 배열static array을 의미한다. 이는 인덱스를 통해 접근하는 요소의 모음으로, 배열의 전체 수명 동안 요소의 수가 고정되어 있다.
- 동적으로 크기가 조정되는 배열도 가능하다. 정적 배열처럼 작동하지만, 포함된 요소의 수를 변경할 수 있다.
- C나 자바 등 많은 프로그래밍 언어는 정적 배열을 기본 기능으로 제공한다.
- 배열은 컴파일 타임에 초기화될 수 있다. 만약 언어가 초기화를 생략하도록 허용한다면, 배열 요소의 초깃값은 언어에 따라 다를 수 있다.
- 배열은 중첩할 수 있다. 즉, 배열의 배열을 만들 수 있으며, 정적 배열의 경우 이를 다차원 배열 또는 행렬이라고 부른다.
- 요소의 순서를 신경 쓰지 않는다면 배열에 요소를 추가하거나 제거하는 것은 쉽게 할 수 있다.

---

* https://mng.bz/Adlx

- 우리가 찾고 있는 것을 찾을 때까지 배열을 순회하면서 배열의 모든 (일반적인) 요소를 검색할 수 있다.
- 배열은 여러 가지 응용 프로그램에 사용할 수 있다. 예를 들어 항목을 카운트하거나 통계를 계산하는 것은 배열을 사용하는 훌륭한 사례다.

CHAPTER 3

정렬된 배열:
빠른 검색과 효율적 데이터 관리

이 장의 주요 내용
- 왜 배열을 정렬 상태로 유지해야 하는가?
- 정렬된 배열에 대한 삽입, 삭제 메서드 조정하기
- 선형 탐색과 이진 탐색의 차이점

2장에서 정적 배열에 관해 알아보면서 배열을 요소의 순서를 신경 쓰지 않고 보관할 수 있는 컨테이너로 사용하는 방법을 살펴보았다. 이번 장에서는 다음 단계로 나아가 배열 요소를 정렬된 상태로 유지하는 방법을 알아보자. 배열을 정렬하는 여러 가지 이유 가운데 하나는 도메인 요구 사항이나 배열에서 특정 연산을 더 빠르게 하기 위함이다. 이제 배열의 요소를 정렬함으로써 얻는 장점과 그에 따른 트레이드오프를 살펴보자.

정렬된 배열의 의미는 무엇일까?

이전 장에서 항목의 순서가 중요하지 않은 컨테이너인 배열을 다뤘다. 하지만 요소의 순서가 중요하다면 어떨까? 그때는 모든 것이 달라진다. 우리가 구현했던 기본적인 연산 방법조차도 바뀌게 된다. 그럼 먼저 정렬된 배열이 언제 유용한지부터 살펴보자.

검색 닌자의 도전

우리의 작은 친구 마리오는 코딩과 야구 카드에 열광한다. 그는 친구들과 놀기 위해 점심값을 모아 카드를 사기 시작했다. 하지만 카드를 너무 많이 사는 바람에 들고 다니기도 어렵고 원하는 카드를 찾는 것도 힘들어졌다. 마리오의 아버지는 카드를 더 쉽게 분류할 수 있도록 바인더를 사줬지만, 카드가 수백 장이다 보니 바인더가 있어도 여전히 원하는 카드를 찾기가 어려웠다.

소프트웨어 엔지니어인 마리오의 어머니는 팀별, 이름별로 카드를 정렬할 것을 제안했다. 마리오는 회의적이었다. 그 많은 카드를 정렬하는 것이 엄청난 작업처럼 느껴진 것이다. 시간 낭비를 하느니 차라리 지금 플레이하는 게 나을 거라 생각했다. 마침내 중요한 대화를 시작할 때가 왔다. 정렬 목록에서 빠르게 검색하는 방법에 대한 대화 말이다.

어머니는 먼저 카드를 정렬해놓으면 원하는 카드를 훨씬 쉽게 찾을 수 있을 거라고 설명했다. 하지만 마리오는 여전히 납득하지 못했다. 그래서 어머니는 그에게 도전을 제안했다. 마리오와 어머니는 모든 카드를 각자 절반으로 나눠 가지고 무작위로 다섯 장의 카드를 찾아내기로 한 것이다. 카드는 한 번에 한 장씩만 찾아야 하며, 이전 카드를 찾아야 다음 카드를 찾기 시작할 수 있다. 마리오는 어머니가 카드를 정렬하는 동안 검색을 시작할 수 있다. 먼저 끝내는 사람이 이기는 것이다.

드디어 시합에 들어갔다. 어머니는 차분하게 5분 동안 자신의 카드를 정렬했다. 그사이 첫 번째 카드를 찾아낸 마리오는 어머니의 노력을 비웃으며 자신이 이길 거라고 확신했다(마리오는 자신이 학교 친구들 중 가장 빠른 '검색의 닌자search ninja'라고 자부했기 때문이다).

그러나 마리오가 세 번째 카드를 찾기도 전에 어머니는 모든 작업을 끝내버렸다. 깜짝 놀란 마리오가 물었다. "어떻게 그렇게 빨리 찾았어요?" 좋은 질문이다! 하지만 그 이유는 다음 장에서 공개할 것이다. 이번 장에서는 어머니가 승리하기 위해 사용한 방법을 구현하는 것에 집중하자.

정렬된 배열 구현

이 장의 나머지 부분에서는 정렬된 배열의 기본 연산이 어떻게 작동하는지, 그리고 파이썬으로 이것을 구현하는 방법을 자세히 살펴보겠다. 정렬되지 않은 배열과 마찬가지로, 이번에는 `SortedArray`라는 클래스를 만들어 배열이 정렬된 상태를 내부적으로 처리하도록 할 것이다. 깃허브*에서 전체 코드를 제공하는데, 여기서는 가장 중요한 부분을 논의해보겠다.

---

* https://mng.bz/x24Y

정렬된 배열의 경우 캡슐화가 더욱 중요해지는 이유는 또 다른 불변성, 즉 배열의 요소가 항상 정렬되어야 한다는 것을 보장해야 하기 때문이다. 다음 절에서 설명하겠지만, `insert` 메서드는 정렬된 배열의 경우 구현 방식이 매우 다르다. 이 메서드가 정렬되지 않은 배열에서 사용된다면 비정상적으로 작동하거나 잘못된 결과를 초래할 가능성이 크다.

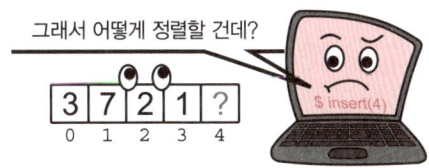

이것이 바로 클라이언트가 배열의 항목을 직접 수정해서 순서를 망치지 않도록 해야 하는 이유다. 따라서 배열을 수정할 수 있는 방법은 `insert`와 `delete` 메서드로만 제한한다. 먼저 클래스의 선언과 생성자부터 시작해보자.

```python
class SortedArray():
    def __init__(self, max_size, typecode = 'l'):
        self._array = core.Array(max_size, typecode)
        self._max_size = max_size
        self._size = 0
```

생성자에서 정적 배열 도우미 클래스와 동일한 시그니처를 유지하고, `UnsortedArray` 클래스와 유사하게 내부적으로 `core.Array` 인스턴스를 구성한다. `SortedArray`와 `core.Array` 간의 일부 메서드의 작동 및 의미가 다를 수 있음을 주의하자. 먼저 우리가 제공한 `core.Array` 클래스와 비교했을 때 '배열의 크기'라는 의미가 다르다. `core` 타입에서는 배열의 크기가 배열의 용량을 의미하지만, 여기에서는 다른 의미를 가진다. 배열의 용량을 설정하고 기억해야 하지만, 정렬되지 않은 배열과 마찬가지로 배열에 항목을 추가하면서 그 용량이 어떻게 채워지는지 추적하고자 한다.

따라서 이 경우에는 `len(array)`를 호출할 때 기대하는 모습이 다르다. `core` 배열에서는 항상 배열의 용량을 반환하지만, 여기서는 배열이 현재 몇 개의 항목을 가지고 있는지를 추적한다(배열이 저장할 수 있는 최대 항목 수는 `core` 배열의 용량에 의해 결정되며, 이는 `max_size` 메서드가 반환하는 상숫값이다).

이제 우리는 다음 자료구조인 정렬된 배열을 위한 **클래스**class를 가지게 되었다. 하지만 자료구조는 우리가 그 위에서 연산을 수행할 수 있을 때 비로소 효용이 있다. 대부분의 자료구조에서 수행하고자 하는 기본적인 연산에는 **삽입**insert, **삭제**delete, **검색**search, **순회**traverse가 있다.

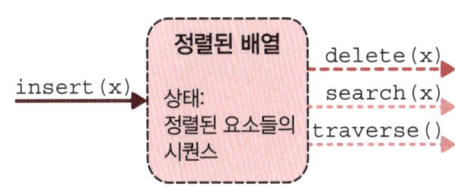

개중 이러한 연산의 특수한 버전을 가지고 있는 자료구조도 있다(예: 스택에서는 특정 요소만 제거할 수 있는 경우가 있는데, 이는 스택을 논의할 때 다룰 것이다). 또 어떤 자료구조는 모든 연산을 지원하지 않을 수도 있다. 하지만 대부분의 경우, 이러한 핵심 연산을 구현할 수 있다.

삽입

삽입부터 시작하자. 정렬된 배열에 새 요소를 추가해야 할 때는 정렬되지 않은 버전보다 더 조심해야 한다. 이 경우 순서가 중요하며, 새로운 요소를 배열 끝에 그냥 추가할 수는 없다. 대신 배열의 순서를 유지하면서 새로운 요소를 넣을 올바른 위치를 찾아야 하고, 그 후 배열을 수정해야 한다(어떻게 하는지는 곧 설명하겠다). 배열의 특성상 이것은 생각만큼 쉽지 않다.

구체적인 사례를 살펴보자. 5개의 요소가 있는 정렬된 배열에 새로운 값 3을 추가하려고 한다. (단순화를 위해 이 예에서는 중복을 피했지만 중복이 있는 경우에도 접근 방식은 동일하다.) 새로운 요소 3을 넣을 적절한 위치를 찾은 후, 기존 배열을 두 부분으로 나눈다. 즉, 3보다 작은 요소로 이루어진 왼쪽 부분 배열 L(1과 2)과, 3보다 큰 요소들로 이루어진 오른쪽 부분 배열 R(4, 5, 6)로 나누는 것이다. 이론적으로는 기존 배열을 삽입 지점에서 나누고, [1, 2]-[3]-[4, 5, 6]을 연결해서 세 부분을 합쳐야 한다. 하지만 배열로는 이를 쉽게 처리할 수 없다(나중에 설명할 연결 리스트에서는 훨씬 간단하다).

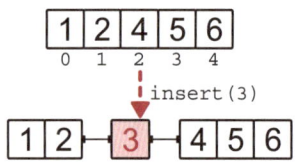

배열은 연속적인 메모리 영역을 가져야 하며, 배열의 항목은 메모리의 낮은 인덱스에서 높은 인덱스로 순서대로 저장되어야 하므로, 오른쪽 부분 배열 R의 모든 요소를 배열에서 오른쪽으로 한 칸씩 이동시켜야 한다.

삽입을 구현하는 방법은 여러 가지가 있지만, 여기서는 다음과 같은 순서를 따를 것이다.

1. 배열의 마지막(가장 오른쪽) 요소부터 시작하자. 이 요소를 X(예시에서 6)라고 부르자. X와 새로운 값 K(삽입할 값, 여기서는 3)를 비교한다.

2. 만약 새로운 값 K가 X보다 크거나 같다면 K를 해당 위치 바로 오른쪽에 삽입한다. 그렇지 않다면 (예시에서처럼 3 < 6일 경우) X를 오른쪽으로 바로 이동시킨다. 그런 다음 새로운 X 요소를 X의 왼쪽에 있는 요소(5)로 선택하고 이전 단계로 돌아간다. 이 과정을 반복하여 K보다 작거나 같은 항목을 찾거나 배열의 시작 지점에 도달할 때까지 진행한다.

3. 적절한 위치를 찾으면 그 위치에 *K*를 할당한다. 이때 그 위치의 왼쪽에 있는 모든 요소를 이미 이동시킨 상태이므로, 추가적인 수정이 필요하지 않다.

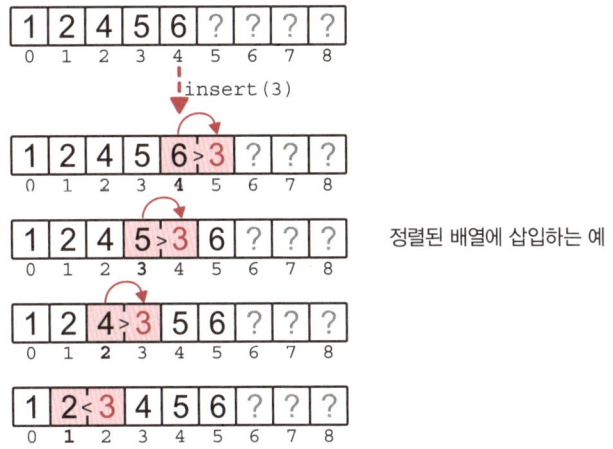

정렬된 배열에 삽입하는 예

이 단계들은 **삽입 정렬**insertion sort이라는 정렬 알고리즘의 핵심이다. 이 알고리즘은 정렬된 하위 시퀀스를 만들어 시작점으로 삼고, 배열의 요소를 왼쪽에서 오른쪽으로 하나씩 추가해나가면서 **증분적으로**incrementally 정렬한다. 삽입 정렬보다 더 빠른 정렬 알고리즘도 있지만, 이 경우처럼 정렬된 수열을 점진적으로 구축할 때 여전히 좋은 선택이다. 정렬 알고리즘에 대해 더 알고 싶다면 《그로킹 알고리즘(2판)》의 2장부터 4장까지 읽어보는 것을 추천한다.

이제 구현해야 할 것이 무엇인지 알았으니 **파이썬** 코드를 작성하는 일만 남았다.

```
def insert(self, value):
    if self._size >= self._max_size:
        raise ValueError(f'배열이 이미 가득 찼습니다. 최대 크기: {self._max_size}')
    for i in range(self._size, 0, -1):
        if self._array[i-1] <= value:
            self._array[i] = value
            self._size += 1
            return
        else:
            self._array[i] = self._array[i-1]
    self._array[0] = value
    self._size += 1
```

배열 중간에서 적절한 위치를 찾는다.

여기에 도달하면 적절한 위치는 배열의 맨 앞이다.

보다시피 메서드의 시작 부분에 배열의 용량을 초과하지 않는지 확인하는 코드를 추가한 것 외에는 별다르게 이야기할 사항은 없다.

삭제

기존 요소를 삭제할 때도 삽입을 위해 고려했던 사항을 동일하게 적용한다. 예를 들어 7개의 항목이 있는 배열에서 네 번째 요소(인덱스 3에 있는 요소)를 삭제해야 한다고 가정해보자. 배열에 '구멍'이 생겨서는 안 되며, 정렬되지 않은 배열에서처럼 마지막 항목으로 삭제된 위치를 채울 수도 없다. 대신 다섯 번째부터 일곱 번째 위치까지의 모든 요소를 왼쪽으로 한 칸씩 이동시켜야 한다. 인덱스 4에 있던 요소를 인덱스 3으로, 그 이후 요소들도 차례대로 이동시키는 것이다.

 일반적인 규칙은 삭제된 요소의 인덱스 이후부터 배열 끝까지의 모든 요소를 왼쪽으로 이동시키는 것이다.

일반적으로 정렬된 배열에서 특정 위치의 요소보다는 특정값을 삭제하는 경우가 더 많다. 즉, 사용자가 삭제하려는 값은 알지만, 그 값의 위치는 모를 때가 더 많다.

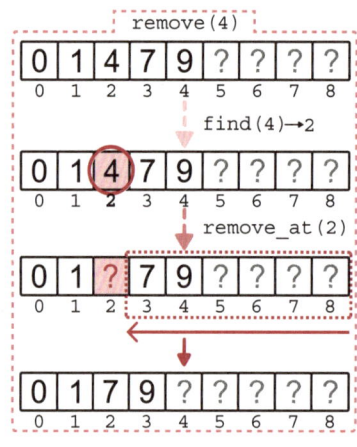

정렬된 배열에서 요소를 제거하려면 먼저 그 값의 인덱스를 찾아야 하며, 그런 다음 해당 인덱스 이후의 모든 요소를 왼쪽으로 이동시켜 삭제된 요소를 덮어쓴다.

지금까지 논의한 내용과 사용자 친화적인 인터페이스를 어떻게 조화시킬 수 있을까? 먼저 삭제하려는 값의 위치부터 찾아야 한다. 이를 위해 `search` 메서드를 재사용할 수 있다. 이 메서드는 바로 다음 절에서 다룰 것이며, 여기서는 어떻게 작동하는지 알 필요는 없다. 그저 찾고 있는 값의 인덱스를 반환하거나, 값이 없을 경우 `None`을 반환한다는 점만 알면 된다. 찾고자 하는 인덱스를 얻은 후에는 그 인덱스 오른쪽에 있는 모든 요소를 왼쪽으로 한 칸씩 이동시키기만 하면 된다.

```
def delete(self, target):
    index = self.search(target)
    if index is None:
        raise ValueError(f'요소 {target}을(를) 삭제할 수 없습니다: 해당 항목이 배열에 없습니다.')
    for i in range(index, self._size - 1):
```

```
        self._array[i] = self._array[i + 1]
    self._size -= 1
```

연습 문제

3.1 인덱스로 삭제 메서드를 구현하고 싶다면 어떻게 해야 할까? 이 알고리즘이 수행해야 할 추상적인 단계를 설명한 다음, 이를 파이썬으로 구현하고 `SortedArray` 클래스의 일부로 포함시켜보자.

선형 탐색

앞에서 검색을 사용해서 값으로 삭제하는 메서드를 구현했으므로, 다음 단계는 당연히 `search` 메서드를 구현하는 것이다. 이 부분이 바로 이 장의 주제, 정렬된 배열의 핵심이다. 배열을 정렬 상태로 유지하려는 이유는 검색을 더 빠르게 수행하기 위함이다.

정렬된 배열에서 검색하는 명백한 이점 중 하나는, 배열의 모든 요소를 왼쪽에서 오른쪽으로 순차적으로 탐색할 때, 목푯값보다 큰 항목을 찾으면 실패한 검색(목푯값이 배열에 없다는 것을 발견한 검색)을 즉시 중단할 수 있다는 것이다. 요소들이 정렬되어 있기 때문에 그 이후의 값들은 더 클 수밖에 없으므로 더 이상 검색을 계속 이어갈 필요가 없다.

```
def linear_search(self, target):
    for i in range(self._size):
        if self._array[i] == target:
            return i
        elif self._array[i] > target:
            return None
    return None
```

이 방식은 어느 정도의 이점을 제공하지만, 게임 체인저라고 할 수는 없다. 물론 가장 작은 요소를 찾을 때는 훨씬 더 빠르게 검색할 수 있겠지만, 가장 큰 요소를 찾을 때는 결국 배열 전체를 거의 다 검색해야 한다.

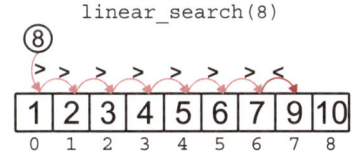

정렬된 배열에서 실패한 선형 탐색. 목표 8보다 큰 요소(9)를 찾을 때까지 배열의 시작부터 모든 요소를 스캔해야 한다. 검색된 값이 배열에 없다는 것을 알아내기 위해서는 여덟 번의 비교가 필요하다.

이 시점에서 질문이 생긴다. 배열 전체를 탐색하지 않고도 대상 값을 더 빨리 찾을 수 있는 방법은 없을까? 잠시 멈추고 다른 방법이 있는지 곰곰이 생각해보자.

이제 더 나은 방법이 있다고 하면 믿겠는가?

이진 탐색

믿어도 된다. 실제로 훨씬 더 나은 방법이 있다. 이유에 대해서는 다음 장에서 더 자세히 논의하겠지만, 이 절이 끝날 무렵에는 이진 탐색binary search이 선형 탐색linear search과는 전혀 다른 방식이라는 점을 명확히 이해할 수 있을 것이다.

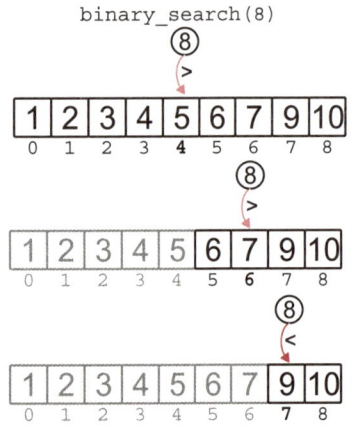

실패한 이진 탐색. 첫 번째 비교 후에 배열의 절반 이상을 제외하고, 두 번째 비교 후 75% 이상을 제외했다. 이 예시에서는 세 번째 비교에서 목푯값이 있을 수 있는 위치가 2개만 남았을 때, 목푯값이 배열에 없다는 것을 확인했다.

이제 어떻게 하는지 자세히 알아보자. 배열의 중간 요소를 살펴보다가 만약 목푯값을 찾으면 그 즉시 완료(매우 운이 좋은 경우)한다. 그렇다 해도 배열이 정렬되어 있으므로 비교를 통해 여전히 유용한 정보를 얻을 수 있다. 만약 목푯값이 중간 요소 M보다 크다면 그 값은 중간 요소의 왼쪽에 있을 수 없다. 왜냐하면 배열이 정렬되어 있기 때문에 중간 요소의 왼쪽에 있는 모든 요소는 M보다 작거나 같기 때문이다. 반대로 목푯값이 중간 요소보다 작다면 현재 위치의 오른쪽에 있을 수 없다. 이와 같은 방식으로 배열의 절반으로 검색 범위를 좁히고, 이 과정을 반복해서 마치 더 작은 배열을 다루는 것처럼 진행할 수 있다.

이 방법을 **이진 탐색**이라고 한다. 구현은 복잡해 보이지 않을 수 있다. 2개의 **경곗값**, 즉 왼쪽과 오른쪽 인덱스를 정의해서 배열의 부분 범위를 설정한다. 그다음 각 단계에서 이 두 경곗값을 좁혀가면서 목푯값을 찾거나 배열에 없다는 것을 확인한다.

```
def binary_search(self, target):
    left = 0
    right = self._size - 1
    while left <= right:
        mid_index = (left + right) // 2
        mid_val = self._array[mid_index]
        if mid_val == target:
            return mid_index
        elif mid_val > target:
            right = mid_index - 1
```

처음에는 목푯값이 전체 배열 어디에나 있을 수 있다.

목푯값의 위치를 찾았다.

목푯값은 왼쪽 절반에만 있을 수 있다.

```
        else:
            left = mid_index + 1
    return None
```

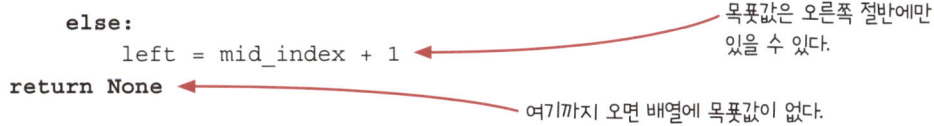

이 알고리즘은 디테일에 따라 성패가 좌우되는 경우가 많으므로, 처음 구현할 때 제대로 작동하지 않을 수 있다. 그러나 심지어 수백 번 넘게 작성하더라도 테스트를 철저히 하는 것이 좋다!

이진 탐색이 왜 이진 탐색이라고 불리며, `linear_search` 메서드보다 왜 더 효율적인지에 대해서는 다음 장에서 설명한다. 하지만 지금은 주의해야 할 사항을 짚고 넘어가자. 배열에 중복된 값이 있고 특정값의 첫 번째(또는 마지막) 발생을 찾아야 한다면, 이 방법은 그대로는 작동하지 않는다. 첫 번째 발생을 찾도록 수정할 수 있지만, 그러면 메서드의 논리가 조금 더 복잡해지고 코드의 효율성도 약간 떨어진다. 그래도 여전히 선형 탐색보다는 빠르지만, 여러분이 발견한 첫 번째 발생을 반환하는 것이 더 빠를 것이다. 따라서 첫 번째 발생을 반환해야 할 특별한 이유가 없다면, 모든 발생을 동일하게 취급해도 상관없다.

이로써 정적 배열에 대한 논의를 마친다. 네 번째 작업인 순회도 언급했다는 것을 기억하자. 순회는 배열의 각 요소를 정확히 한 번씩 접근하는 과정이다. 이제 이 작업을 직접 수행할 모든 요소를 갖추었다. 정렬된 배열의 경우, 순회는 일반적으로 오름차순으로, 즉 가장 작은 요소부터 가장 큰 요소까지 이루어진다.

연습 문제

3.2 정렬된 배열에 대한 `traverse` 메서드를 구현하라. 그리고 이를 사용하여 배열의 모든 요소를 오름차순으로 출력하라.

3.3 중복이 있는 경우, 값의 첫 번째 발생을 반환하는 이진 탐색의 버전을 구현하라.
| 주의할 점 | 새로운 메서드가 원본 버전만큼 여전히 빠른지 확인해야 한다.
| 힌트 | 이 연습 문제를 수행하기 전에 이진 탐색과 선형 탐색의 실행 시간 차이를 이해하는 것이 좋은데, 4장을 읽어보는 것이 도움이 될 것이다.

요약

- **정렬된 배열**은 요소가 변경되어도 순서를 유지하는 배열이다.
- 배열의 요소들을 순서대로 유지하려면 삽입과 삭제 시 다른 접근 방식이 필요하다. 이 메서드들은 순서를 유지해야 하므로, 정렬되지 않은 배열에서의 삽입과 삭제보다 더 많은 노력이 필요하다.

- 이미 정렬된 배열에서는 **이진 탐색**을 실행할 수 있는데, 이 알고리즘은 **선형 탐색**(모든 요소를 순차적으로 검색하는 방식)보다 적은 요소를 살펴보고 일치하는 항목을 찾을 수 있다.
- 정렬된 배열은 검색 속도가 더 빠르지만, 배열을 정렬 상태로 유지하는 데 추가 비용이 든다. 따라서 `binary_search` 메서드 호출이 `insert`와 `delete`보다 훨씬 많은 경우(읽기 작업이 쓰기 작업보다 훨씬 많은 경우) 정렬된 배열을 사용하는 것이 좋다.

CHAPTER 4

Big-O 표기법: 알고리즘 효율성의 기본 원리

이 장의 주요 내용
- 서로 다른 알고리즘을 객관적으로 비교하는 방법
- Big-O 표기법을 사용해 자료구조를 이해하는 방법
- 최악의 경우, 평균적인 경우, 그리고 상쇄된 분석의 차이
- 이진 탐색과 선형 탐색의 비교 분석

3장에서 이진 탐색이 선형 탐색보다 더 빠른 것처럼 보인다는 것을 언급했지만, 왜 그런지 설명할 도구는 없었다. 이 장에서는 작업하는 방식을 완전히 바꿀 분석 기법을 소개할 것이다. 이건 과장이 아니다. 이 장을 읽고 나면 알고리즘과 자료구조의 성능에 대한 고수준 분석과 코드의 실행 시간에 대한 구체적인 분석을 구분할 수 있을 것이다. 이는 적절한 자료구조를 선택하고, 코드를 구현하기 전에 병목현상을 피하는 데 도움이 될 것이다. 약간의 사전 작업을 통해 많은 시간과 고통을 줄일 수 있다.

어떻게 최선의 선택을 할 수 있을까?

3장에서 정렬된 배열을 검색하는 두 가지 방법, 즉 **선형 탐색**과 **이진 탐색**에 대해 알아보았다. 이진 탐색이 선형 탐색보다 빠르고, 실제로 이진 탐색은 몇 번의 비교만으로 검색을 끝낸 반면, 선형 탐색은 거의 배열 전체를 훑어야 했던 예시까지 살펴보았다.

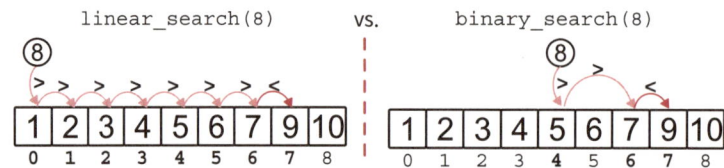

이것이 단순히 우연이라고 생각하거나 결과를 보여주기 위해 예시를 의도적으로 선택했다고 생각할 수도 있다. 물론 그런 것이 맞다. 일반적으로는 이진 탐색이 더 빠른데, 단지 극단적인 경우에만 선형 탐색이 더 빠르다.

하지만 어느 알고리즘이 더 빠른지 판단하려면 성능을 측정할 일관적인 방법이 필요하다. 단지 얼마나 빠른지보다는 알고리즘이 사용하는 자원(메모리, 디스크, 특수 프로세서의 시간 등)도 얼마나 소비하는지 궁금하다. 그렇다면 알고리즘 성능을 어떻게 측정할 수 있을까? 두 가지 주요 방법이 있다.

- **프로파일링**profiling: 알고리즘의 구현을 측정하고 다양한 입력에서 코드를 실행하여 시간과 메모리 사용량을 측정하는 방법
- **점근적 분석**asymptotic analysis: 알고리즘을 좀 더 추상적인 용어로 분석하여, 알고리즘이 실행될 기계에 단순화된 모델을 사용하고 많은 세부 사항을 추상화하는 방법. 이 경우 입력 크기에 따른 실행 시간과 메모리를 설명하는 수학적인 법칙을 만드는 데 중점을 둔다.

프로파일링

프로파일링의 좋은 점은 코드 성능을 측정하고 메서드별, 심지어 라인별로 시간을 분류해주는 등 대부분의 작업을 대신 해주는 도구들이 이미 있다는 것이다. 파이썬에서는 `cProfile`과 `profile`을 누구나 사용할 수 있다.* 사용할 모듈을 가져와서 프로파일링할 메서드를 호출하는 코드를 설정하기만 하면 된다.

매우 유용해 보이는 프로파일링이 모든 요구를 해결해줄 수 있을까? 꼭 그렇지는 않다. 우리는 특정 알고리즘 구현을 프로파일링하므로 결과는 선택한 프로그래밍 언어에 크게 영향을 받는다(어떤 언어는 필요한 연산을 다른 언어보다 더 잘 처리할 수 있다). 또한 작성한 코드에 따라 결과가 달라질 수 있다. 즉, 제대로 구현하지 못하면 좋은 알고리즘의 구현을 되레 느리게 만들기도 한다. 게다가 프로파일링을 실행하는 기계와 운영체제, 드라이버, 컴파일러와 같은 소프트웨어도 최종 결과에 영향을 미칠 수 있다.

즉, 선형 탐색과 이진 탐색을 프로파일링할 때 두 가지 구현을 서로 비교함으로써 그 구현에 대한 데이터를 얻는 것이다. 이러한 결과가 모든 구현에서 동일하다고 가정할 수는 없으며, 이 두 알고리즘만 비교한다고도 할 수 없다.

---

* https://docs.python.org/3/library/profile.html

프로파일링의 눈에 띄는 또 다른 단점은 유한한 입력으로만 테스트한다는 점이다. 물론 다양한 크기의 입력에서 프로파일러 도구를 실행할 수도 있지만, 사용하는 기계가 허용하는 크기만큼만 입력으로 사용할 수 있다.

실무 상황에서는 이러한 입력에서 테스트하는 것만으로도 충분할 수 있다. 하지만 결과를 일반화할 수 있는 범위는 제한적이다. 일부 알고리즘은 입력 크기가 일정 임곗값을 넘을 때만 경쟁 알고리즘을 능가하는 경우가 있다. 그리고 작은 기계에서 얻은 결과를 큰 기계나 분산 시스템에 일반화할 수는 없다.

점근적 분석

프로파일링의 주요 대안은 **점근적 분석**이다. 점근적 분석의 목표는 알고리즘이 입력에 따라 어떻게 동작하는지를 설명하는 수학적 공식을 찾는 것이다. 이러한 공식을 통해 입력 크기의 증가에 따라 두 알고리즘의 성능 비교를 확인할 수 있으며, 이는 입력 크기가 무한대에 가까워질 때까지 일반화할 수 있다(따라서 이런 이름이 붙었다). 이러한 결과는 어떤 구현과도 독립적이며, 원칙적으로 모든 프로그래밍 언어에 유효하다.

당연히 단점도 있을 것이다. 물론 이러한 공식을 얻기 위해 더 많은 노력이 필요하며, 어떨 때는 아주 많은 수학적 작업이 요구된다. 가끔은 너무 어려워서 아직 공식을 찾지 못했거나, 실행 시간을 설명하는 가장 좋은 공식을 찾았는지 알 수 없는 알고리즘도 있다. 그러나 이 책에서 설명하는 자료구조에서 사용하는 알고리즘과 많은 다른 알고리즘에서는 이러한 공식을 찾는 데 큰 어려움이 없다. 스스로 공식을 찾아내야 할 필요도 없을뿐더러 이 책에서는 관련된 수학을 다루지 않는다. 단지 여러 세대의 컴퓨터 과학자들이 입증한 결과를 바탕으로 작업할 것이다.

나의 목표는 이러한 결과를 어떻게 사용하는지, 그리고 어떤 알고리즘이나 자료구조를 선택할 때 무엇을 고려해야 하는지 보여주는 것이다.

어느 것을 사용해야 할까?

프로파일링과 점근적 분석은 개발 프로세스의 서로 다른 단계에서 유용하게 사용할 수 있다. 주로 설계 단계에서 사용하는 점근적 분석은 적절한 자료구조와 알고리즘을 선택하는 데 도움을 준다. 적어도 이론적으로는 말이다. 프로파일링은 구현을 완료한 후 코드에서 병목현상을 찾는 데 유용하다. 구현에서 발생하는 문제를 감지할 수 있을 뿐만 아니라, 점근적 분석을 생략했거나 잘못된 결론을 내렸을 경우 잘못된 자료구조를 사용하고 있는지 이해하는 데에도 도움이 된다.

Big-O 표기법

이 책에서는 점근적 분석에 집중할 것이므로, 알고리즘의 작동을 설명하는 공식을 표현할 때 사용하는 표기법에 대해 간단히 설명할 것이다. 하지만 그 전에 점근적 분석에 대해 언급한 것을 기억하자. 점근적 분석은 알고리즘을 실행하는 컴퓨터의 일반적이고 단순화된 표현을 사용한다. 분석을 수행하는 방법에 큰 영향을 미치기 때문에 이 모델을 설명하는 것부터 시작하는 것이 중요하다.

RAM 모델

이 책의 나머지 부분에서 알고리즘을 분석할 때 다른 알고리즘을 비교할 수 있는 기준이 필요하며, CPU 속도나 멀티스레딩과 같은 하드웨어 세부 사항을 가능한 추상화하려고 한다. 고정된 기준점은 단일 코어 프로세서와 **랜덤 액세스 메모리**random-access memory, RAM다. 이는 멀티태스킹이나 병렬 처리에 대해 걱정할 필요가 없으며, 테이프처럼 메모리를 순차적으로 읽을 필요가 없고, 메모리의 실제 위치와 관계없이 동일한 시간 안에 한 번의 연산으로 어떤 메모리 위치든 접근할 수 있다는 것을 의미한다.

여기에서 우리는 **랜덤 접근 기계**random-access machine, RAM를 정의하는데, 이는 단일 프로세서 컴퓨터와 랜덤 액세스 메모리의 계산 모델이다.

 RAM 모델을 언급할 때 RAM은 랜덤 액세스 메모리가 아니라 랜덤 접근 기계를 의미한다.

이것은 실제 컴퓨터에서처럼 메모리가 계층화되지 않은 단순화된 모델로(실제 컴퓨터에서는 디스크, RAM, 캐시, 레지스터 등이 있다), 여기서는 메모리가 하나의 유형만 존재하고, 그 메모리는 무한 사용이 가능하다고 가정하겠다.

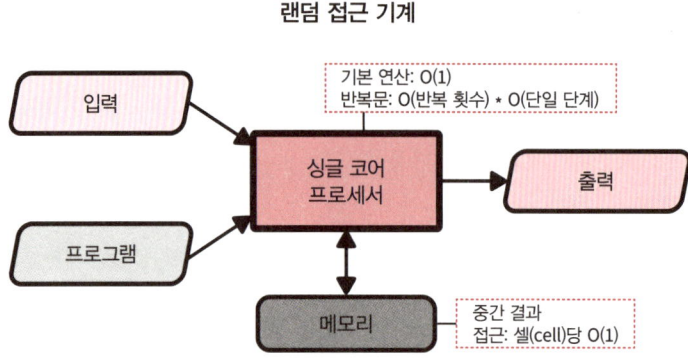

랜덤 접근 기계

이 단순화된 모델에서 단일 코어 프로세서는 주로 산술연산, 데이터 이동, 그리고 흐름 제어를 위한 몇 가지 명령어만 제공한다. 각 명령어는 일정한 시간 안에 실행될 수 있으며, 모든 명령어가 정확히 같은 시간이 걸린다고 가정한다. 물론 이러한 가정 중 일부는 현실적이지 않지만, 이 분석에서는 괜찮다. 예를 들어 사용 가능한 메모리가 무한할 수는 없고, 모든 연산이 같은 속도를 가지는 것도 아니지만, 이러한 가정은 우리의 분석에는 충분하며 어느 정도는 타당하다.

성장률

이제 알고리즘을 연구하기 위한 계산 모델을 정의했으니, 실제로 사용하는 측정 지표를 소개할 준비가 되었다. 그렇다, 이제 수학적인 부분이다! 하지만 걱정하지 말자! 우리는 시각적인 접근 방식을 취하고 표기법을 크게 단순화할 것이다. 우리는 그것을 매우 비공식적으로 정의하고 사용할 것이다. 앞서 언급했듯이 우리는 입력 크기와 사용된 자원 간의 관계를 설명하는 몇 가지 공식을 사용하여 알고리즘의 작동을 나타내고자 한다.

때로는 이러한 수학적 분석을 거쳐야 할 때가 있다. 우리가 관심을 가지는 것은 입력이 커질수록 필요한 자원이 어떻게 변화하는가, 즉 이러한 관계의 성장률이다. 예를 들어 알고리즘의 실행 시간과 같은 주어진 리소스에 대해 $f(n)$이라는 함수를 정의할 때 n은 일반적으로 입력의 크기를 정의하는 데 사용한다. 함수 f의 성장률을 표현하기 위해 Big-O(빅오) 표기법을 사용한다.

 NOTE Big-O라는 이름은 표기에 사용되는 기호인 대문자 O에서 유래했다.

우리는 $f(n) = O(n)$이라고 쓰고 함수 f가 **데카르트 평면**Cartesian plane에서 직선처럼 빠르게 성장한다고 말한다. 어떤 직선일까? 구체적으로 명시하지는 않는데, 그 이유는 알 필요가 없기 때문이다. 이는 원점을 지나는 직선일 수 있는데, 세로축을 제외한 어떤 직선이라도 상관없다.

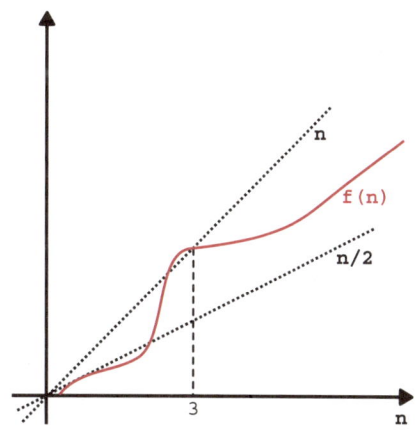

실제로 알고리즘이 사용하는 메모리와 같은 자원이 $f(n) = O(n)$이라는 함수에 의해 주어진 비율로 증가한다면, 이는 알고리즘에 대한 입력이 커질수록 사용하는 메모리가 그래프의 두 직선 사이에 제한된다는 것을 의미한다.

좀 더 형식적으로 말하자면 예를 들어 $n > 3$일 때 $n/2 < f(n) < n$이 성립한다고 할 수 있다. 또는 $n > 30$일 때 $n/4 < f(n) < 5n$이 성립한다고도 말할 수 있다. $y = n/2$와 $y = n$이라는 첫 번째 직선 쌍을 선택하든, $y = n/4$와 $y = 5n$이라는 두 번째 직선 쌍을 선택하든 상관없다. 점근적 분석에서는 n이 충분히 클 때 f의 경계를 형성하는 직선 쌍 중 하나만 찾으면 된다는 점이 중요하다.

사실 $O(n)$ 표기법은 단일 함수를 정의하는 것이 아니라 직선처럼 빠르게 성장하는 함수들의 집합을 정의한다. $f(n) = O(n)$이라고 쓰는 것은 f가 이 집합에 속한다는 것을 의미한다. 그러나 $f(n) = O(n)$이 알려주는 중요한 점은, n이 충분히 커질 때 $f(n)$보다 더 빠르게 성장하는 직선이 적어도 하나는 존재한다는 것이다.

따라서 알고리즘이 $O(n)$ 시간(즉, 선형 시간linear time) 내에 실행된다는 의미는, 다양한 길이의 입력에 대해 알고리즘 실행 시간이 얼마나 걸리는지를 그래프로 나타내면 입력 크기와 실행 시간 사이의 관계가 직선처럼 보인다는 것을 말한다. 물론 프로그램이 실행되는 동안에는 작은 변동이 있을 수 있지만, 전체적으로 보면 그 변화는 미세하고, 그래프는 대체로 직선 형태를 유지한다.

일반적인 성장 함수

그렇다면 어떤 직선이 될까? 다음 그림의 직선들을 살펴보면 그들 사이에는 큰 차이가 있다. 한 직선은 다른 직선보다 훨씬 느리게 성장한다(남은 그래프에서는 두 축 모두 양숫값으로 제한하여 첫 사분면에 집중할 것이다).

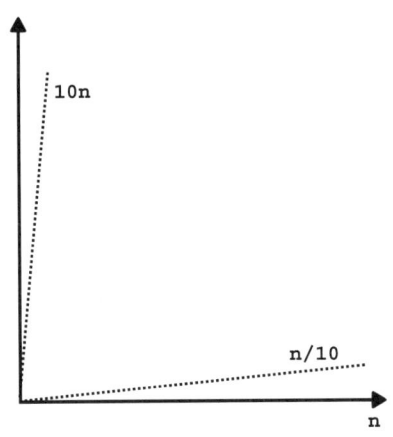

이 표기법으로는 우리의 함수가 정확히 어느 선에 가까워질지 미리 알 수 없다. 그 점이 아쉽긴 하지만, 어떤 함수들은 우리가 관심 있는 함수보다 훨씬 빠르게 커지기 때문에 그런 함수들은 제외했다. 반면에 더 느리게 커지는 함수들도 있는데, 그건 좀 실망스럽긴 해도 어쨌든 우리가 그걸 알고 있다는 점에서 괜찮다.

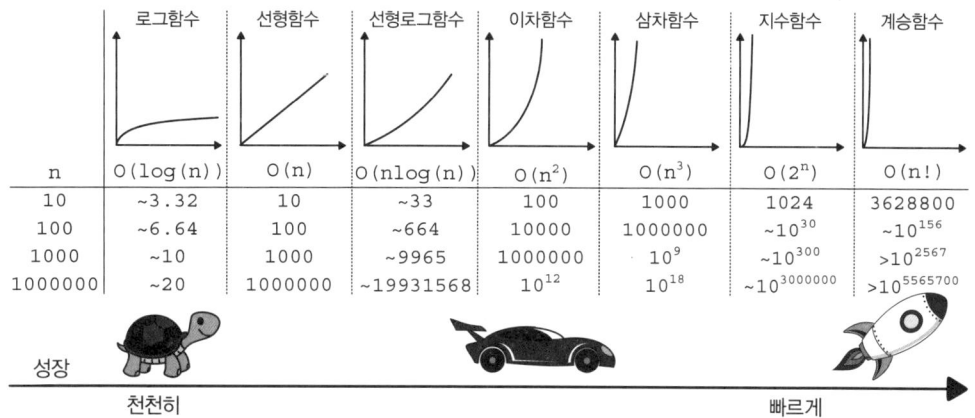

알고리즘을 공부할 때 마주칠 수 있는 성장률 그래프. 왼쪽에서 오른쪽으로 갈수록 함수들이 점점 더 빠르게 성장한다.

알고리즘에서 자주 만나는 기초 함수들의 몇 가지 예를 보면 로그함수는 매우 느리게 성장하고, 선형함수는 일정한 비율로 성장한다는 것을 알 수 있다. 선형로그함수($O(n \times \log(n))$)에서는 약간의 가속이 나타나는데, 이는 입력이 커질수록 성장 속도가 빨라진다는 것을 의미한다(예를 들어 100개에서 200개로 갈 때보다 200개에서 300개로 갈 때 성장이 더 크다). 하지만 선형로그함수는 너무 빠르게 성장하지 않는다. 반면에 다항 함수인 n^3 또는 $3n^2 - 4n + 5$와 같은 함수는 입력 크기가 커질수록 급격하게 가속한다. 지수함수인 2^n 또는 5^{n+2}는 그야말로 급격하게 증가한다.

여기서 소개한 함수 집합이 가능한 모든 함수를 포함하지는 않는다. 모든 함수를 나열하는 것은 불가능하다. 하지만 추가할 가치가 있는 하나가 있다. 상수함수, 즉 입력 크기에 따라 값이 변하지 않는 함수다. 상수함수는 O(1)로 표기된다.

RAM 모델에서는 모든 기본 명령어가 O(1) 시간에 수행된다고 말할 수 있다.

현실 세계에서의 성장률

이전 절에서는 이 함수들이 어떻게 성장하는지에 대해서만 언급했을 뿐 이 함수들이 좋은 건지 나쁜 건지에 대해서는 언급하지 않았다. 로그함수가 지수함수보다 더 좋은 걸까? 물론 함수 자체가 좋고 나쁘다고 말할 수는 없다. 그 함수가 무엇을 설명하느냐에 따라 달라진다. 만약 여러분의 수식이 단위 판매당 수익을 설명한다면 아마 계승factorial 항이 포함되기를 바랄 것이다!

점근적 분석에서 우리는 주로 알고리즘을 실행하는 데 필요한 자원을 측정한다. 따라서 우리의 알고리즘이 천천히 성장하는 함수와 연관되는 것을 반기는 것이 보통이다. 구체적인 예를 살펴보면 더 잘 이해할 수 있을 것이다.

우리가 코드에 어떤 알고리즘을 포함할 수 있을지, 특히 실행 시간을 기준으로 판단하려고 한다고 가정하자. 여기에서 다룰 다섯 가지 알고리즘은 배열에 대해 작동하는 것들이다.

1. 정렬된 배열에서 검색하는 알고리즘
2. 정렬되지 않은 배열에서 검색하는 알고리즘
3. **힙 정렬** 알고리즘. 10장에서 다룰 이 알고리즘은 [3,1,2]라는 배열을 정렬해서 [1,2,3]으로 바꾼다.
4. 배열에서 모든 쌍을 생성하는 알고리즘. 예를 들어 [1,2,3]이라는 배열의 쌍은 [1,2], [1,3], [2,3]이다.
5. 배열에서 모든 부분 배열을 생성하는 알고리즘. 예를 들어 [1,2,3]이라는 배열의 부분 배열은 [ ], [1], [2], [3], [1,2], [1,3], [2,3], [1,2,3]이다.

어떤 알고리즘이 빠르고 어떤 알고리즘이 느린지 어떻게 알 수 있을까? 모든 입력에 대해 이 알고리즘들을 실행해보고 시간이 얼마나 걸리는지 기록해야 할까? 이 작업은 많은 시간을 잡아먹기 때문에 좋은 생각이 아닐 수도 있다. 나중에 살펴보겠지만 정말 오래 걸린다.

좋은 소식은, 만약 알고리즘의 작동 원리를 설명하는 점근적 수식을 안다면, 그 크기를 대략적으로 이해할 수 있다는 것이다. 이는 입력 크기에 따라 시간이 얼마나 걸릴지 추정할 수 있게 해준다(정확한 실행 시간이 아니라 대략적으로 밀리초, 초, 혹은 몇 년이 걸릴지를 파악하는 것이다).

나는 RAM 모델에서 각각의 기본 명령어가 실행되는 데 10나노초(ns)가 걸린다고 가정하고, 다섯 가지 알고리즘이 어떻게 작동하는지에 대한 추정치를 그림으로 요약했다. 이 그림은 각 알고리즘의 실행 시간에 대한 점근적 수식을 보여준다. 곧 예를 통해 이러한 수식을 어떻게 도출하는지 소개할 것이다.

보다시피 로그함수는 꽤 좋은 편이다. 10억 개의 요소로 이진 탐색을 실행해도, 원자들이 붕괴하는 데 걸리는 시간 정도만 소요될 뿐이다. 그 시간은 우리가 인식하기엔 너무 빠르다. 하지만 대부분의 알고리즘은 그렇게 빠르지 않다. 허용 가능한 성장률 범위에는 선형함수도 포함되는데, 이는 눈 한 번 깜박이는 정도의(아니면 몇 번 깜박일 수도 있지만, 이 분석에서는 대략적인 크기 차이가 중요하다) 시간이 걸린다. 심지어 입력이 커도 마찬가지다.

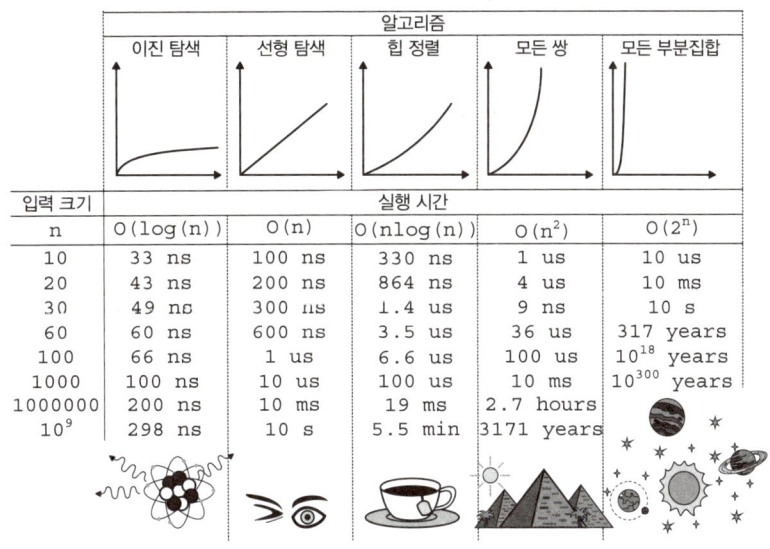

알고리즘을 실행하는 데 얼마나 걸릴까?
그것은 실행 시간의 증가 순서에 따라 다르다. 모든 결과는 근사치다.

선형로그함수(예: 병합 정렬이나 힙 정렬)는 여전히 관리 가능한 범위에 속한다. 예를 들어 10억 개의 요소를 정렬하는 데 몇 분 정도 걸린다고 생각하면 된다. 잠시 쉬면서 차나 커피 한 잔을 만들 수 있는 시간이다. 하지만 이차함수는 큰 입력에 대해서는 실행하기가 어렵다. 10억 개의 요소를 처리하는 데 수천 년이 걸릴 테니, 만약 이 작업이 오늘 끝난다면 그것은 아마도 피라미드가 건설되던 시기에 시작되었을 것이다. 이제 왜 **병합 정렬**mergesort이나 **힙 정렬**heapsort과 같은 선형로그 정렬 알고리즘을 선택하는 것이 **선택 정렬**selection sort과 같은 이차 정렬 알고리즘보다 중요한지 이해했기를 바란다.

NOTE　더 많은 정렬 알고리즘에 대해 알고 싶다면, 아디티야 바르기바의 저서 《그로킹 알고리즘(2판)》을 참고하길 바란다.

마지막으로 지수함수에 대해 이야기해보자. 작은 입력은 대체로 관리 가능하지만, 60개의 요소만 있어도 수 세기가 걸릴 수 있으며(그리고 엄청나게 많은 부분집합이 생긴다!), 100개의 요소로 늘어나면 이미 우주의 나이와 비슷한 차원의 시간이 걸릴 것이다.

Big-O 산술

Big-O 표기법의 정의를 설명하면서, $f(n) = O(n)$이라고 말할 때 다른 직선이 f보다 기울기가 큰지는 중요하지 않다는 것을 이야기했다. $y = n$이든 $y = 5n$이든, 아니면 다른 어떤 직선을 선택하든 상관없다. 중요한 것은 n의 값이 충분히 크면 직선은 항상 $f(n)$ 위에 있다는 것이다.

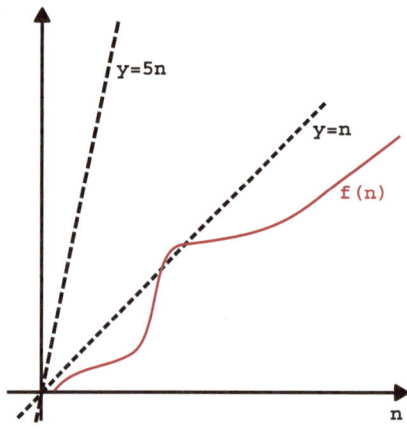

이 속성을 통해 Big-O의 정의를 다른 각도에서 살펴볼 수 있다. O(n)은 모든 직선의 집합이라고 말할 수 있다. 즉, 점근적 분석에서 두 선은 점근적으로 동등한 것으로 간주되므로 두 함수 $f(n) = n$과 $g(n) = 3n$은 동등한 것으로 간주되며, 그 성장은 같은 크기의 순서로 증가한다.

하지만 분명히 $3n$은 n보다 3배 더 빠르게 성장한다. 그렇다면 어떻게 이 둘이 동등할 수 있을까? 수학을 넘어서, 핵심은 f와 g를 $h(n) = O(\log(n))$와 비교하면 둘 다 어느 순간 h보다 기울기가 커진다는 것이다. 그리고 f나 g 또는 어떤 $c \times n = O(n)$도 $z(n) = O(n \times \log(n))$과 비교하면, 상수 c의 값이 아무리 커도 z가 항상 더 빠르게 성장한다.

이러한 고려 사항들은 Big-O 표기법으로 표현된 항들을 어떻게 쓰고 계산할지에 직접적인 영향을 미친다. 먼저 우리가 본 것처럼 상수 배수는 무시할 수 있다. 즉, $c \times O(n) = O(c \times n) = O(n)$으로, 여기서 c는 모든 양의 상수다. 두 번째로 도출할 수 있는 중요한 결론은 다항식에서 가장 큰 항만 기억하면 된다는 것이다 $O(c \times n + b)$는 $O(n)$으로 단순화된다. 실제로 $O(c \times n + b) = c \times O(n) + b \times O(1) = O(n)$이다. 기하학적으로 이는 더 가파르게 성장하는 직선을 찾기 위해 직선이 반드시 원점을 통과할 필요는 없다는 것을 의미한다.

이것이 무슨 의미인지, 그리고 왜 성립하는지를 보여주기 가장 좋은 방법은 예제를 통해 설명하는 것이다. 함수 $(n) = 3n + 5$를 생각해보자. 함수 f를 데카르트 좌표 평면에 그려보면, $n \geq 3$일 때 f를 제한하는 2개의 직선 $g(n) = 5n$과 $h(n) = 2n$을 찾을 수 있다. 즉, $n \geq 3$일 때 $2n < 3n + 5 < 5n$이 성립한다. 이것은 Big-O 표기법의 조건을 충족하므로 $3n + 5 = O(n)$이라고 결론을 내릴 수 있다.[*]

---

* [옮긴이] 성장률에 관해 살펴보면서 자원이 $f(n) = O(n)$이라는 함수에 의해 주어진 비율로 증가한다면, 이는 알고리즘에 대한 입력이 커질수록 사용하는 메모리가 그래프의 두 직선 사이에 제한된다는 것을 의미한다고 설명했다.

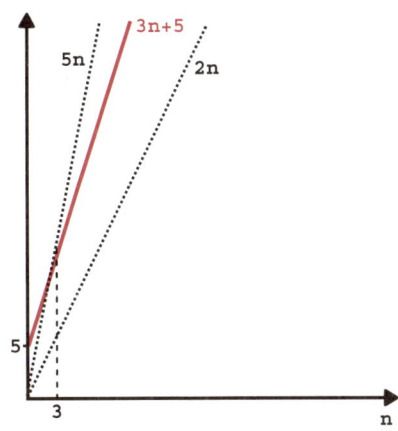

가장 좋은 점은 이 단순화 규칙이 직선에만 한정되지 않는다는 것이다! 이는 어떤 차수의 다항식에도 적용되며, 일반적으로 모든 종류의 함수의 합에 대해 성립한다.

$$O(6 \times n \times \log(n) + 110 \times n + 9999) = O(n \times \log(n)) + O(n) + O(1) = O(n \times \log(n))$$

마지막으로 상수가 아닌 항들이 다른 비선형함수와 곱해지거나 결합될 때는 더 주의해야 한다. $O(n) \times O(\log(n))$의 경우 표기법 외에는 아무것도 단순화할 수 없으며, 모든 식을 $O(n \times \log(n))$으로 통합할 수 있다.

최악 vs. 평균 vs. 분할 상환 분석

지금까지 표기법에 대해 알아보았는데, 점근적 분석에 관해 고려해야 할 사항이 몇 가지 더 있다.

점근적 분석을 수행할 때 특별한 언급이 없는 한 일반적으로 최악의 상황을 고려한다. 정렬된 배열에서 선형 탐색을 생각해보자. 결과가 배열의 시작 부분에 가까운 경우에는 몇 번의 비교 후에 찾을 수 있지만, 목표가 배열의 끝에 가까운 경우에는 거의 전체 배열을 훑어야 한다. 어떤 경우를 고려해야 할까? 우리는 철저하게 최악의 경우를 고려하고자 하며, 이를 **최악의 사례 분석**worst-case analysis이라고 부른다.

운에 따라 여전히 작동이 달라질 수 있는 상황들이 있다. 하지만 이런 경우는 선형 탐색보다 좋은 작동이 발생할 확률이 훨씬 높다. 그런 경우 최악의 사례 분석과 함께 알고리즘 성능의 **평균 사례 분석** average-case analysis에 대해서도 논의할 수 있는데, 이는 다양한 입력의 가능성을 고려해 알고리즘 성능의 기댓값을 계산하는 방식이다.

마지막으로 일부 자료구조의 경우, 입력이 달라도 자료구조에서 동일한 연산을 여러 번 수행하면 한 번 실행할 때 보장할 수 있는 것보다 평균 성능이 더 좋아질 수 있다. 12장에서 특정 조건에서 해시 테이블에 대한 검색과 삽입을 여러 번(예를 들어 백만 번) 반복하면, 모든 실행 시간의 합이 단일 작업의 최악의 실행 시간에 모든 실행 횟수(백만)를 곱한 것보다 낫다는 것을 설명할 것이다.

이런 경우 단일 연산에 대한 보장이 아니므로 운이 나쁘면 비정상적으로 느려질 수 있다. 그러나 많은 수의 작업을 실행하는 경우, 운이 좋지 않은 단일 작업의 비용을 모든 작업의 총소요 시간으로 분산해서 상환할 수 있다. 이를 **분할 상환 분석**amortized analysis이라고 한다. 평균 사례 분석은 평균적으로 무엇을 기대할 수 있는지 알려주지만 단일 실행에 대한 보장은 제공하지 않는 반면, 분할 상환 분석은 많은 작업을 결합한 성능에 대한 최악의 사례의 한계를 설정한다. 예를 들어 일반적으로 삽입에 O(1)이 걸리는 자료구조 D에서 100번의 실행 중 한 번은 O(n)이 걸리며, 여기서 n은 자료구조가 저장하는 요소의 수다.

- 최악의 사례 분석에 따르면 D에 대한 삽입은 경우에 따라 O(n)만큼 느리다는 것을 알 수 있다. 기술적으로는 맞지만 오해의 소지가 상당한 말이다. 왜냐하면 실제로 100번의 작업 중에서 단 한 번만 느린 선형 작업이 발생할 것이기 때문이다!
- 평균 사례 분석에 따르면 D에 n개의 요소가 있는 경우 단일 삽입에 대한 평균 실행 시간은 O(n/100)이며, 이는 여전히 큰 값의 n에 대해 선형 바인딩[*]을 의미한다. 하지만 이것도 전체적인 상황을 다 설명해주지는 않는다. 100번 중 단 한 번만 선형 시간이 걸리기 때문이다.

이제 처음에 비어 있는 D에 m = 1000개의 요소를 삽입한다고 가정하고 각 분석 방법이 무엇을 말해주는지 살펴보자.

- 최악의 사례 분석: $T(m) = O(m^2)$
- 평균 사례 분석: $T(m) = O((m/100)^2) = O(m^2)$
- 단순화하면 이러한 연산 중 정확히 990개는 O(1)이 걸리고 10개만 O(m)이 걸린다고 가정한다. 따라서 모든 m개의 연산에 소요되는 시간은 $T(m) = (m - 10) \times O(1) + 10 \times O(m) = O(m)$이다. $m = k \times 100$에 대해서도 비슷한 추론을 할 수 있으며, 여기서 k는 상수다.

분할 상환 분석은 대량의 작업 배치에 대한 알고리즘의 성능을 측정해야 할 때 직관에 부합하며, 각 작업은 대부분 빠르지만 때로는 느릴 수도 있다. 이러한 경우 분할 상환 분석을 사용하여 모든 연산을 결합하여 더 엄격한 범위를 설정할 수 있다. 5장에서 매우 유사한 예를 살펴보자.

> **NOTE** 예상보다 느린 속도를 경험하고 싶지 않다면 알고리즘을 평가할 때 결과가 어떤 종류의 분석을 참조하는지 주의하는 것이 매우 중요하다. 분할 상환 분석은 훌륭하지만, 때로는 실시간 시스템처럼 최악의 경우에 대한 보장이 필요한 경우도 있다.

---

[*] 옮긴이 n이 클수록 비례해서 늘어난다는 의미다.

측정된 자원

맥락에 따라 측정하고 싶은 리소스가 많을 수 있지만, 이 책에서는 두 가지에 초점을 맞춘다. 알고리즘이 결과를 계산하는 데 걸리는 시간을 이해하기 위해 실행 시간에 관심이 있다는 것을 이미 확인했다. 알고리즘 A가 **선형 시간 소요된다**고 말할 때 $T_A(n) = O(n)$이라고 쓴다.

다른 중요한 리소스는 메모리다. 경우에 따라 RAM과 디스크 소비 또는 캐시 사용을 구분해야 할 수도 있다. 하지만 일반적으로 알고리즘이나 자료구조에서 사용하는 모든 메모리를 지칭하기 위해 **공간**space이라는 용어를 사용하며, 어디에 호스팅되는지는 신경 쓰지 않는다.

자료구조의 경우 알고리즘이(자료구조에 적용되었을 때) 사용하는 **추가 공간**extra space의 양을 추적하고자 한다. 추가 공간은 자료구조가 이미 차지하고 있는 메모리 외에 모든 메모리를 의미한다.

예를 들어 배열을 반전해야 한다고 생각해보자. 동일한 크기의 두 번째 배열 B를 사용해서 A의 마지막 요소를 B의 첫 번째 요소에 할당하고, 그다음 요소도 같은 방식으로 처리할 수 있다. 이렇게 하면 크기가 n인 배열에 대해 $O(n)$의 추가 공간을 사용하고, $S(n) = O(n)$이라고 쓸 수 있다.

대안으로 배열을 제자리에서 뒤집을 수도 있다. 첫 번째와 마지막 요소를 바꾸고, 두 번째와 그다음 요소를 바꾸는 식으로 하나의 변수를 사용하여 진행하는 것이다. n에 따라 크기가 변하지 않는 단일 변수를 사용하므로 상수만큼의 추가 공간만 필요하게 되어 $S(n) = O(1)$이라고 쓸 수 있다.

점근적 분석의 예

이제 책 전반에 걸쳐 사용할 용어를 정의했으니 이번 장을 마무리하고, 정렬된 배열에서 정의한 두 검색 알고리즘의 성능을 평가하기 위해 Big-O 표기법을 사용해보자. 어떻게 할까? 알고리즘이 수행하는 단계를 추상적으로 생각할 수 있다. 또는 코드를 면밀히 살펴보고 각 명령어에 대한 예상 점근적 실행 시간을 기록할 수도 있다. 그런 다음 최종 공식을 계산할 수 있는 표현식을 유도한다. 대개는 이것으로 충분하다.

우리 분석의 주요 목표는 알고리즘의 실행 시간과 추가 공간에 대한 상한을 찾는 것이다(즉, 알고리즘의 최대 실행 시간을 제한하는 공식을 찾는 것). 우리가 유도하는 공식이 하한이라는 것을 증명하는 것은 이 책의 범위를 벗어난다(즉, 더 느리게 성장하는 함수를 찾는 것이 불가능하다는 것을 증명하는 것이다).

선형 탐색

알고리즘에 대해 생각해보면 최악의 경우 전체 배열을 훑어야 한다는 직관이 바로 떠오른다. 하지만 다음과 같은 예제 코드를 살펴보자.

```python
def linear_search(self, target):
    for i in range(self._size):          # F(n)번 반복
        if self._array[i] == target:     # 비용: O(1)
            return i                     # 비용: O(1)
        elif self._array[i] > target:    # 비용: O(1)
            return None                  # 비용: O(1)
    return None                          # 비용: O(1)
```

첫 번째 명령어는 `for` 루프다. `for` 루프는 곱셈자 역할을 하므로 루프 내부의 명령어 비용은 반복 횟수로 곱해져야 한다. 이 `for` 루프는 $F(n)$번 반복된다고 가정한다(여기서 F의 값을 찾아야 한다). 루프 내의 4개의 명령어는 각각 일정한 시간만큼 소요된다. 루프가 끝난 후의 마지막 명령어는 한 번만 실행되는데, 역시 일정한 시간만 소요된다. 따라서 선형 탐색의 실행 시간 공식은 $T(n) = F(n) \times [O(1) + O(1) + O(1) + O(1)] + O(1) = F(n) \times O(1) + O(1) = O(F(n)) + O(1) = O(F(n))$이다.

이제 F에 대한 표현식을 찾아야 한다(즉, `for` 루프가 몇 번 반복되는지 이해해야 한다). `for` 루프는 n번 반복되도록 설정되어 있지만, 루프 내부에 있는 2개의 반환문이 흐름을 중단시킨다. 예를 들어 첫 번째 요소에서 우리가 찾고 있는 값을 발견하면 한 번의 반복만으로 루프를 종료한다. 반대로 검색에 실패하는 경우(일치하는 항목을 찾지 못할 때) 루프는 모든 n번의 반복을 이어간다.

이 상반된 시나리오를 어떻게 조화시킬 수 있을까? 두 가지 방법 중 하나를 선택할 수 있다.

- **최악의 사례**를 고려한다면, 운이 나쁜 경우 $O(n)$번의 반복이 필요하다.
- 일치 항목을 찾기 전에 **평균**적으로 몇 개의 요소를 검색할지 고려한다.

평균적인 경우를 선택하는 것이 더 나은 결과를 가져다줄까? 반드시 그렇지는 않다. 평균적으로 (배열 요소의 분포와 호출에 대한 사전 지식이 없는 상태에서) 일치 항목을 찾기 위해 $n/2$번 시도가 필요하다고 할 수 있다. 하지만 Big-O 표기법에서 상수는 단순화할 수 있고, $O(n/2) = O(n)$이다. 따라서 선형 탐색의 경우 $T(n) = O(n)$이라고 할 수 있다. 예상대로 **선형 탐색**은 **선형 시간**이 걸린다!

여기서 두 가지 중요한 점을 짚고 넘어가자.

- 코드를 분석함으로써 우리는 알고리즘의 구현을 평가하고 있다. 이 분석은 구현 자체만큼 정확할 것이다.
- 숨겨진 비용에 주의해야 한다. 예를 들어 `for` 루프에서 매 반복마다 루프 변수를 증가시키고 종료 조건을 확인하는 데 추가 비용이 발생한다. 이 경우에는 모두 상수 시간constant time이 걸리는 작업이지만, 항상 그런 것은 아니다. 또한 루프 안에서 메서드를 호출할 때마다 그 비용을 고려해야 한다.

마지막으로 추가 공간에 대해 생각해보자. 이 메서드는 일정한 양의 메모리만 사용한다는 것을 쉽게 알 수 있다. 선형 탐색은 이쯤에서 마무리한다.

이진 탐색

이제 이진 탐색으로 넘어가자. 먼저 다음 코드를 살펴보자.

```
def binary_search(self, target):
    left = 0                                # O(1)
    right = self._size - 1                  # O(1)
    while left <= right:                    # O(1), G(n)번 반복
        mid_index = (left + right) // 2     # O(1)
        mid_val = self._array[mid_index]    # O(1)
        if mid_val == target:               # O(1)
            return mid_index                # O(1)
        elif mid_val > target:              # O(1)
            right = mid_index - 1           # O(1)
        else:
            left = mid_index + 1            # O(1)
    return None                             # O(1)
```

각 코드 라인은 상수 시간으로 실행된다. `while` 루프만 예외인데, 여기서도 숨겨진 비용이 있을 수 있지만 다행히 이 경우에는 그런 비용이 없다.

이 식은 대략 다음과 같이 단순화할 수 있다.

$$T(n) = O(1) + O(1) + G(n) \times [O(1) + O(1) + O(1) + O(1) + O(1) + O(1) + O(1)] + O(1)$$
$$= O(1) + G(n) \times O(1) = O(G(n)) + O(1) = O(G(n)).$$

따라서 이제 $G(n)$을 설명하는 함수를 찾아야 한다. 즉, `while` 루프가 몇 번 반복되는지 알아내야 한다. 루프는 왼쪽 포인터가 오른쪽 포인터를 넘어서기 전까지 계속된다. 처음에 왼쪽 포인터는 배열의 첫 번째 요소를 가리키고, 오른쪽 포인터는 마지막 요소를 가리킨다. 두 포인터 사이에는 배열의 모든 요소가 포함된다. 왼쪽과 오른쪽 포인터가 어떻게 업데이트될지는 배열 요소와 검색 대상의 값에 따라 달라지기 때문에 그 변화가 불규칙적이다. 하지만 두 포인터 사이의 거리에 대해 몇 가지 사항을 고려할 수 있다.

처음에 두 포인터 사이의 거리(즉, 왼쪽과 오른쪽 사이에 있는 배열 요소의 개수)는 n이다. 한 번의 비교 후 일치하는 값을 찾지 못한 경우 배열의 절반 이상을 버린다. 다시 말해, 두 포인터 중 하나는 적어도 절반의 거리를 전진한다. 그리고 그 거리는 우리가 일치하는 값을 찾거나 거리가 0이 될 때까지 계속 절반으로 줄어든다.

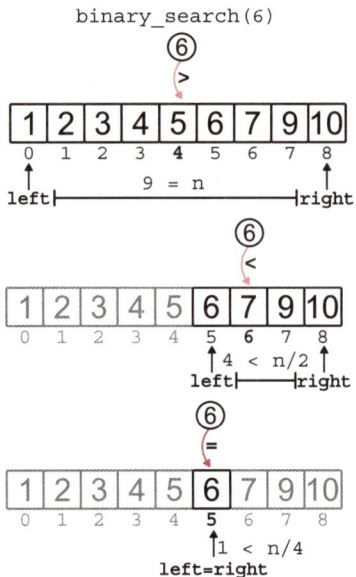

이 거리를 몇 번이나 절반으로 나눌 수 있을까? n을 2로 나눌 수 있는 횟수만큼 가능하다(정수 나눗셈을 가정). 이 숫자는 정확히 $\log_2(n)$으로 메서드의 주요 루프는 $O(\log(n))$번 반복된다. $G(n)$을 $O(\log(n))$으로 바꿔 $T(n)$의 식에 대입하면, 결국 이진 탐색의 경우 $T(n) = O(\log(n))$이라고 말할 수 있다. 이는 선형 탐색보다 훨씬 더 좋은 성능을 나타내며, 많은 검색을 수행해야 할 때 특히 유리하다! 하지만 이진 탐색은 정렬된 배열에서만 사용할 수 있다는 점을 기억해야 한다. 반면 선형 탐색의 경우에는 배열이 정렬되었는지 여부가 점근적 분석의 관점에서 차이가 없다. 메모리 측면에서는 선형 탐색과 마찬가지로 추가로 $O(1)$ 공간만 사용한다.

이제 3장에서 마리오의 엄마가 어떻게 검색 시합에서 이길 수 있었는지, 그리고 미리 카드를 정렬하는 것이 왜 좋은 아이디어였는지 알 수 있다!

이로써 Big-O 표기법과 점근적 분석에 대한 소개를 마친다. 우리는 책의 나머지 부분에서 이 내용을 많이 사용할 것이다.

연습 문제

4.1 Big-O 표기법과 점근적 분석을 사용하여 정렬된 배열에서의 삽입, 삭제, 탐색 연산의 실행 시간과 추가 메모리 사용량을 유도하라. 동일한 연산을 정렬되지 않은 배열에서 수행했을 때와 어떻게 비교되는가?

요약

- 알고리즘의 성능을 평가하기 위해 점근적 분석을 사용할 수 있다. 이는 **RAM 모델**에서 알고리즘의 작동을 설명하는 공식을 **Big-O 표기법**으로 나타내는 것을 의미한다.
- **RAM 모델**은 제한된 기본 명령어 세트만 제공하며, 모든 명령어가 상수(일정) 시간에 실행되는 단순화된 컴퓨터 모델이다.
- **Big-O 표기법**은 함수의 점근적 성장을 기준으로 분류하는 방법이다. 이러한 함수 클래스들을 사용하여 입력 크기가 커짐에 따라 알고리즘의 실행 시간이나 메모리 사용량이 얼마나 빨리 증가하는지를 표현한다.
- 이 책에서 자주 접하게 될 몇 가지 대표적인 함수 종류는 다음과 같다.
    - $O(1)$ – 상수함수: n과 상관없이 자원이 일정하게 증가하는 경우(예: 기본 명령어)
    - $O(\log(n))$ – 로그함수: 느린 성장률(예: 이진 탐색)
    - $O(n)$ – 선형함수: 입력 크기와 같은 비율로 증가하는 함수(예: 선형 탐색에서 필요한 비교 횟수)
    - $O(n \times \log(n))$ – 로그선형함수: 우선순위 큐에서 이 성장률을 볼 수 있다.
    - $O(n^2)$ – 이차함수: 이 함수 클래스는 약 백만 개 이상의 요소를 다루기에는 자원 소모가 너무 빠르게 증가한다. 예로는 배열에서 가능한 모든 쌍의 개수를 구하는 경우가 있다.
    - $O(2^n)$ – 지수함수: 지수적 성장은 이미 $n > 30$일 때 매우 큰 값을 갖는다. 배열의 모든 부분집합을 계산하는 것은 작은 배열에서만 가능한 연산이다.

CHAPTER 5

동적 배열: 크기를 유연하게 조절하는 자료구조

이 장의 주요 내용

- 정적 배열의 한계
- 동적 배열을 사용하여 정적 배열의 문제를 해결하기
- 동적 배열을 사용할 때의 장단점 및 사용 시점
- 동적 배열의 구축 의미
- 동적 배열의 크기를 확장하고 축소하는 가장 좋은 전략

앞에서 배열의 다양한 활용 용도와 몇 가지 애플리케이션에 대해 살펴보았다. 하지만 지금까지 살펴본 모든 예제를 통해 저장할 수 있는 최대 요소 수, 즉 배열의 크기가 미리 결정되어 나중에 변경할 수 없다는 점을 눈치챘는가? 물론 이런 방식으로 작동하는 상황이 많긴 하지만 항상 그런 것은 아니라는 점을 염두에 두어야 한다.

실제 애플리케이션에서는 필요에 따라 자료구조의 크기를 조정해야 하는 경우가 비일비재하다. 배열의 크기를 조정할 수 있는 것이 **동적 배열**이다. 이 장에서는 유연성이 주는 이점을 보여주는 예를 살펴보고 동적 배열을 구현하는 방법에 대해 설명한다.

정적 배열의 한계

배열은 정말 멋지지 않은가? 우리의 친구 마리오도 그렇게 생각한다. 배열은 아이템을 저장하는 데 매우 유용하고, 배열에서 아이템의 위치(즉, 인덱스)를 기억하면 빠르게 접근할 수 있다. 배열 사용법을 배운 마리오는 매우 흥분해서 그 얘기를 멈추지 않는다! 그는 학교 친구 킴Kim과 컴퓨터를 포함한 STEM* 분야에 대한 열정을 공유하는데, 킴도 마리오 못지않은 마니아다.

컴퓨터 과학computer science, CS 수업에서 배열의 기초를 배운 킴은 마리오의 열정을 억제하려고 몇 가지 반론을 제기하며 배열의 한계를 강조한다. 그들의 토론은 한동안 이어졌지만 명확한 결론은 나지 않았다. 그래서 저녁 식사 후 마리오는 엄마에게 도움을 요청했다. 엄마는 그에게 지금까지 접한 것은 정적 배열이라는 설명과 함께 그것들에는 몇 가지 단점이 있다는 것을 알려주었다.

고정 크기

정적 배열의 가장 명백한 문제는 크기를 조정할 수 없다는 것이다. 우리 모두가 동의할 수 있는 부분이지만, 이것이 실제로 무엇을 의미할까? 그 결과는 무엇일까? 이는 두 가지 측면의 문제다. 정적 배열의 주요 한계는 고정된 크기다. 배열이 가득 차면 더 큰 새 배열을 만들어야 하고, 기존 배열의 요소를 새로운 배열로 옮겨야 한다.

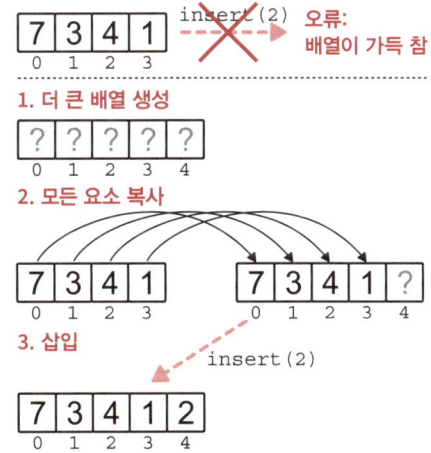

이 문제는 배열이 추상 자료구조로서의 특성보다는 프로그래밍 언어의 저수준 기능으로서의 특성과 관련이 깊다(이 구분에 대해서는 2장에서 논의했다). 배열은 메모리의 연속적인 블록으로 구현되기 때문이다. 따라서 다른 배열을 대체하기 위해 새 배열을 만드는 것은 이동해야 할 데이터와 할당, 해제해야

---

* [옮긴이] 과학(science), 기술(technology), 공학(engineering), 수학(mathematics)을 이르는 말이다.

할 메모리 측면에서 비용이 많이 든다. 두 번째 문제는 첫 번째 문제의 직접적인 결과다. 배열의 크기를 변경하는 것이 비싸기 때문에 이러한 크기 조정을 피하기 위해 미리 충분한 공간을 할당해야 한다.

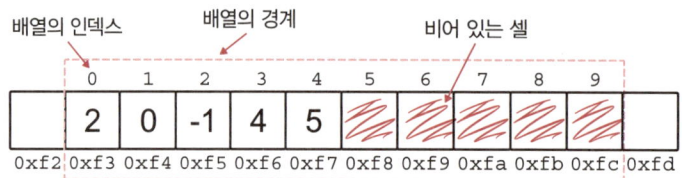

3장에서 `SortedArray` 클래스를 정의할 때 배열의 최대 용량을 지정하는 인수를 추가했다. 이를 통해 배열이 수용할 수 있는 최대 요소 수에 필요한 모든 메모리를 미리 할당할 수 있었다.

하지만 이것도 낭비다. 예를 들어 최대 1만 개의 요소 공간을 확보한 상태에서, 대부분의 배열이 약 100개 정도만 담고 있다면 할당된 배열 공간의 나머지 99%는 사용되지 않고 그대로 남아 있다. 이런 상황에서는 더 큰 배열을 할당하고 메모리를 낭비하는 것과, 필요 시 그만큼의 공간만 할당하는 것(하지만 요소를 더 큰(많은 요소를 삭제할 때는 더 작은) 배열로 이동해야 하는 비용이 발생하는 것) 사이의 절충점을 생각해야 한다.

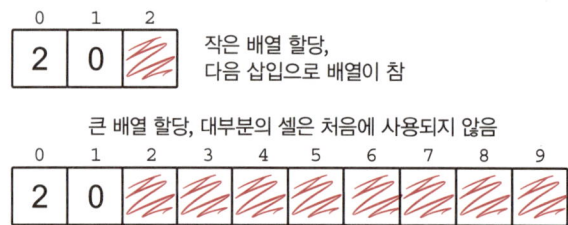

절충점

많이 오버헤드 없이 필요에 따라 확장과 축소가 가능한 더 강력한 버전의 배열이 있다면 얼마나 좋을까? 안타깝게도 그런 것은 존재하지 않는다. 다음 장에서는 배열보다 더 유연하고 크기를 쉽게 조정할 수 있는 자료구조인 연결 리스트linked list에 대해 설명한다. 하지만 이러한 유연성에는 대가가 따른다. 연결 리스트에서 네 번째 요소를 읽으려면 바로 읽을 수 없고 앞의 세 요소를 먼저 읽어야 한다.

더 강력하고 유연한 버전의 배열이 없는데, 왜 이 장의 제목이 '동적 배열'인지 의문을 제기할 수 있다. 약간 혼란스러울 수도 있겠지만 다 그럴 만한 이유가 있다. 동적 배열은 다른 자료구조나 다른 프로그래밍 기능이 아니며, 마법처럼 배열의 크기를 무료로 조정하고 모든 이점을 유지할 수 있게 해주는 것 또한 아니다. 개발자의 관점에서 볼 때 동적 배열은 정적 배열과 매우 유사하게 작동하지만, 가득 찬 동적 배열에 새로운 요소를 추가하려고 할 때 오류가 발생하지 않는다. 즉, 동적 배열의 크기에 대해 걱정할 필요가 없다. 자료구조가 그 크기를 관리해주기 때문이다.

동적 배열은 정적 배열로 구현되며, 크기를 조정할 때마다 새 배열을 할당하고 이전 배열을 버리는 대가를 지불해야 한다. 동적 배열의 핵심, 즉 동적 배열을 좋은 타협점으로 만드는 것은 기본 정적 배열을 늘리고 줄이는 데 사용하는 전략이다.

주의할 점은 동적 배열을 사용하면 일부 작업이 약간 느려진다는 것이다. 이는 자연스러운 현상이다. 배열의 크기를 조정하는 데 수시로 비용을 지불해야 하기 때문이다. 따라서 배열에 특정 수의 객체가 포함되거나 요소 수가 특정 크기를 중심으로 약간 변동될 것이라는 것을 미리 알고 있다면 정적 배열을 사용하는 것이 좋다. 그러나 시간이 지남에 따라 요소 수가 증가하거나 크게 변하는 경우(심지어 어떤 시점에서는 크게 줄어드는 경우) 메모리 낭비를 방지하고 유연성을 제공하기 위해 동적 배열을 사용하는 것이 좋다.

다음 절에서는 이러한 전략이 중요한 이유와 어떤 전략이 더 효과적인지에 대해 이야기한다. 그런 다음 이들이 어떻게 작동하는지를 확실히 이해하고 구현으로 넘어간다.

배열의 크기를 어떻게 늘릴 수 있을까?

우리는 사실 배열의 크기를 늘리는 데에는 지름길이 없으며, 더 많은 공간이 필요할 때마다 배열을 새로 만들어야 하는 번거로움이 따른다는 것을 알고 있다. 이때 다음과 같은 질문이 떠오른다.

- 배열의 크기를 언제 조정해야 할까?
- 새 배열은 얼마나 더 커야 할까?
- 요소를 삭제할 때는 어떻게 해야 할까? 배열을 줄여야 할까?

이제 답을 찾는 데 도움을 줄 작은 친구 킴과 다시 만나볼 시간이다.

트로피 진열장

STEM에 열정을 보이는 킴이 진정으로 사랑하는 것은 로봇공학이다. 그녀는 학교 대회는 물론 지역 대회까지 여러 대회에서 우승을 했으며, 매번 우승할 때마다 상을 받은 그 로봇을 가족 거실의 트로피 진열장에 넣어둔다. 하도 많은 대회에서 우승을 하다 보니 진열장의 공간이 부족해졌다. 킴의 부모님은 진열장을 정리하고, 최소한 초등학교 때 만든 로봇들은 버리기를 원한다. 하지만 킴에게 그것은

있을 수 없는 일이다. 아무것도 버릴 수 없는 그녀는 더 큰 진열장을 요구한다.

많은 눈물과 투정 끝에 킴의 부모님은 마침내 킴의 새로운 트로피를 보관할 새로운 진열장을 제공하는 데 동의했다. 하지만 조건을 내걸었다. 기존의 진열장은 확장할 수 없고 폐기해야 하며, 새 진열장의 구입 비용과 기존 진열장의 폐기 비용을 킴의 저금통에 있는 돈으로 지불해야 한다는 것이다. 만약 그녀가 새 진열장을 살 돈이 부족하면, 그녀는 어쩔 수 없이 오래된 로봇 몇 대를 버려야 한다.

그래서 킴은 장기적으로 최대한 돈을 아낄 수 있는 최적의 전략을 찾을 수밖에 없다(모듈형 가구를 사용하는 것은 어떨까 생각할 수도 있다. 그 말도 맞지만, 이 비유에서는 모듈형 솔루션을 제공하지 않는다고 가정하자).

전략 1: 한 번에 하나씩 늘리기

기본적인 성장 전략을 평가하기 위해 킴은 가장 간단한 방법을 고려한다. 진열장이 가득 차면 새로운 로봇을 전시할 공간이 부족해질 때마다 기존의 진열장을 버리고 정확히 새 로봇의 수만큼 담을 수 있는 새로운 진열장을 만든다.

첫 번째 진열장이 4개의 로봇을 담을 수 있다면, 다섯 번째 상을 받으면 5개의 로봇을 담을 수 있는 새 진열장을 만든다. 그다음에는 6개를 담을 수 있는 진열장, 다시 7개를 담을 수 있는 진열장을 만드는 것이다. 진열장의 비용은 (가정해보자면) 로봇 수에 비례하여 선형적으로 증가한다(로봇당 200달러라고 하자). 따라서 킴은 $200 × 5 + $200 × 6 + $200 × 7 등을 지불해야 할 것이다. 세 번째 진열장을 교체할 때 킴은 $200 × (5 + 6 + 7) = 3600달러를 지불하고, 아마도 고등학교에 들어가기 전까지는 매주 받는 용돈과 이별해야 할 것이다.

이 계획이 마뜩잖은 킴은 더 나은 선택지를 찾기 위해 계속 고민한다.

전략 2: X개의 단위로 늘리기

진열장을 한 번에 1칸씩 늘리는 것은 좋은 방법처럼 보이지 않는다. 직관적으로 봐도 새로운 진열장은 만들어질 때 이미 꽉 차 있고, 새로운 로봇을 추가할 때마다 다시 같은 과정을 반복해야 하기 때문이다.

아마도 여유분을 두는 것이 더 나을 것이다. 킴이 새로운 트로피 진열장을 만들 때 4칸 정도 더 큰 진열장을 만든다면 어떨까? 그러면 킴은 새로운 진열장을 마련하기 전에 더 많은 상을 받고, 용돈을 조금 더 모을 시간이 생길 것이다. 하지만 4칸이 적당한가? 봄이 되면 로봇 대회가 많이 열리는데, 킴은 가능한 많은 대회에 참가하곤 한다. 만약 그녀가 5개, 10개, 혹은 모든 대회에서 상을 받는다면 어떨까? 일주일 내에 4개 이상의 상을 받게 되면 목공소에서 진열장을 만들기도 전에 이미 공간이 부족해질 수도 있다. 그렇다면 진열장을 5칸씩 크게 만들어야 할까? 아니면 8칸, 혹은 10칸? 적절한 균형점은 어디일까?

전략 3: 크기를 2배로 늘리기

마지막으로 킴은 세 번째 전략을 고려한다. 진열장의 크기를 일정하게 늘리는 대신 새 진열장을 만들 때마다 그 크기를 2배로 늘리는 것이다. 이렇게 하면 새로운 진열장은 이전 모든 진열장의 수명을 합친 것만큼 오래 사용할 수 있을 것이다.

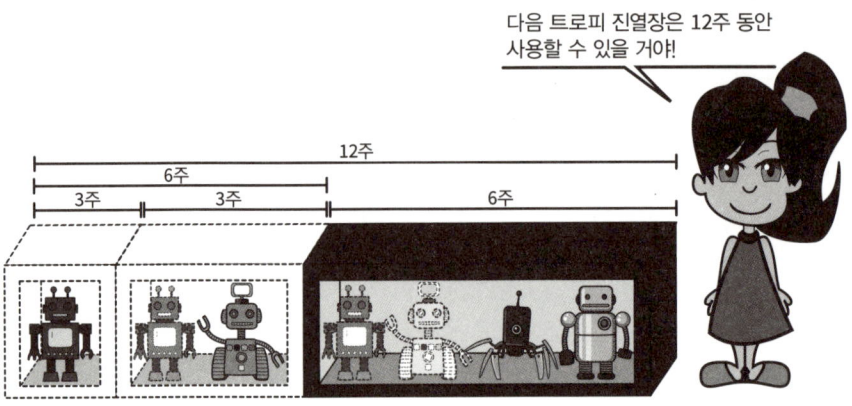

진열장의 크기를 2배로 늘리면 새 진열장의 예상 수명은 이전 모든 진열장의 예상 수명의 합계와 같다.
교체하는 이전 진열장의 로봇 수만큼 새 진열장에 추가할 수 있기 때문이다.

이제 4칸짜리 진열장이 꽉 찼고 새로운 트로피를 얻었으니, 킴은 8칸짜리 진열장을 만들 것이다. 그다음은 16칸짜리 진열장, 그다음에는 32개의 로봇을 담을 수 있는 진열장을 들여놓을 것이다. 물론 더 큰 진열장을 만들면 더 많은 돈을 미리 지불해야 하겠지만, 그 후로는 한동안 걱정할 필요가 없을 것이다. 만약 더 빨리 트로피를 받더라도, 새로운 진열장은 계속 따라갈 수 있을 것이다.

하지만 킴이 결국 더 많은 돈을 쓰게 될까, 아니면 덜 쓰게 될까? 가장 좋은 전략은 무엇일까?

전략 비교

알 수 있는 방법은 딱 하나다. 직접 계산해보는 것이다.

킴은 야심 찬 목표를 가지고 있다. 고등학교에 들어가기 전에 60개의 상을 받는 것이다. 이제 킴이 해야 할 일은 60개의 로봇을 담을 수 있는 트로피 진열장을 만들 때까지 점점 더 큰 진열장을 만들 비용을 계산하고 그것들을 비교해보는 것이다. 그리고 그녀의 부모님은 지금 당장 60칸짜리 진열장을 사줄 생각은 없다. 왜냐하면 그들은 로봇에게 거실을 넘겨주지 않고 지금처럼 사용하고 싶어 하기 때문이다. 표 5.1은 세 가지 전략에 따른 비용 비교를 나타낸 것이다.

표 5.1 트로피 진열장의 크기를 점차적으로 늘리기 위한 전략의 비용 비교

전략	총비용(수식)	최종 비용
1씩 크기 늘리기	$200 × (5 + 6 + 7 + 8 + ... + 60)	$364,000
4씩 크기 늘리기	$200 × (8 + 12 + 16 + 20 + ... + 60)	$95,200
2배로 크기 늘리기	$200 × (8 + 16 + 32 + 64)	$24,000

첫 번째 해결책을 따르면 킴은 대학 등록금을 포기해야 할 것이다. 두 번째 옵션은 조금 더 나은 선택이지만 갚기 위해서는 장학금을 받아야 한다. 세 번째 옵션은 비싸긴 해도 다른 두 가지 옵션보다 훨

씬 저렴하다. 마지막 전략에서는 추가할 항목이 더 적다는 것을 눈치챘을 것이다. 이것이 힌트일 수도 있다! 실제로 킴은 새로운 트로피 진열장을 단 네 번만 사면 되기 때문에 큰 개선이 이루어진 셈이다. 그러나 2만 4000달러는 여전히 트로피 진열장에 낭비하기에는 큰돈이다. 결국 킴은 부모님의 의견에 따라 10개의 로봇을 담을 수 있는 진열장에 만족하며 가장 뛰어난 작품들만 전시할 수도 있을 것이다.

이와 같은 논리는 배열에도 적용할 수 있으며 매우 유용한 방법이다.

배열에 전략 적용하기

지금까지 살펴본 예시들과 우리가 계산한 수학적 결과에서 알 수 있듯이, 더 많은 공간이 필요할 때마다 배열의 크기를 2배로 늘리는 것이 가장 좋은 전략인 것 같다. 그렇지만 결정을 내리기 전에 문득 의문이 하나 생길 수 있다. 만약 진열장을 4칸씩이 아니라 16칸씩 늘린다면 어떻게 될까? 계산해보면 $200 \times (20 + 36 + 52 + 68)$은 3만 5200달러로, 2배로 늘리는 전략과 비슷하지만 비용은 50% 더 많이 든다. 일정하게 크기를 증가시키는 전략은 최적의 지점이 있을 수 있지만, 이는 특정 상황에 맞춘 것이다(60개의 로봇 예시처럼). 필요한 공간을 정확히 알고 있다면, 그냥 고정 배열을 사용하면 된다.

앞서 언급했듯이, 동적 배열에도 같은 논리를 적용할 수 있다. 배열을 1개의 요소로 시작하여 기존 배열이 꽉 찰 때마다 더 큰 배열을 할당하는 방식으로 동적 배열을 구현해야 한다고 가정하자. 또한 배열에 총 100개의 요소를 추가한다고 상상해보자. 새로운 배열을 만들 때마다 메모리를 할당하고 기존 배열의 요소들을 새 배열로 복사해야 한다. 예를 들어 +1 전략에서는 배열의 크기를 처음 조정할 때, 기존 배열에 있는 하나의 요소를 새 배열(크기가 2인 배열)에 복사해야 한다. 그다음에는 2개의 요소를 크기가 3인 새 배열로 복사하고, 계속해서 이 과정을 반복한다.

다른 전략도 이와 유사하게 작동한다. (기존 배열에서 새 배열로 복사되는) 요소 복사 비용에 대한 수식과 최종 비용을 표 5.2에 요약해 나타냈다.

표 5.2 동적 배열에 100개의 요소를 삽입하는 전략에 따른 할당 횟수 비교

전략	할당 횟수(수식)	총 할당 횟수
1씩 크기 늘리기	1 + 2 + 3 + 4 + 5 + 6 + ⋯ + 98 + 99	4851
4씩 크기 늘리기	1 + 5 + 9 + 13 + ⋯ + 93 + 97	1225
크기 2배로 늘리기	1 + 2 + 3 + 6 + 12 + 32 + 64	127

결과의 차이는 놀라울 정도다! 수학적 세부 사항을 다루지는 않겠지만, 왜 이런 결과가 나오는지에 대해서는 간단한 설명을 곁들인다. 첫 번째 전략에 대한 수식은 처음 99개의 정수를 더한 값이며, 이는 모든 정수 n에 대해 일반화된다. 오래전부터 알려진 공식에 따르면, 처음 n개의 정수를 더한 값은 $n \times (n + 1) / 2$이다. 즉, 복사해야 할 요소의 수는 이차적으로 증가한다.

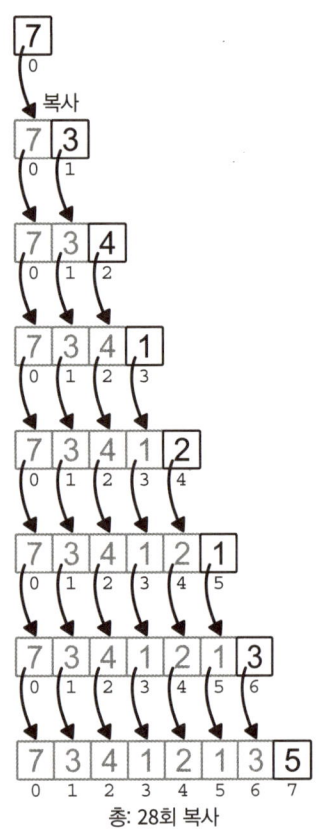
총: 28회 복사

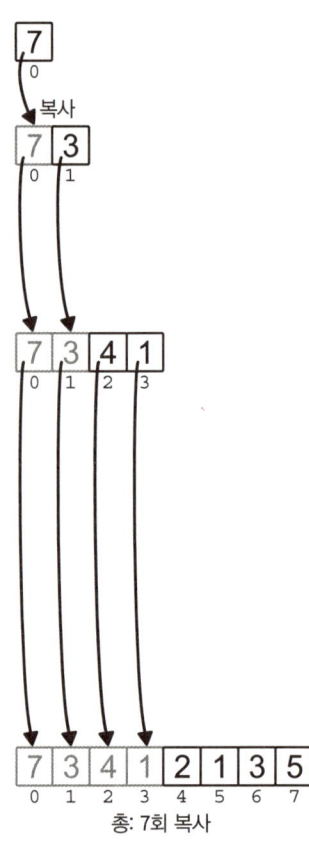
총: 7회 복사

+1 전략으로 배열의 크기를 조정하는 것과 ×2 전략으로 배열의 크기를 조정하는 것에는 기존 요소의 복사 횟수에서 명확한 차이가 있다.

반면 마지막 전략에서는 매 단계마다 배열 크기를 2배로 늘리기 때문에 배열 크기를 다시 조정하기까지 2배 더 오래 기다릴 수 있다. 이것은 수학적 진행 방식으로, 크기가 n인 배열을 얻기 위해 배열 크기를 1로 시작하고 이 전략을 사용하면, 최악의 경우 $O(n)$ 요소만 복사하면 된다는 것을 증명할 수 있다. 4장에서 알아본 것처럼 이차함수는 선형함수보다 훨씬 빠르게 증가한다. 따라서 선형적인 오버헤드를 보장하는 전략을 원한다는 것은 의심의 여지가 없다.

배열의 크기도 줄여야 할까?

우리가 지금까지 무시해온 또 다른 측면이 있다. 배열이 꽉 찰 때마다 동적 배열의 크기를 2배로 늘리는 것이 좋은 아이디어라는 것에는 동의했지만, 요소를 삭제할 때 어떻게 해야 하는지는 논의하지 않았다. 트로피 진열장 예시에서는 이런 상황이 전혀 발생하지 않았다. 왜냐하면 킴은 트로피나 로봇을 진열장에서 절대 빼고 싶어 하지 않았기 때문이다.

이번에는 보다 쉽게 이해할 수 있도록 컴퓨터 과학과 더 가깝고 덜 물리적인 예시를 살펴보자. 가령 당신의 전자상거래 회사에서 현재 진행 중인 주문을 추적하기 위해 동적 배열을 구현해야 한다고 상상해보자. 새로운 주문이 들어오면 배열에 추가하고 주문 완료 후 닫히면 배열에서 삭제한다. 항목은 들어온 순서대로 배열에 남아 있지만, 언제든지 어떤 주문이든 삭제할 수 있다.

작은 배열로 시작해서 배열이 꽉 찰 때마다, 더 정확히 말해 배열이 가득 차고 새로운 요소를 추가해야 할 때마다 배열의 크기를 2배로 늘린다. 새로운 주문이 들어오면 배열은 계속 커지지만, 어느 시점에서 완료된 주문은 삭제해나간다. 그렇다면 주문 삭제 시 배열은 어떻게 조정해야 할까? 요소를 삭제할 때 뭔가 해야 할까? 꼭 해야만 할까?

이 문제는 새로운 주문이 들어오는 속도와 완료되는 타이밍과 큰 관련이 있다. 일반적으로 많은 요소를 삭제할 때 배열을 조정할 준비 또한 해야 한다는 것은 알고 있다. 왜일까? 다음 상황을 고려해보자. 블랙 프라이데이 때는 주문이 급증하여 배열을 여러 번 확장해야 모든 주문을 수용할 수 있다. 예를 들어 평소에는 한 번에 100개의 미완료 주문만 처리하지만, 휴일 동안에는 1만 개의 주문이 동시에 열려 있다고 가정한다. 블랙 프라이데이 주문을 모두 처리한 후 배열을 다시 줄이지 않으면, 커다란 용기가 비어 있어 메모리의 99%가 낭비될 것이다. 만약 그 시기 동안 100배 이상 주문이 늘었다면, 빈 요소들(그리고 기가바이트 단위의 메모리)이 수백만 개라는 것을 의미한다.

따라서 동적 배열도 어떻게든 축소할 필요가 있어 보인다. 하지만 정확히 어떻게 해야 할까?

삭제 시 절반으로 줄이기

아마도 가장 먼저 떠오르는 전략은 배열의 절반이 사용되지 않을 때마다 배열 크기를 절반으로 줄이는 방법일 것이다. 이 전략의 장점은 사용되지 않는 공간을 줄일 수 있다는 점이며, 이 경우 사용되지 않는 공간은 전체 공간의 절반을 넘지 않는다. 그러나 이 전략이 좋지 않을 수 있는 다른 예외적인 상황도 있다.

예를 들어 8개의 요소를 가진 꽉 찬 동적 배열 `A`가 있다고 가정해보자. 여기에 아홉 번째 요소인 `X`를 추가하려면 배열의 크기를 2배로 늘려야 한다. 그래서 새로운 16칸 배열 `B`를 만들고, 요소들을 옮긴 후 `X`를 추가한다. 그러나 곧 한 요소를 삭제하면 `B`의 절반이 비어버린다. 현재 접근 방식에 따라 배열을 절반으로 줄여서 8칸 배열 `C`를 만든다. 이제 `C`가 다시 가득 찼다. 여기에 새로운 요소를 추가하려면 또다시 배열 크기를 조정해야 한다. 특히 매우 큰 배열에서 이 같은 크기 조정의 반복은 심각한 성능 저하를 초래할 수 있다. 보다 더 효율적인 접근 방식이 필요하다.

더 영리하게 줄이기

다른 접근 방식을 시도해보자. 요소를 삭제해서 배열이 절반 비게 되더라도 일단 그대로 둔다. 배열 크기를 바로 조정하는 대신 기다리는 것이다. 얼마나 기다려야 할까? 많은 좋은 선택이 있을 수 있지만, 일단 안전한 방법을 선택한다. 배열의 1/4만 사용될 때까지 기다리는 것이다. 즉, 용량이 8인 배열에서 6개의 요소가 비었을 때 배열 크기를 절반으로 줄인다.

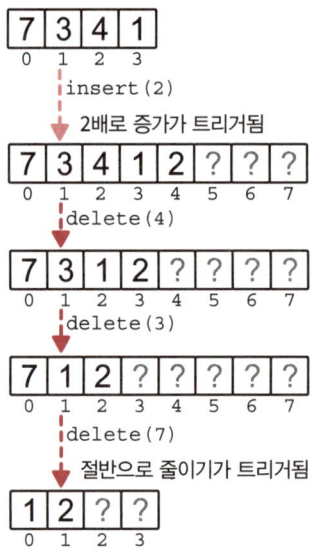

이 방법을 사용하면 크기 조정 후 새로운 배열은 절반이 비게 되고, 배열이 꽉 차기 전까지 새로운 요소를 추가할 수 있는 시간이 생긴다. 과연 이것이 완벽한 해결책일까?

 NOTE 완벽한 해결책은 존재하지 않는다. 삽입과 삭제의 순서를 미리 알 수 있다면 완벽한 선택이 가능하겠지만, 대부분의 경우에 잘 작동하는 합리적인 해결책일 뿐이다.

동적 배열 구현하기

동적 배열의 핵심 원리를 알았으니 이제 구현하는 일만 남았다. 이 장에서 논의한 내용을 요약하자면 동적 배열은 내부적으로 고정 배열을 사용하여 구현할 수 있으며, 필요한 경우 이 배열을 클라이언트가 눈치채지 못하게 크기를 조정할 수 있다. 데이터가 들어 있는 보조 고정 배열의 크기를 조정하는 방법으로 다음 전략을 사용한다.

1. 크기 1의 배열로 시작한다(클라이언트가 초기 용량을 지정하지 않는 경우).
2. 새 요소를 삽입해야 하는데 고정 배열이 최대 용량까지 차 있으면 배열 크기를 2배로 늘린다.
3. 배열에서 요소를 삭제한 후, 최대 용량의 1/4만 사용되고 있을 때 배열 크기를 절반으로 줄인다.

준비 완료! 이제 이 과정을 자동으로 처리할 코드를 작성하자.

DynamicArray 클래스

정렬되지 않은 동적 배열을 구현할 것이다. 이는 요소의 순서가 보장되지 않는다는 것을 의미한다. 다음과 같이 가정해보자. 삽입 순서대로 요소를 저장한다. 배열에서 요소가 삭제되면, 그 이후의 요소들이 삭제된 요소의 자리를 메우도록 이동한다(`delete` 메서드에 대한 논의는 나중에 자세히 다룰 것이다).

이제 구현을 시작해보자. 항상 그렇듯이 전체 코드와 문서, 테스트는 책의 깃허브 저장소[*]에서 확인할 수 있다. 드디어 시작이다.

```python
class DynamicArray():
    def __init__(self, initial_capacity=1, typecode='l'):
        self._array = core.Array(initial_capacity, typecode)
        self._capacity = initial_capacity
        self._size = 0
        self._typecode = typecode
```

`SortedArray` 클래스와 마찬가지로 컴포지션으로 `core.Array` 베이스 클래스를 재사용해서 내부 속성으로 정적 배열을 생성하고, `DynamicArray` 클래스가 내부적으로 처리한다. 코드를 살펴보면 알겠지만, 이는 `SortedArray`의 생성자와 매우 유사한 단순한 생성자다. 하지만 이번에는 배열 요소의 타입을 저장할 필요가 있다. 즉, `typecode` 인수가 필요하다. 그 이유는 배열 크기를 조정할 때마다 새로운 정적 배열을 생성해야 하고, 이를 위해서는 `typecode` 인수를 `core.Array` 생성자에 전달해야 하기 때문이다.

---

[*] https://mng.bz/67J6

삽입

삽입 작업은 2장에서 정적 배열로 구현했던 방식과 크게 다르지 않다. 유일한 차이점은 삽입을 수행하기 전에 공간이 남아 있는지 확인해야 한다는 것이다. 정적 배열이 꽉 차면 용량이 2배인 새 배열을 생성하고 이전 배열의 모든 요소를 새 배열로 이동하여 옮겨야 한다.

먼저 배열 크기를 조정하는 보조 메서드를 정의해보자.

```
def _double_size(self):
    old_array = self._array          # 이전 배열을 지역 변수에 저장한 후,
    self._array = core.Array(self._capacity * 2, self._typecode)  # 2배 더 큰 새로운 배열을 생성한다.
    self._capacity *= 2
    for i in range(self._size):      # 이전 배열의 모든 요소를
        self._array[i] = old_array[i]  # 새로운 배열로 복사한다.
```

이것은 특별한 것이 아니다. 이 장에서 논의한 내용과 앞에서 다룬 내용을 구현하기만 하면 된다.

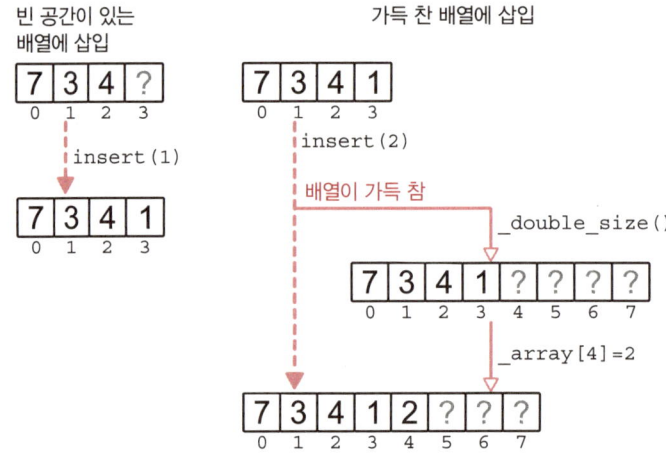

이제 정적 배열의 크기를 조정하는 보조 메서드를 만들었으니, `insert` 메서드를 더 쉽고 깔끔하게 구현할 수 있다.

```
def insert(self, value):
    if self._size >= self._capacity:
        self._double_size()
    self._array[self._size] = value   # 여기에 도달하면
    self._size += 1                    # self._size < len(self._array)가 된다.
```

`insert` 메서드의 실행 시간과 추가 메모리 사용량은 어떻게 될까? 코드를 살펴보면 삽입 메서드에서 실행되는 명령들은 `_double_size()` 호출을 제외하고 O(1) 단계를 거치며, O(1)만큼의 추가적인 메모리를 사용한다. 다른 메서드를 호출할 때마다 호출된 메서드의 실행 시간이 전체 실행 시간에 기여

하기 때문에 내부 호출도 분석해야 한다. 실제로 여기에는 함정이 있다. 배열 크기가 n일 때 `_double_size()`는 새로운 배열을 만들고 (O(n) 추가 메모리를 사용) O(n)개의 요소를 이동시킨다.

메모리 분석에서 주의할 점은 사용 후 메모리가 해제된다는 사실을 혼동하지 말아야 한다는 것이다. 나중에 해제되더라도 할당된 모든 메모리를 포함해야 한다. 따라서 `insert` 메서드는 배열 크기를 조정할 때 O(n) 시간이 걸리고 O(n)만큼의 추가 공간을 사용한다. 이는 요소 수 n의 증가에 따라 메서드가 필요로 하는 자원도 선형적으로 증가한다는 것을 의미한다. `insert` 메서드의 최악의 실행 시간과 공간 요구 사항이 선형적이라는 것은 나쁜 소식이다. 더 이상 정적 배열에서처럼 최악의 경우에도 상수 시간에 삽입할 수 없다.

하지만 더 깊이 분석해보면 긍정적인 측면도 있다. 이 요구 사항은 배열의 크기를 조정할 때만 해당된다. 크기 조정이 필요하지 않은 경우는 어떨까? 이때는 상수 시간의 명령만 실행되며, 추가 공간도 사용되지 않는다. 따라서 운이 좋으면 크기 조정 없이 삽입이 매우 빠르게 이루어진다. 그래서 삽입할 요소의 수를 어느 정도 예측할 수 있다면, 생성자에서 `initial_capacity` 인수를 사용해 더 큰 정적 배열을 미리 할당하는 것이 중요하다(이것은 이론적인 이야기만이 아니라 자바 표준 라이브러리에서도 같은 아이디어를 찾아볼 수 있다).

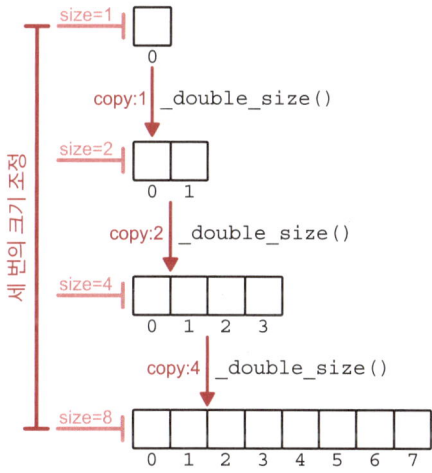

잠깐! 우리는 `_double_size` 메서드가 실제로 몇 번 호출되는지 더 깊이 파고들 필요가 있다. 공식적인 분석으로 들어가지는 않겠지만, 여기서 직관적으로 알 수 있다. 배열 크기를 1로 시작하면, 배열의 크기가 n이 될 때까지 배열을 2배로 늘리는 것은 최대 $\log(n)$번 가능하다. 그리고 그 호출 중 각각에서 우리는 n개의 요소 중 일부만 옮긴다. 예를 들어 8개의 요소에 도달하려면 `_double_size`를 세 번 호출하고, 총 1 + 2 + 4 = 7개의 요소를 이동한다(첫 번째 호출에서 1개, 두 번째 호출에서 2개, 세 번째 호출에서 4개). 이것은 일반적으로 사실이며, 우리는 n개의 요소를 동적 배열에 삽입할 때 O(n)개의 요소만 복사하고 O(n)만큼의 추가 공간을 사용한다는 것을 증명할 수 있다.

따라서 동적 배열에 n번의 삽입을 하는 데 걸리는 시간은 **분할 상환 시간**amortized time으로 $O(n)$이라고 말할 수 있다. 4장에서 언급한 것처럼 분할 상환 분석에서는 개별 삽입에 대해 보장을 할 수 없으며, 기본 배열의 크기를 조정해야 하는 경우 운이 없으면 삽입 시간이 느려질 수 있다. 그러나 일련의 연산을 수행하면 정적 배열과 동일한 성장률로 총비용을 보장할 수 있다.

검색

동적 배열에서 `find` 메서드는 특별한 것이 없다. 정렬되지 않은 배열과 정렬된 배열에 대해 각각 작성한 것과 동일한 메서드를 정적 배열과 동적 배열 모두에 사용할 수 있다. 정렬되지 않은 배열의 경우, 일치하는 요소를 찾을 때까지 배열을 처음부터 끝까지 검색해야 하므로 실행 시간은 $O(n)$보다 나을 수 없고 추가 공간도 사용하지 않는다. 메서드는 2장에서 다루었던 선형 탐색과 정확히 동일하다.

```
def find(self, target):
    for index in range(self._size):
        if self._array[index] == target:
            return index
    return None
```

삭제

`delete` 메서드의 경우 인덱스를 통해 삭제하는 메서드를 구현할 수도 있고, `find` 메서드를 재사용해서 값을 기준으로 삭제하는 메서드를 구현할 수도 있다. 여기서는 후자의 방법을 소개한다. 이때 인덱스를 찾고 값이 존재하는지 확인하는 세 가지 명령을 추가한다. 중복되는 값이 있을 경우, 첫 번째로 발견한 값을 삭제한다.

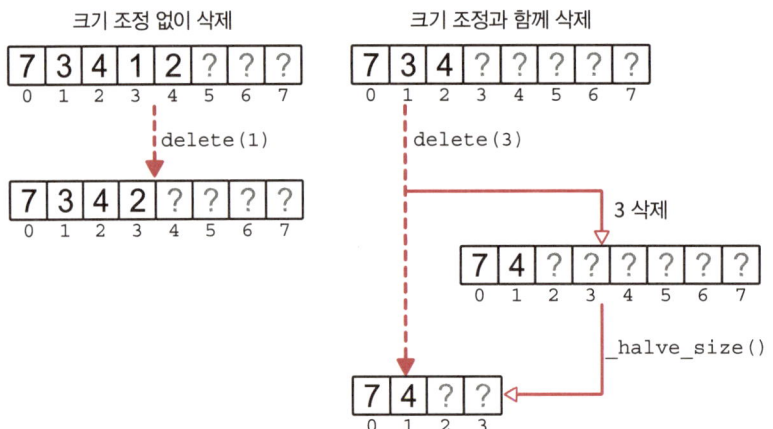

삽입과 마찬가지로 크기 조정 여부를 확인해야 하지만, 이번에는 확인이 수행하는 마지막 작업이다. 크기 조정은 축소를 의미하므로 먼저 삭제할 요소를 찾은 다음 배열에서 제거하고, 그 뒤의 모든 요소를 이동해야 한다. 이 시점에서 배열이 최대 용량의 1/4 이상 꽉 차 있는지 확인할 수 있다. 그렇지 않으면 축소를 결정한다.

```python
def delete(self, target):
    index = self.find(target)
    if index is None:
        raise(ValueError(f'삭제할 수 없음 {target}: 배열에 항목이 없다'))
    for i in range(index, self._size - 1):
        self._array[i] = self._array[i + 1]
    self._size -= 1
    if self._capacity > 1 and self._size <= self._capacity / 4:
        self._halve_size()
```

삭제 후 배열을 축소해야 하는지 확인한다.

insert와 유사하게 delete 메서드는 크기 조정이 발생하는 호출에서 더 많은 자원을 사용한다. 그러나 insert와 달리 배열의 크기를 조정하지 않더라도 이 메서드는 최악의 경우 O(n)의 시간 복잡도를 가진다. 여기서 선형 탐색을 사용해서 삭제할 값의 인덱스를 찾고, 삭제 후 모든 요소를 이동한다(최악의 경우 선형 개수의 할당이 필요한 작업).

삽입 순서를 유지할 필요가 없다면 인덱스에 의한 삭제delete-by-index(삭제할 요소의 위치를 인수로 사용) 메서드를 구현해서 insert 메서드와 유사한 평균 성능을 가질 수 있다. 어떤 버전의 메서드가 더 나은지는 콘텍스트, 즉 애플리케이션의 요구 사항에 따라 다르다. 이 차이는 단순한 구현의 문제가 아니다. 우리는 각각 고유한 작동과 장단점이 있는 서로 다른 알고리즘 중에서 선택하고 있다.

구현이 모두 끝났다. 앞서 구현한 traverse 메서드는 여기에서도 동일하게 사용할 수 있다.

연습 문제

5.1 인덱스에 의한 삭제 메서드를 구현하고, n번의 삭제에 대한 평균 실행 시간과 추가적인 사용 공간이 모두 O(n)인지 확인하자.

| 힌트 | 요소의 삽입 순서를 유지할 필요가 없다고 가정한다.

5.2 삭제할 요소를 마지막 요소와 교환하는 대신 삭제된 요소 뒤의 요소를 이동할 때 어떤 단점이 있는가?

5.3 동적 배열의 요소가 오름차순으로 유지되도록 하는 `DynamicSortedArray` 클래스를 구현하라. 삽입과 삭제의 최적 실행 시간은 무엇인가?

요약

- 배열은 요소의 위치를 가지고 접근할 때 훌륭한 컨테이너다. 배열은 모든 요소에 대해 상수 시간에 접근할 수 있으며, 이전 요소를 순차적으로 접근하지 않고도 임의의 요소를 읽거나 쓸 수 있다.
- 배열은 본질적으로 정적이다. 즉, 메모리에 구현된 방식 때문에 생성된 후에는 크기를 변경할 수 없다.
- 고정 크기 컨테이너를 사용하면 더 많은 요소를 저장해야 할 경우 유연성이 떨어진다. 게다가 가능한 가장 큰 수의 요소를 지원하기 위해 처음부터 큰 배열을 할당하는 것은 메모리 낭비가 발생하기 십상이다.
- 동적 배열은 배열의 장점을 살리면서 유연성을 추가하는 방법이다. 이는 다른 종류의 자료구조가 아니라, 고정 크기 배열을 사용하지만 필요에 따라 배열을 늘리고 줄이는 전략을 추가하여 크기 조정 시마다 기본 정적 배열을 재할당한다.
- 동적 배열의 최선의 전략은 배열이 가득 찬 상태에서 새로운 요소를 삽입할 때 기본 정적 배열의 크기를 2배로 늘리고, 요소를 제거한 후 3/4이 비어 있을 경우 배열의 크기를 반으로 줄이는 것이다.
- 이러한 유연성은 대가가 따르는데, 정렬되지 않은 정적 배열의 경우 삽입과 삭제 시간이 일정하지 않다. 그러나 삽입 메서드의 경우(그리고 일부 가정하에 삭제 메서드에서도), n개의 연산에는 $O(n)$의 분할 상환 실행 시간과 추가 메모리가 소요된다는 것을 보장할 수 있다.

CHAPTER 6

연결 리스트: 유연한 동적 컬렉션

이 장의 주요 내용
- 배열보다 연결 리스트가 더 잘할 수 있는 것들
- 가장 간단한 형태의 연결 리스트인 단일 연결 리스트
- 리스트를 양방향으로 쉽게 읽을 수 있는 이중 연결 리스트
- 주기적 또는 순환 데이터를 처리하는 데 유리한 순환 연결 리스트

5장에서 정적 배열이 유연성 측면에서 약점이 있다는 점을 논의했다. **동적 배열**은 유연성을 제공하지만, 안타깝게도 다른(그리고 유연한) 자료구조는 아니다. 이는 단지 최대한 효율적으로 정적 배열의 크기를 조정하는 전략일 뿐이다. 여러 차례 언급했듯이 배열 크기 조정은 비용이 따르며, 삽입과 삭제 속도가 느려진다.

이 장에서는 필요할 때마다 크기를 조정할 수 있는 또 다른 자료구조, 즉 **연결 리스트**linked list에 대해 논의한다. 가장 간단한 형태인 단일 연결 리스트와 일부 연산에서 더 나은 성능을 위해 메모리를 더 사용하는 이중 연결 리스트를 살펴볼 것이다. 동적 배열과 마찬가지로 이러한 유연성에도 대가가 따르며, 이번에는 그 대가가 다르다.

연결 리스트 vs. 배열

연결 리스트와 배열을 비교하는 것으로 논의를 시작하는 것이 합리적이다. 이미 우리는 데이터를 저장하고 삽입, 삭제, 검색 연산을 수행할 수 있는 자료구조를 가지고 있다. 또한 배열을 순회할 수 있는데, 이는 배열의 요소를 순차적으로 읽고 각 요소에 대한 작업을 수행하는 것을 의미한다. 그렇다면 기능과 효율성 측면에서 연결 리스트는 배열과 어떻게 다를까?

연결 리스트의 내부 구조

우선 연결 리스트가 어떻게 작동하는지부터 알아보자.

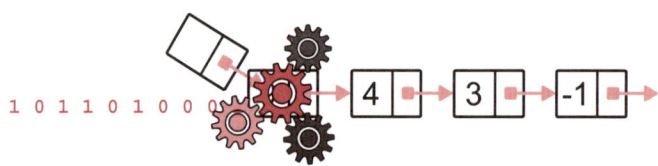

2장에서 논의한 내용을 되짚어보자. 배열은 일반적으로 동일한 크기의 셀로 나뉜 연속적인 메모리 블록으로 구현되며, 각 셀은 배열 요소 중 하나를 포함한다.

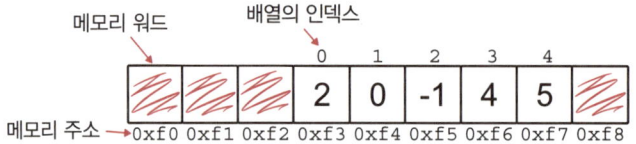

배열과 달리 연결 리스트는 **노드**node라는 구성 요소로 이루어진 복잡한 모듈식 구조를 가지고 있다. 각 노드는 연결 리스트의 요소 하나, 즉 단일값을 포함한다. 그러나 그것이 전부가 아니다! 노드들이 연속적인 메모리 영역에 존재하지 않기 때문에, 각 노드는 리스트의 다음 노드가 메모리에서 어디에 위치하는지를 저장하는 링크도 포함해야 한다.

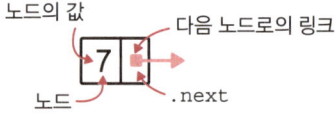

이것이 배열과 연결 리스트의 주요 차이점이다. 배열에서는 첫 번째 요소의 위치와 요소 크기로 각 요소의 위치가 고유하게 결정되었다. 따라서 배열의 첫 번째 요소의 메모리 주소(배열 변수에 저장된)를 알고 있으면, 각 요소의 인덱스(즉, 요소가 배열에서 차지하는 순서)를 통해 그 요소의 주소를 계산할 수 있다.

배열과 연결 리스트: 비교

같은 값을 배열과 연결 리스트에 저장하는 방식을 비교해보자.

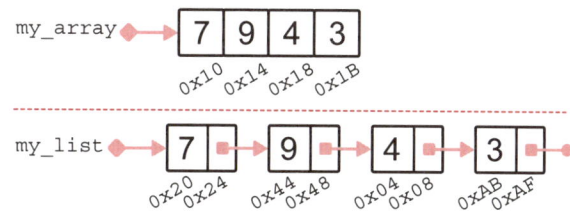

연결 리스트는 서로 연결된 노드들의 순서로, 각 노드는 하나의 값을 저장하고 다음 노드로의 링크를 포함하는 작은 자료구조다. 연결 리스트와 배열의 두 가지 주요 차이점은 다음과 같다.

- 노드들이 연속적으로 저장되지 않고 사용 가능한 메모리 주소 공간 어디에나 저장될 수 있다.
- 비연속적인 저장 방식 때문에 각 노드의 위치를 저장해야 한다. 이 주소는 노드 자체에 저장되며, 이는 연결 리스트의 각 노드가 해당 배열 요소보다 더 많은 메모리를 차지한다는 것을 의미한다. 각 노드에는 값 바로 뒤에 할당된 추가 셀이 있는데, 여기에 다음 노드로의 링크가 포함되어 있다.

이 차이점은 긍정적이든 부정적이든 영향을 미친다. 긍정적인 면에서는 연결 리스트의 노드들을 연속적으로 할당할 필요가 없기 때문에 유연성이 더 크다는 점이 있다. 전체 리스트를 미리 할당할 필요가 없으며, 새로운 노드를 할당할 수 있는 메모리가 있는 한 언제든 원하는 만큼 노드를 추가할 수 있다. 이어서 부정적인 면을 살펴보자. 노드들의 주소가 미리 결정되지 않기 때문에 리스트 요소들의 순서에서 주어진 인덱스에 해당하는 노드의 위치를 계산할 수 있는 공식이 없다. 즉, 배열과 달리 인덱스로 바로 접근하지 못한다는 점이 있다. 대신 원하는 요소에 접근할 때까지 연결 리스트의 첫 번째 노드부터 시작하여 각 노드의 다음 노드 주소를 하나씩 읽어가며 접근해야 한다.

구체적인 예를 들어보자. 배열과 연결 리스트에서 세 번째 요소를 읽는 차이는 무엇일까?

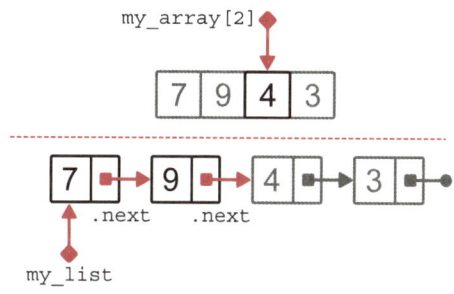

배열에서는 인덱스 2에 해당하는 요소에 바로 접근할 수 있다. 이는 하나의 단일 상수 시간 연산이다 (즉 세 번째, 네 번째, 또는 백 번째 요소에 접근하든 상관없이 같은 시간이 걸린다). 반면에 연결 리스트에서는 첫 번째 요소에 접근하고 그 포인터를 따라 두 번째, 그리고 세 번째 요소로 이동해야 한다. 이 작업을 수행하려면 선형적인 수의 노드에 접근해야 하며, 이것이 바로 연결 리스트의 주요 단점이다. 물론 이 방식이 너무 비싼 것은 사실이지만, 리스트를 많이 순회하지 않고 항상 리스트의 시작 부분 근처에서 요소에 접근할 경우에는 큰 문제가 되지 않을 것이다.

단일 연결 리스트

이전 절에서 설명한 것을 **단일 연결 리스트**singly linked list, SLL라고 부른다. 그렇다, 연결 리스트에는 두 가지 종류가 있다. 단일 연결 리스트는 각 노드가 다음 요소를 가리키는 단일 링크를 가지고 있다.

연결 리스트의 첫 번째 요소를 **헤드**head, 마지막 요소는 **테일**tail이라고 한다. 단일 연결 리스트에서 헤드 노드의 특징은 다른 노드가 이를 가리키지 않는다는 것이다. 그래서 리스트의 시작 부분(즉, 헤드)을 변수에 따로 저장해야 한다. 연결 리스트에서는 각 노드가 자신의 후속 노드만 알고 있다. 따라서 노드는 그 이후의 모든 노드와 간접적으로 연결되어 있지만, 이전 노드들과는 격리되어 있다.

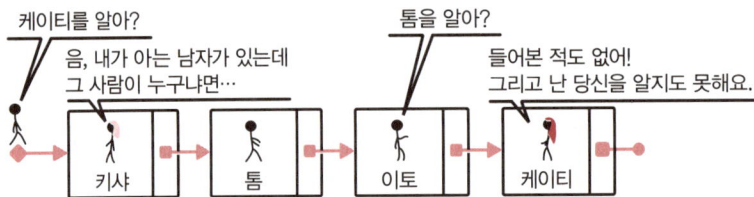

테일 노드의 특징은 다음 포인터가 다른 노드를 가리키지 않는다는 점이다(자바나 C와 같은 프로그래밍 언어에서는 이 포인터가 `null`로 설정된다). 이 절에서는 단일 연결 리스트의 한 가지 응용 사례를 살펴본 후, 배열에서 정의한 `insert`, `delete`, `search`, 그리고 `traverse`와 같은 메서드의 특성과 구현을 이야기할 것이다.

주문 관리

5장에서 정적 배열이 어려움을 겪을 수 있는 상황과 동적 배열의 유연성이 필요한 사례를 논의한 바 있다. 전자상거래 회사와 고객의 주문을 추적하는 과정을 예로 든 것을 기억하는가. 새로운 주문이 들어오면 리스트의 끝에 추가되고 주문을 받은 순서대로 유지된다. 주문을 처리하면 리스트에서 제거된다. 만약 주문을 배열이 아닌 연결 리스트에 저장한다면 어떤 변화가 생길까?

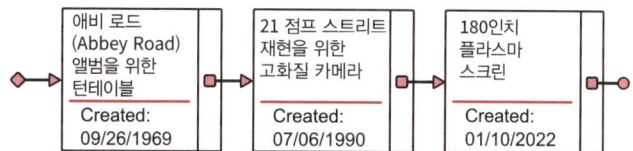

무엇보다도 배열과 달리 연결 리스트는 미리 빈 공간을 할당하지 않는다. 필요한 만큼만 노드를 할당한다. 새로운 주문이 들어오면 우리는 새로운 노드를 생성한다(**필요한 시점에 할당**). 사전에 공간을 할당할 필요가 없다. 노드를 제거할 때에도 '구멍'이 남지 않는다. 즉, 빈 공간이 생기지 않는다(이 부분에 대해서는 다음 절에서 자세히 설명할 것이다). 물론 각 노드는 값(주문 정보: 품목, 주소, 생성일 등)을 저장할 공간과 다음 노드로의 링크를 위한 추가 공간이 필요하다.

연결 리스트가 우리의 주문 관리 작업에 완벽해 보인다. 하지만 이것이 너무 이상적인 것은 아닐까?

단일 연결 리스트 구현

연결 리스트는 우리가 지금까지 본 자료구조와는 다르다. 배열은 동일한 크기의 셀로 나누어진 연속된 메모리 영역일 뿐이므로 배열을 구현하는 데 큰 부가 비용이 들지 않는다(적어도 간단한 형태의 배열은 그렇다). 그러나 연결 리스트를 구현하는 것은 그리 단순하지 않다. 나는 연결 리스트를 이중의 자료구조라고 생각하는 것을 좋아한다. 우선 연결 리스트 자체를 구현하고, 클라이언트가 리스트와 상호작용하며 일반적인 작업을 수행할 수 있는 API를 제공하는 외부 자료구조가 있다.

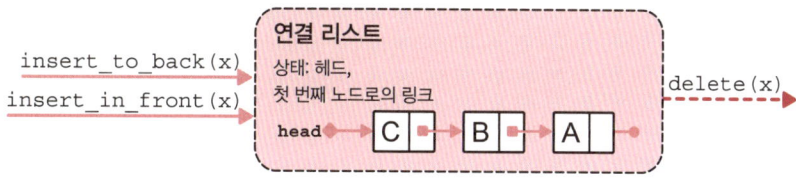

이것은 연결 리스트를 감싸는 껍질과 같은 역할을 한다. 하지만 내부적으로는 앞서 설명한 노드라는 다른 자료구조를 사용해야 한다. 이 노드들은 하나의 값을 저장하는 자료구조로 생각할 수 있다(정확히 말하면 2개의 값을 저장한다. 클라이언트가 저장하는 데이터값과 다음 노드로의 링크라는 내부값).

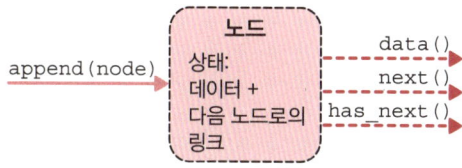

따라서 연결 리스트는 노드들이 링크에 따라 순차적으로 연결된 구조로 구성된다. 또한 리스트의 첫 번째 노드를 참조하는 속성과 몇 가지 관련 메서드를 포함한다. 따라서 연결 리스트를 구현하려면 먼저 노드를 위한 클래스를 구현해야 한다.

항상 그렇듯이, 이 장의 전체 코드는 이 책의 깃허브 저장소*에서 확인할 수 있다. 다음은 `Node` 클래스의 파이썬 코드다.

```python
class Node:
    def __init__(self, data, next_node = None):
        self._data = data
        self._next = next_node

    def data(self):
        return self._data

    def next(self):
        return self._next

    def has_next(self):
        return self._next is not None

    def append(self, next_node):
        self._next = next_node
```

이 클래스는 데이터와 다음 노드로의 링크에 대한 속성만을 갖는 최소한의 구조로 이루어져 있다. 값을 반환하는 2개의 공개 메서드와, 다음 노드로의 링크를 설정하고 링크가 있는지 확인하는 2개의 메서드가 있다. 이것이 단일 연결 리스트의 내부 구현에 필요한 전부다.

> **NOTE** Node 클래스는 리스트 클래스 내에서 중첩 클래스로 구현함으로써 클라이언트로부터 숨길 수도 있다. 사용자가 리스트의 노드를 직접 조작해서는 안 되기 때문이다.

리스트의 래퍼wrapper 클래스, 즉 모든 클라이언트가 상호작용할 클래스도 초기화 부분에서는 매우 간단하다.

```python
class SinglyLinkedList:
    def __init__(self):
        self._head = None
```

---

* https://mng.bz/rVRD

이게 전부다! 우리는 리스트의 첫 번째 노드인 헤드를 가리키는 내부 속성을 `None`으로 초기화하기만 하면 된다. `head`가 `None`으로 설정되면 리스트가 비어 있음을 의미한다. 자세히 보면 5장에서 구현한 배열 클래스의 생성자와 두 가지 중요한 차이점이 있음을 알 수 있다.

- 리스트의 크기를 지정할 필요가 없다. 미리 공간을 할당할 필요도 없으며, 리스트는 동적으로 확장될 수 있다.
- 노드에 저장되는 데이터 유형을 제한하는 인수가 없다. 이는 파이썬과 같은 느슨한 타입 언어에서는 리스트 같은 컨테이너의 값 유형을 제한하는 것이 그다지 의미가 없기 때문이다(배열의 경우에는 더 높은 효율성을 위해 타입을 제한하는 것이 유의미하다고 2장에서 설명한 바 있다).

물론 자바나 C++과 같은 강한 타입 언어strongly typed language에서는 리스트에 동일한 유형의 요소만 포함되도록 강제하는 것이 합리적이다. 파이썬에서도 상황에 따라 타입 힌트를 사용해 저장되는 데이터 유형을 제한할 수 있다.

초기화가 간단하다고 착각하지 말자. `SinglyLinkedList` 클래스의 복잡성은 메서드에 있다.

삽입

자료구조에서 보통 가장 먼저 구현하고 싶은 작업은 삽입이다. 그렇다면 정렬되지 않은 단일 연결 리스트에서 삽입은 어떻게 할까?

리스트의 끝에 삽입

2장에서 살펴보았듯 정렬되지 않은 배열에서는 새로운 요소를 배열의 마지막 요소 뒤에 추가했다. 정렬되지 않은 리스트에서도 동일한 작업을 할 수 있다. 요소의 순서는 중요하지 않기 때문에 새로운 요소를 리스트 끝에 추가하면 된다. 리스트의 끝에 새로운 요소를 추가하려면 리스트 전체를 순회하여 테일(마지막 노드)을 찾고, 그 테일에 새로운 `Node`를 추가해야 한다(이 새로운 노드가 새로운 테일이 된다).

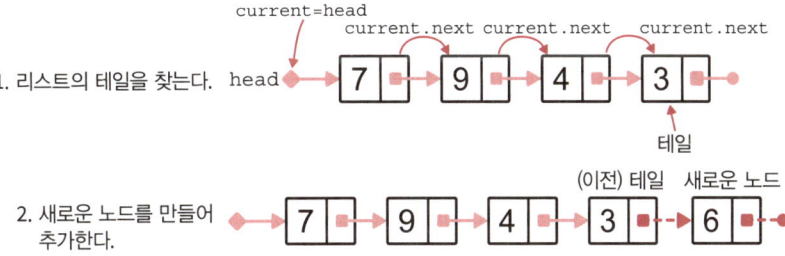

이 방식은 작동 시에도 요소들의 삽입된 순서를 그대로 유지한다. 잠깐, 여기서 문제점이 눈에 띈다. 새로운 요소를 삽입할 때마다 리스트 전체를 순회해야 한다. 즉, 이 방법은 리스트에 있는 요소의 수가 n일 때 선형 시간, $O(n)$이 걸린다는 의미다. 다르게 말하면, 비어 있는 리스트에 n개의 요소를 삽입하는 데는 입력 크기의 제곱에 비례한다.

```
def insert_to_back(self, data):      ← 리스트의 헤드에서 시작한다.
    current = self._head
    if current is None:              ← 리스트가 비어 있을 경우,
        self._head = Node(data)         새로운 헤드를 만든다.
    else:
        while current.next() is not None:   ← 리스트 전체를 순회하여 마지막 요소
            current = current.next()           (정의상 후속 노드가 없는 요소)까지 간다.
        current.append(Node(data))   ← 삽입할 값을 가진 새로운 테일을
                                        리스트에 추가한다.
```

배열의 경우, 마지막 요소(또는 어떤 요소든지)를 상수 시간에 접근할 수 있지만, 불행히도 리스트에서는 그렇지 않다.

> **NOTE** 연결 리스트를 사용하면 이론적으로 리스트의 끝을 가리키는 링크를 저장할 수 있고, 그렇게 하면 마지막에 삽입하는 것이 더 쉬워진다. 하지만 단일 연결 리스트에서는 요소를 삭제할 때 끝부분의 링크를 업데이트하는 작업 비용이 많이 들 수 있다.

그래서 우리는 선형 시간 삽입에 머물러 있게 되는데, 이는 결코 이상적이지 않다. 더 나은 방법이 있을까? 당연히 있다!

더 스마트하게 삽입하기(앞에 삽입)

리스트의 끝에 요소를 삽입하는 것이 당연해 보일 수 있지만, 우리는 정렬되지 않은 리스트를 다루고 있으므로 요소의 순서에 신경 쓰지 않는다. 대신 새로운 요소를 리스트의 앞에 삽입하는 건 어떨까?

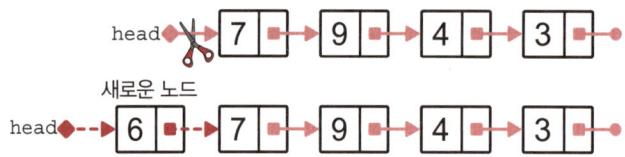

이 방법은 가능할 뿐만 아니라 매우 효과적으로 작동한다.

```
def insert_in_front(self, data):
    old_head = self._head
    self._head = Node(data, old_head)
```

리스트의 끝에 삽입하는 것이 느린 반면, 리스트의 앞에 요소를 삽입하는 것이 빠른 데에는 이유가 있다. 바로 노드의 비대칭성 때문이다. 노드의 후속 노드에 대한 링크만 저장하고, 전임 노드에 대한

링크는 저장하지 않기 때문이다. 따라서 리스트를 한 방향으로만 순회할 수 있으며, 곧 알게 되겠지만 리스트의 앞부분에서 이루어지는 변경, 삽입, 삭제 작업을 제외하고는 모든 작업에 비용이 많이 든다.

리스트의 헤드에서 리스트를 확장하면, 새로 생성된 노드와 그 뒤를 따르는 이전의 리스트로 이루어진 새로운 리스트가 만들어진다. 이 방식은 상수 시간(O(1))에 이루어져 매우 효율적이다.

검색

이제 리스트를 주문으로 채울 수 있으므로 추가한 주문을 찾기 위해 검색을 시작할 수 있다. `search` 메서드는 간단한 선형 탐색이다. 찾고자 하는 것을 찾거나 리스트의 끝에 도달할 때까지 전체 리스트를 순회하는 것 외에 더 나은 방법은 없다.

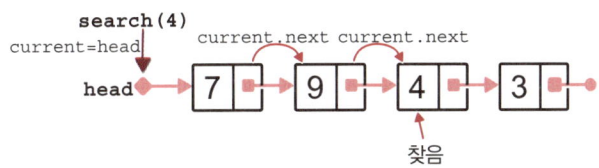

다음은 일치하는 데이터가 저장된 노드를 반환하는 `search` 메서드를 구현한 것이다. 이 구현은 선형 시간과 일정한 추가 공간을 소모한다.

```
def _search(self, target):
    current = self._head
    while current is not None:
        if current.data() == target:
            return current
        current = current.next()
    return None
```

메서드 이름 앞에 언더스코어가 있는 것을 눈치챘는가? 이는 이 메서드를 프라이빗 메서드로 구현했기 때문이다. 이 메서드는 내부에서만 사용해야 한다. 그 이유는 여러 가지가 있다. 기능상으로 유용하지 않고, 설계 측면에서 `Node` 객체를 반환해서는 안 되기 때문이다.

첫 번째 기능적인 측면에서 클라이언트에게 노드를 반환할 이유가 없다. 배열에서는 찾은 값의 인덱스를 반환하지만, 연결 리스트에서는 사용자가 이미 노드에 저장된 데이터를 가지고 있기 때문에 노드에서 추가 정보를 얻을 수 없다(이 구현에서는 전체 `data` 필드와 인수로 전달된 `target`의 값을 비교한다).

노드에 복합 데이터를 저장하는 경우가 있는데, 일부 필드에 대해 검색을 수행하고 싶을 수 있다. 예를 들어 주문 관리 애플리케이션에서는 주문 ID, 제품 목록, 생성 날짜, 주문 상태, 구매자, 배송에 대한 세부 정보를 포함하는 복합 필드를 가진 주문 자체를 저장한다. 주문 ID 또는 배송 주소로 검색해서 해당 주문 전체를 반환할 수 있다.

설령 그렇게 하더라도 리스트 노드의 참조를 반환하지 않는 것이 좋다. `Node` 클래스를 클라이언트와 공유해서는 안 되며, 연결 리스트의 내부 구현은 사용자에게 불투명해야 한다. 즉, 사용자는 연결 리스트에서 제공하는 외부 인터페이스에만 의존해야 한다. 이렇게 해야만 나중에 더 나은 연결 리스트 구현을 작성하더라도 코드에 아무런 문제가 생기지 않고, 사용자가 매끄럽게 전환할 수 있다. `_search` 메서드를 `private`으로 만들어 `Node` 클래스를 `SinglyLinkedList` 내부로 숨길 수 있다.

 NOTE 권한 최소화 원칙에 따라 클라이언트에게 리스트의 노드에 대한 참조를 제공해서는 안 된다. 외부에서 내부 노드에 대한 참조를 가지게 되면 그 노드를 변경하고 리스트를 망가뜨릴 수 있다.

그렇다고 해서 검색이 쓸모없다는 뜻은 아니다. 주문 관리 예시에서, 리스트 노드에 대한 참조를 제공하지 않고 주문 데이터의 복사본을 반환할 수 있다. 반환된 값을 변경해 `contains` 메서드를 구현할 수 있는데, 이 메서드는 해당 데이터가 리스트에 있는지 여부만을 알려준다. 또한 `_search` 메서드는 내부적으로 언제든지 같은 클래스의 다른 메서드에서 호출하여 사용할 수 있다.

삭제

`delete` 메서드의 경우, 배열에서 가졌던 딜레마는 존재하지 않는다. 우리는 값을 기준으로 요소를 삭제하기를 원한다. 왜냐하면 앞서 말했듯이, 리스트 요소는 순차적인 접근 방식이기 때문이다. 예를 들어 리스트에서 세 번째 요소에 접근하려면 첫 번째와 두 번째 요소를 먼저 거쳐야 한다.

하지만 밝은 면을 보면 리스트에서 요소를 삭제하는 것이 훨씬 쉽다. 삭제하려는 요소를 건너뛰기만 하면 된다. 즉, 삭제할 요소의 이전 요소의 링크를 업데이트하여 삭제할 요소의 다음 요소를 가리키는 것이다.

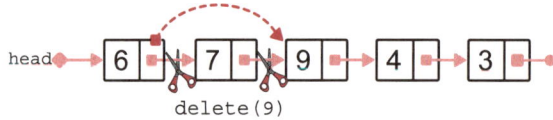

쉽지 않은가? 하지만 그렇게 간단하지 않다! 먼저 두 가지 에지 케이스edge case가 있다.

1. 마지막 노드를 삭제하면 이전 노드를 새로운 테일로 만들어야 한다(해당 노드의 링크는 `None`으로 설정된다).
2. 첫 번째 노드를 삭제하면 리스트의 헤드이기 때문에 이전 요소가 존재하지 않는다! 이 경우에는 리스트의 `head` 포인터를 업데이트해야 한다.

에지 케이스를 명확히 한 후, 삭제할 노드를 찾기 위해 `search` 메서드를 재사용한 다음 변경을 수행해야 한다고 생각할 수 있다. 슬픈 소식을 전하자면 이것은 작동하지 않는다. 앞에서 이미 언급했듯이 단일 연결 리스트의 노드는 비대칭적이다. 각 노드에는 다음 포인터만 저장하므로 리스트의 한 노드에서 그다음 노드로 이동할 수는 있지만, 그 이전 노드로는 갈 수 없다. 즉, 리스트에서 `N` 노드에 대한 링크를 가지고 있을 때, `N` 이후의 리스트 부분만 볼 수 있고, 그 이전의 모든 노드는 보이지 않는다.

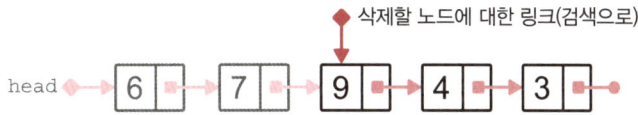

따라서 `_search` 메서드를 사용해 삭제할 값을 저장한 노드를 찾을 수는 없다. 해당 노드의 이전 노드에서 다음 링크를 업데이트할 수 없기 때문이다. 하지만 검색 메서드의 구현에서 사용한 방법을 여전히 사용할 수 있다. 리스트를 순회하면서 현재 방문 중인 노드의 이전 노드에 대한 링크를 유지하면 된다. 목표로 하는 값을 찾으면 그 링크를 사용해 삭제할 노드의 이전 노드에 접근할 수 있다.

```python
def delete(self, target):
    current = self._head
    previous = None
    while current is not None:
        if current.data() == target:
            if previous is None:
                self._head = current.next()
            else:
                previous.append(current.next())
            return
        previous = current
        current = current.next()
    raise ValueError(f'{target} 값을 가진 요소를 목록에서 찾을 수 없습니다.')
```

에지 케이스:
리스트의 헤드를 삭제하는 경우

일반적인 케이스:
리스트 중간의 노드(또는 테일도 포함)

여기까지 도달했다면
목푯값이 리스트에 없는 경우

`delete` 메서드의 실행 시간은 얼마일까? 먼저 리스트를 검색해야 하므로 $O(n)$이다. 앞서 논의했듯이 삭제할 노드에 대한 포인터가 있더라도 도움이 되지 않는다. 삭제하려는 노드의 이전 노드까지 리스트를 순회해야 해당 노드를 업데이트할 수 있기 때문이다. 이 문제를 해결할 수 있는 방법은 이 장의 뒷부분에서 다룰 것이다. 마지막으로 이 메서드는 상수 크기의 추가 메모리만 필요하다.

리스트의 앞에서 삭제하기

리스트의 헤드를 삭제하는 것은 특수한 경우로 볼 수 있다. 리스트의 다른 위치에서 요소를 삭제할 필요는 없고 리스트의 시작 부분에서만 삭제가 필요한 상황들이 있는데, 스택을 논의하는 8장에서 완벽한 예를 찾아볼 수 있다. 삽입에서 이야기했듯이 리스트의 헤드만 변경하는 작업은 비용이 적게 든다. 실제로 리스트에서 첫 번째 노드를 삭제하는 작업은 상수 시간만 소요된다.

이로써 단일 연결 리스트에 대한 설명을 마무리한다. 이제 사용할 수 있는 버전의 리스트를 구현하는 데 필요한 모든 것을 갖췄다. 깃허브 저장소*에는 다양한 상황에서 유용할 수 있는 몇 가지 추가적인 보조 메서드들도 포함되어 있다.

연습 문제

6.1 리스트의 헤드를 제거하고 반환하는 `delete_from_front` 메서드를 구현하라.

| 힌트 | 이것은 범용 삭제 메서드에서 다뤘던 에지 케이스다.

6.2 단일 연결 리스트에 대한 순회 메서드를 구현하라. 이 메서드는 리스트에 저장된 데이터에 적용할 수 있는 함수를 받아 그 함수를 적용한 결과를 담은 파이썬 리스트를 반환해야 한다.

정렬된 연결 리스트

앞서 요소들의 순서가 중요하지 않은 단일 연결 리스트를 구현했다. 만약 요소의 순서가 중요하다면 어떻게 될까? 예를 들어 주문 관리 시스템에서 주문이 들어온 순서가 아니라, 사용자나 ID(자동 증가하는 ID가 아니라 무작위로 할당된 경우)로 정렬된 상태로 저장하고 싶다면 어떻게 해야 할까?

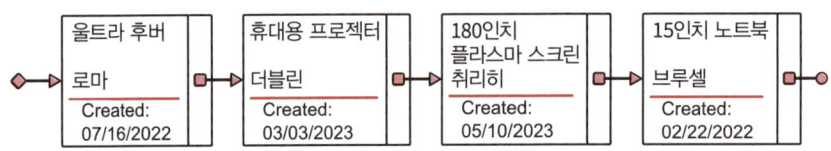

제품명에 따라 내림차순으로 정렬된 주문 리스트

이 절에서는 단일 연결 리스트의 요소들을 정렬된 상태로 유지하기 위해 변경해야 할 사항을 간략하게 살펴보자.

---

* https://mng.bz/Vx00

중간에 삽입하기

주문 리스트를 정렬된 상태로 유지해야 한다면, 새로운 노드를 리스트의 시작이나 끝에 삽입할 수는 없다. 새로운 값을 삽입할 적절한 위치를 찾기 위해 리스트를 순회해야 한다. 즉, 새로운 값을 추가할 노드를 찾은 다음, 새로운 값을 가진 노드를 포함하도록 리스트의 링크(그리고 새로 생성된 노드)를 업데이트해야 한다.

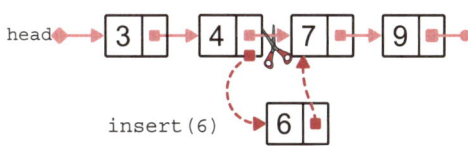

데이터가 직접 비교 가능한 데이터(즉, 데이터에 대해 < 연산자를 사용할 수 있는 경우)를 가정하면, 이 새로운 `insert` 메서드의 구현은 삭제에서의 순회와 매우 유사하다.

```python
def insert_in_sorted_list(self, new_data):
    current = self._head
    previous = None
    while current is not None:
        if current.data() >= new_data:
            if previous is None:
                self._head = Node(new_data, current)
            else:
                previous.append(Node(new_data, current))
            return
        previous = current
        current = current.next()
    if previous is None:
        self._head = Node(new_data)
    else:
        previous.append(Node(new_data, None))
```

에지 케이스: 리스트의 시작에 삽입한다.

일반적인 경우: 새로운 노드를 previous와 current 사이에 추가한다.

에지 케이스: 리스트가 비어 있다.

에지 케이스: 리스트의 끝에 삽입한다.

이 버전의 삽입 메서드는 리스트가 정렬된 경우에만 작동하며 실행 시간은 O(*n*)이다. 즉, 상수 시간 삽입은 잃게 된다.

연습 문제

6.3 노드를 명시적으로 변경하지 않고 `insert_in_front`와 `delete` 메서드를 재사용하여 `insert_in_sorted_list` 메서드를 작성하는 방법을 생각해볼 수 있는가? 이 메서드의 실행 시간은 어떻게 될까?

탐색을 개선할 수 있을까?

3장에서 정렬된 배열에 대해 논의하면서, 요소를 정렬 상태로 유지하기 위해 상수 시간 삽입을 포기해야 한다고 설명했다. 또한 그 대가로 더 효율적인 탐색 방법인 **이진 탐색**을 사용할 수 있으며, 이는 최악의 경우 $O(\log(n))$의 요소만 확인하면 되므로 실행 시간이 $O(n)$인 **선형 탐색**보다 훨씬 효율적이라는 것도 언급했다.

그렇다면 연결 리스트에서도 동일한 개선을 얻을 수 있을까? 답을 읽기 전에 잠시 생각해보자. 이진 탐색의 주요 이점은 배열의 중간 요소를 선택할 수 있고, 일치하는 항목을 찾지 못하면 나머지 요소 중 절반을 무시할 수 있다는 것이다. 그러나 연결 리스트에서는 목록의 중간 요소를 찾으려면 그 앞에 있는 모든 요소를 통과해야 한다. 그런 다음 유지한 목록의 절반에서 중간 요소를 찾으려면 해당 요소의 절반을 순회해야 한다(목록의 왼쪽 절반을 유지하더라도 여전히 해당 요소를 다시 순회해야 한다). 이렇게 하면 선형 탐색보다 실행 시간이 더 길어진다.

이진 탐색의 핵심은 배열에서 인덱스로 임의 요소에 상수 시간으로 접근할 수 있다는 점이다. 리스트는 이 기능이 없으므로 일반적으로 선형 탐색보다 더 효율적일 수는 없다. 즉, 리스트의 요소들을 정렬된 상태로 유지하려면, 삽입할 때 적절한 위치를 찾아 넣어야 하기 때문에 `insert` 메서드를 변경해야 한다. 그리고 리스트의 첫 번째에 있는 가장 작은 요소에 빠르게 접근하려는 경우가 아니라면 별다른 이점이 없다. 하지만 리스트를 정렬된 상태로 유지해야 하는 경우에는 이런 변형이 유용할 수 있다.

이중 연결 리스트

단일 연결 리스트singly linked list, SLL는 배열보다 더 유연한 구조를 제공하지만, 단점 또한 있다. 가장 큰 단점은 배열과 달리 리스트의 요소를 순차적으로 읽어야 한다는 점이다. 배열은 상수 시간 내에 어떤 인덱스든 직접 접근할 수 있지만, 이는 연결 리스트의 본질적인 한계로, 필요한 시점에 '즉시just in time' 할당할 수 있는 자료구조를 사용하기 위해 감수해야 할 대가다.

연결 리스트에서는 범용적인 상수 시간 접근을 할 수 없지만, 이중 연결 리스트는 단일 연결 노드에서 발생하는 또 다른 문제, 즉 비대칭인 구조를 해결한다. 단일 연결 리스트 노드는 후속 노드에 대한 링크만 유지하기 때문에 일부 연산이 더 복잡하고 느려진다. 이 절에서는 이 한계를 어떻게 극복할 수 있는지, 그리고 그 대가가 무엇인지 살펴보자.

2배의 링크, 2배의 재미?

이미 눈치챘을지도 모르겠다. **이중 연결 리스트**doubly linked list, DLL는 노드가 2개의 링크를 저장하는 연결 리스트로, 노드의 선행 노드에 대한 링크를 추가로 저장한다.

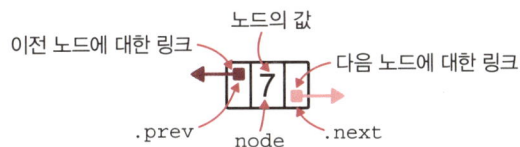

이 사소한 변화는 중요한 결과를 낳는다.

- DLL은 리스트의 헤드에서 테일로, 그리고 테일에서 헤드로 양방향으로 순회할 수 있다.
- 리스트의 단일 노드에 대한 링크가 있으면, 그 노드 앞뒤의 다른 모든 노드에 접근할 수 있다. 이는 SLL의 `delete` 메서드를 논의할 때 얼마나 중요한지 경험한 바 있다.
- 부정적인 측면은 DLL의 각 노드가 SLL 버전보다 더 많은 공간을 차지한다는 것이다. 대규모 리스트에서는 이 차이가 애플리케이션에 영향을 미칠 수 있다.
- 또 다른 부정적인 결과는 리스트에 대한 변경이 있을 때마다 2개의 링크를 업데이트해야 한다는 점이다. 따라서 유지 관리가 더 복잡하고 비용이 많이 든다.

구현 측면에서 `Node` 클래스는 새로운 속성 외에도 이전 노드에 대한 링크를 설정, 접근 및 확인하는 몇 가지 메서드가 추가된다. 이제 더 이상 `Node` 생성자에 다음 노드를 설정하는 선택적 인수를 전달하지 않는다. 대신 클라이언트가 명시적으로 연결되지 않은 노드를 만들고 `append` 메서드를 사용하도록 강제하는 것이 더 낫다. 또한 이중 연결 리스트에서는 새로운 노드를 추가할 때 논리가 더 복잡해진다. 일관성을 위해 추가하는 노드의 선행 노드 링크도 설정해야 하기 때문이다. 마찬가지로 노드를 앞에 삽입할 때도 후속 노드를 설정해야 한다.

```python
class Node:
    def __init__(self, data):
        self._data = data
        self._next = None
        self._prev = None

    def data(self):
        return self._data

    def next(self):
        return self._next

    def has_next(self):
        return self._next is not None

    def append(self, next_node):
        self._next = next_node
        if next_node is not None:
            next_node._prev = self
```

```
    def prev(self):
        return self._prev

    def has_prev(self):
        return self._prev is not None

    def prepend(self, prev_node):
        self._prev = prev_node
        if prev_node is not None:
            prev_node._next = self
```

리스트를 감싼 클래스에는 몇 가지 변화가 있다.

```
class DoublyLinkedList:
    def __init__(self):
        self._head = None
        self._tail = None
```

특히 리스트의 테일에 대한 링크도 설정한다. 이를 통해 리스트의 끝에서 빠르게 삭제할 수 있지만, 변동이 있을 때마다 이 링크를 업데이트하는 비용을 감수해야 한다는 단점이 있다. 이 내용은 다음 절에서 다룬다.

이런 구현만으로도 이중 연결 리스트가 단일 연결 리스트보다 구현과 유지가 더 복잡하다는 것을 분명히 알 수 있다. 그렇다면 이중 연결 리스트가 그만한 가치가 있을까? 이는 애플리케이션에 따라 다르다. 이중 연결 리스트의 메서드 구현에 대해 논의하기 전에, 이중 연결 리스트가 차이를 만드는 한 가지 응용 프로그램을 살펴보자.

되돌아가는 것의 중요성

팀Tim을 소개한다! 팀은 자신의 첫 번째 비디오 게임을 개발 중이다. 그 게임을 잠시 살펴보면 주인공이 건물 안에서 왼쪽에서 오른쪽으로 움직이며 한 방에서 다른 방으로 이동하는 사이드 스크롤러 게임이다. 팀은 신중하게 방들을 설계하고, 각 방을 개별적으로 구현했다. 이제 방들 간의 진행 순서를 모델링하는 작업이 남아 있다.

'이걸 어떻게 하지?' 팀은 고민했다.

팀이 사용하는 프레임워크는 기본적으로 단일 연결 리스트를 제공하여 개발 시간을 꽤 많이 절약할 수 있다. 하지만 만약 단일 연결 리스트를 사용하면 게임 주인공은 오른쪽 방으로만 갈 수 있고, 뒤로 돌아갈 수는 없을 것이다.

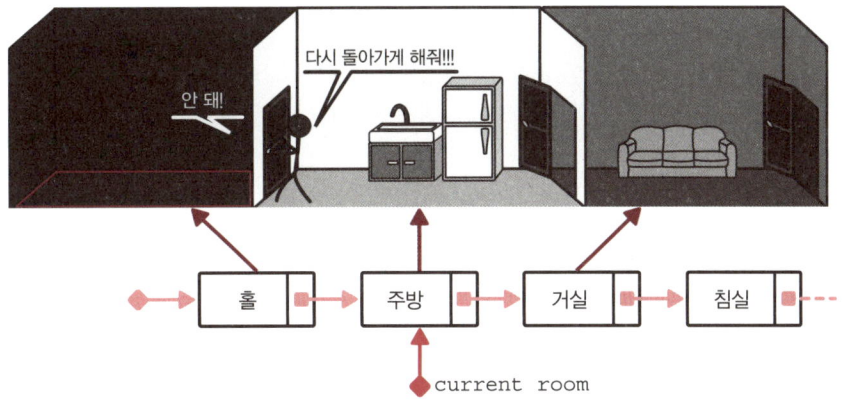

팀이 설계 중인 게임에서는 일부 상호작용은 게임 후반부에만 잠금을 해제할 수 있는 방이 있기 때문에 플레이어가 자신의 발자취를 추적할 수 있어야 한다. 따라서 단일 연결 리스트는 사용할 수 없고 이중 연결 리스트를 구현해야 한다.

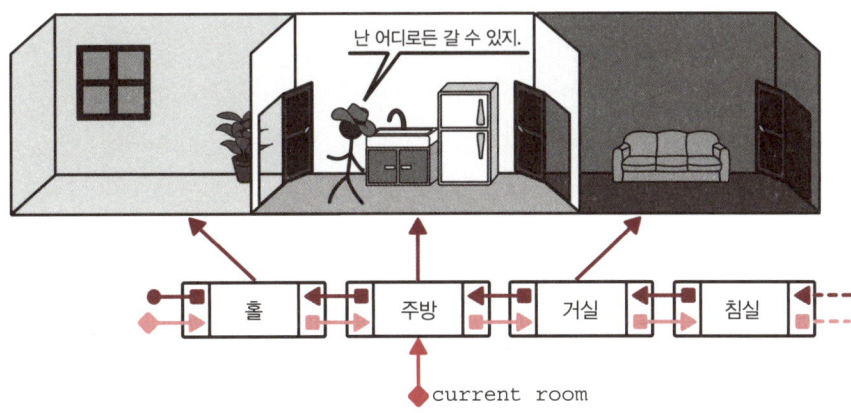

리스트를 양방향으로 앞뒤로 이동해야 할 때, 이중 연결 리스트가 필요하다. 예를 들어 여러 레이어 layer로 구성된 문서나 실행 취소 및 다시 실행할 수 있는 작업이 이에 해당한다. 컴퓨터 과학에는 이중 연결 리스트의 추가적인 링크로 인해 사용하는 공간이 그만한 가치가 있을 뿐만 아니라 필수적인 많은 사용 사례가 존재한다.

삽입

우리는 이중 연결 리스트에 저장된 추가적인 링크가 새로운 기회를 제공하고 궁극적으로 가치를 창출할 수 있다는 것을 이야기했다. 이제 삽입 메서드부터 시작해서 지불해야 할 대가를 살펴보자. 앞서 말했듯이, 리스트의 시작, 끝, 또는 임의의 지점에 요소를 삽입할 수 있다.

리스트의 시작에 삽입하기

리스트의 시작에 새로운 노드를 삽입하는 것은 단일 연결 리스트에서와 마찬가지로 빠르게 이루어진다. 여전히 리스트의 헤드를 가져와 (헤드에 대한 링크가 있으므로) 새 노드를 앞에 삽입하면 된다.

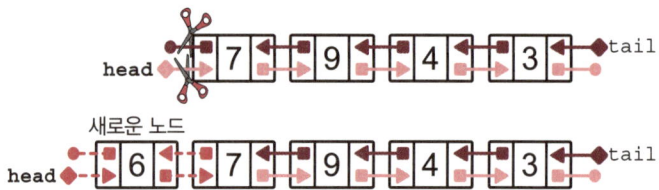

이중 연결 리스트에서는 이 연산에 대해 약간 더 많은 유지 관리가 필요하다. 기존 헤드 노드의 이전 포인터를 업데이트하고, 한 가지 에지 케이스로 빈 리스트에 삽입할 때는 리스트의 끝을 가리키는 링크를 업데이트해야 할 수도 있다.

```
def insert_in_front(self, data):
    if self._head is None:
        self._tail = self._head = Node(data)
    else:
        old_head = self._head
        self._head = Node(data)
        self._head.append(old_head)
```

리스트의 끝에 삽입하기

리스트 끝에 삽입하는 것에서 흥미로워진다. 이 장의 앞부분에서 논의했듯이 단일 연결 리스트의 끝에 삽입하는 것은 비효율적이며 선형 시간이 소요된다. 하지만 이중 연결 리스트에서는 두 가지가 판도를 바꾼다.

- 리스트의 테일에 대한 포인터를 저장할 수 있어서 상수 시간 내에 접근이 가능하다.
- 어떤 노드든 상수 시간 내에 선행 노드에 접근하고 업데이트할 수 있다.

이 말인즉 리스트의 테일에 대한 링크를 따라가 새로운 노드를 그 후속 노드로 추가할 수 있으며, 이 과정이 상수 시간 내에 이루어진다는 것이다.

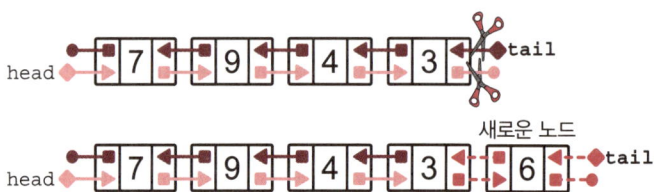

이중 연결 리스트를 사용하면 리스트의 양쪽 끝에 효율적으로 요소를 삽입할 수 있다. 더 나아가 리스트를 양방향으로 순회할 수 있기 때문에 삽입한 요소들을 순차적으로 또는 역순으로 접근할 수 있다.

```python
def insert_to_back(self, data):
    if self._tail is None:
        self._tail = self._head = Node(data)
    else:
        old_tail = self._tail
        self._tail = Node(data)
        self._tail.prepend(old_tail)
```

리스트 중간에 삽입하기

마지막으로 리스트 중간(즉, 끝이나 시작이 아닌 임의의 위치)에 요소를 삽입하고 싶다면 어떻게 해야 할까? 두 가지 경우가 있다. 삽입할 위치에 있는 노드들 중 하나에 대한 링크가 있는 경우, 새 노드를 추가하는 작업은 관련 노드들의 이전 및 다음 포인터를 업데이트하는 것으로 충분하며, 이는 상수 시간 내에 이루어진다. 배열과 비교했을 때 요소들을 오른쪽으로 밀어낼 필요가 없으므로 큰 절약이다!

삽입 지점을 찾아야 할 경우, 특히 리스트를 정렬된 상태로 유지하고 싶을 때는 리스트를 순회해야 한다. 리스트 순회는 선형 시간이 걸린다. 다행히 이 경우에도 단일 연결 리스트에서와 달리 순회 중에 이전 노드에 대한 참조를 저장할 필요가 없기 때문에 작업이 더 간단해진다.

검색과 순회

이중 연결 리스트에서 검색을 할 때 선행 노드에 대한 추가 링크는 큰 도움이 되지 않는다. 여전히 가장 좋은 방법은 선형 탐색으로, 리스트의 처음부터 끝까지 순회하면서 목표하는 요소를 찾거나 리스트의 끝에 도달할 때까지 탐색하는 것이다. 물론 이제 리스트를 양방향으로 순회할 수 있지만, (특별한 **배경지식**이 없다면) 일반적으로 양방향 순회의 이점은 없다. 따라서 단일 연결 리스트에서 작성한 `_search` 메서드를 그대로 재사용할 수 있으며, 이 코드를 다시 작성할 필요는 없다.

당연히 `traverse` 메서드에도 같은 논리가 적용된다. 하지만 연습 문제로 리스트를 테일에서 헤드로, 역순으로 순회하는 메서드를 추가해볼 수 있다.

삭제

개념적으로 이중 연결 리스트에서의 삭제는 단일 연결 리스트에서의 삭제와 정확히 동일하게 작동한다. 삭제할 요소 E를 찾을 때까지 리스트를 순회하고, E의 앞뒤 노드의 링크를 업데이트하여 E를 건너뛴다. 그러면 삭제가 완료된다.

하지만 큰 차이점이 있다. 바로 노드가 선행 노드에 대한 링크를 저장하므로 삭제할 요소를 찾는 데 `search` 메서드를 재사용할 수 있다는 것이다. 또 다른 차이점은 에지 케이스에 주의해야 하는데, 필요할 경우 연결 리스트의 `_tail` 링크를 업데이트해야 한다는 점이다. 따라서 이중 연결 리스트와 단일 연결 리스트의 삭제 메서드 구현은 상당히 다르게 보일 것이다.

```python
def delete(self, target):
    node = self._search(target)
    if node is None:
        raise ValueError(f'{target} 값을 가진 요소를 목록에서 찾을 수 없습니다.')
    if node.prev() is None:     # 리스트의 시작에 있는 노드를 삭제한다.
        self._head = node.next()
        if self._head is None:  # 이 경우 리스트의 헤드가 리스트에서 유일한 요소다.
            self._tail = None
        else:
            self._head.prepend(None)
    elif node.next() is None:   # 리스트의 끝에 있는 노드를 삭제한다.
        self._tail = node.prev()
        self._tail.append(None)
    else:                       # 일반적인 경우
        node.prev().append(node.next())
    del node
```

삭제 메서드의 실행 시간은 단일 연결 리스트와 마찬가지로 여전히 $O(n)$이다. 삭제할 요소가 저장된 노드를 찾기 위해 리스트를 순회해야 하기 때문이다.

두 리스트의 연결

예를 들어 하루에 하나의 리스트씩, 하루의 작업을 정리한 여러 개의 리스트가 있다고 가정하자. 각 리스트에 있는 작업들은 리스트에 나타나는 순서대로 완료해야 하며, 오늘의 작업은 내일의 작업보다 먼저 완료해야 한다.

만약 어떤 시점에 이틀 치의 할 일을 하루로 합해야 하는 상황이 발생한다면, 예를 들어 갑작스러운 출장 일정이 생겨 내일의 작업을 오늘 안에 모두 끝내야 할 때, 두 리스트를 하나로 연결하는 것은 간단하다. 그냥 첫 번째 리스트의 꼬리에 두 번째 리스트의 헤드를 추가하면 된다.

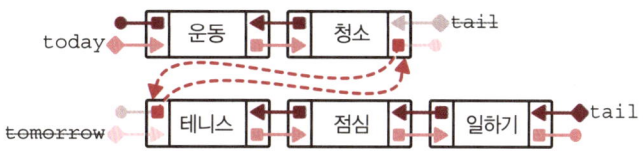

코드에서는 `today._tail.append(tomorrow._head)`처럼 작성하면 끝이다! 리스트, 특히 이중 연결 리스트는 상수 시간 내에 연결할 수 있다.

이제 2개의 배열을 합쳐야 한다고 상상해보자! 2개의 원래 배열의 크기를 합친 크기의 새 배열을 할당한 다음, 두 배열의 모든 요소를 새로 생성된 배열로 옮겨야 한다. 이제 정렬되지 않은 큰 리스트들을 자주 병합해야 하는 상황을 상상해보라. 이것은 연결 리스트가 배열보다 훨씬 더 나은 성능을 발휘할 수 있는 완벽한 예시다.

이로써 이중 연결 리스트에 대한 설명을 마친다. 항상 그렇듯, 이 클래스의 전체 코드는 책의 깃허브 저장소*에서 확인할 수 있다.

연습 문제

6.4 리스트에서 특정 노드 다음에 새로운 요소를 삽입하는 메서드를 구현하라. 이 노드는 인수로 전달되어야 한다. 이 메서드의 실행 시간은 얼마일까? 에지 케이스가 있을까?

6.5 요소들이 정렬된 상태로 유지되는 이중 연결 리스트를 모델링하는 `SortedDoublyLinkedList` 클래스를 구현하라.

| 힌트 | `SortedSingleLinkedList` 클래스에서 했던 예시를 따라 해보자. 이 경우에 어떤 메서드를 재정의해야 할까?

순환 연결 리스트

지금까지 시작과 끝이 명확하게 구분되는 선형 리스트에 대해 알아보았다. 즉, 리스트를 순회하고 끝에 도달하면 그걸로 끝난다고 가정했다. 하지만 세상만사가 모두 그렇게 간단히 끝나는 것만은 아니다. 가끔은 멈추는 대신 다시 시작해야 할 때가 있는데, 이번 절에서는 이런 상황이 발생하는 몇 가지 예를 살펴보는 것과 더불어 우리의 연결 리스트 자료구조를 어떻게 수정해야 이러한 요구를 충족시킬 수 있을지 간략히 논의해보자.

---

* https://mng.bz/x2Re

순환 연결 리스트의 예

일정한 순서로 여러 번 반복되는 순환 활동이 있다. 예를 들어 농업 주기는 매 시즌마다 동일한 단계를 반복하며, 계절 자체도 끝없이 순환하는 주기를 가진다.

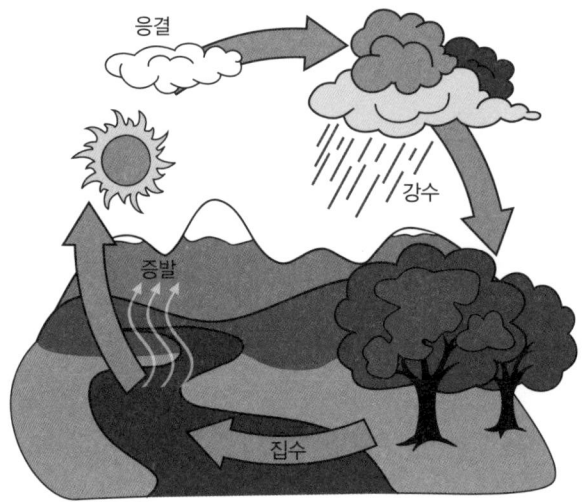

스타트업이나 제품을 개발하고 출시하는 과정, 또는 물의 순환과 같이 단계별로 여러 번 반복되는 순환 프로세스도 있다. 농작물 같은 농업적 예시부터 캐시 노드cache node나 서버와 같은 컴퓨터 과학 관련 예시까지 자원을 순환적으로 사용하는 경우도 다양하다. 여러분은 아마 컴퓨터 관련 자원 중 슬라이드 쇼나 캐러셀carousel에서 사용하는 이미지가 익숙할 것이다.

이런 맥락에서 일반적인 연결 리스트 대신 그 변형 중 하나인 순환 연결 리스트를 사용하고 싶을 수도 있다. **순환 연결 리스트**circular linked list는 단일 연결 리스트 또는 이중 연결 리스트로 구현할 수 있다. 이는 서로 독립적인 선택으로, 앞에서 논의한 것처럼 순회의 요구 사항에 따라 결정된다.

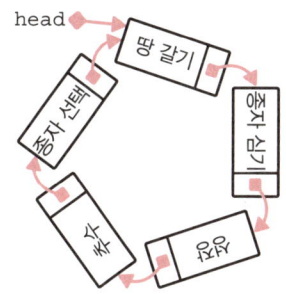

예를 들어 슬라이드 쇼를 모델링하려면 단일 연결 리스트만으로도 충분하다. 슬라이드 쇼에서는 이미지를 동일한 순서로 순환적으로 보여주지만, 사용자가 수동으로 뒤로 돌아갈 수는 없다. 마찬가지로 농업 주기나 수신되는 요청을 일련의 서버들로 라우팅해야 하는 경우에도 단일 연결 리스트를 사용할 수 있다. 왜냐하면 이 리스트는 한 방향으로만 이동하기 때문이다.

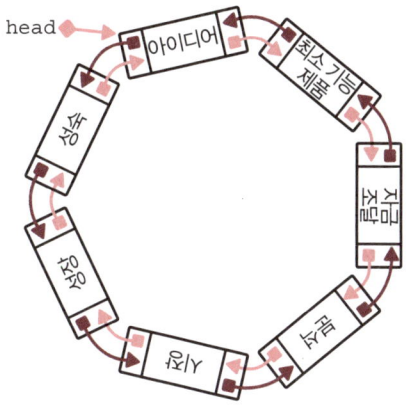

만약 리스트에서 양방향으로 이동할 필요가 있다면 이중 연결 리스트를 사용해야 한다. 앞서 언급한 슬라이드 쇼와는 달리, 사용자가 사진을 앞뒤로 넘길 수 있는 캐러셀을 상상해보자. 예를 들어 스타트업을 창업하고 성장시키는 과정을 모델링할 때 이전 단계로 돌아갈 필요가 생기기도 한다. 시장 단계에서 분석 단계로 돌아가 제품을 조정할 수 있지만, 처음부터 다시 시작할 필요는 없다.

구현 팁

순환 연결 리스트를 구현하는 방법에 대해서는 자세히 다루지 않을 것이다. 왜냐하면 이 장에서 이미 구현한 클래스들에 대한 최소한의 변경만 필요하기 때문이다. 다만 순환 연결 리스트를 설계할 때 염두에 두어야 할 몇 가지 사항이 있다.

- 일반 리스트에서는 마지막 노드에 후속 노드가 없었지만(이중 연결 리스트에서는 첫 번째 노드에 선행 노드도 없다), 순환 리스트에서는 리스트의 테일 노드의 후속 노드를 리스트의 헤드로 설정한다. 따라서 리스트를 순회할 때 무한 루프에 빠지지 않도록 주의해야 한다.

- 순환 이중 연결 리스트에서는 리스트의 테일 노드를 따로 저장할 필요가 없다. 리스트 헤드의 `prev` 속성이 곧 테일 노드이기 때문이다.
- 순환 연결 리스트에서는 리스트를 하나씩 순회하는 반복적인 방식을 많이 사용한다. 이는 마치 파이썬의 이터레이터iterator처럼 하나의 요소씩 순회하는 것이다. 이를 위해서는 현재 순회 중인 노드를 저장할 또 다른 속성을 리스트에 추가하고, 그 노드의 데이터를 반환하는 동시에 다음 노드로 이동하는 메서드를 추가해야 한다.
- 단계별 순회를 제공한다면 리스트에서 요소를 삭제하거나 삽입할 때 매우 신중해야 한다. 필요할 때마다 현재 요소를 가리키는 포인터를 업데이트해야 하기 때문이다.

연습 문제

6.6 순환 연결 리스트를 단계별 순회 방식으로 구현하라. 단일 연결 리스트 또는 이중 연결 리스트 버전을 구현할 수 있다. 앞에서 정의한 클래스들로부터 무엇을 재사용할 수 있는가? 컴포지션은 가능한가? 상속은 가능한가? 각각의 장단점은 무엇인가?

요약

- **연결 리스트**는 배열에 대한 대안으로, 재할당이나 요소들을 이동시키지 않고도 더 쉽게 확장하거나 축소할 수 있다.
- 연결 리스트는 내부적으로 **노드**라는 자료구조의 인스턴스들로 구성된 일종의 2단계 자료구조다. 각 노드는 리스트의 요소인 데이터를 하나 포함하고, 최소한 하나 이상의 링크(다음 노드를 가리키는 링크)를 가진다.
- 각 노드가 후속 노드로의 링크만을 가지고 있는 연결 리스트를 **단일 연결 리스트**라고 하며, 이는 연결 리스트 중 가장 단순한 형태다. 단일 연결 리스트는 오직 한 방향으로만 순회할 수 있으며, 리스트의 시작을 **헤드**, 끝을 **테일**이라고 부른다.
- 단일 연결 리스트는 리스트의 헤드에서의 작업이 빠르다. 헤드 앞 노드 삽입, 헤드 삭제, 접근하는 작업은 모두 상수 시간 내에 완료된다. 다른 작업들은 선형 시간이 걸린다.
- **이중 연결 리스트**에서는 각 노드가 그 이전 노드로의 포인터도 저장한다. 따라서 이중 연결 리스트는 테일에서 헤드 방향으로도 순회가 가능하여 리스트를 양방향에서 읽기가 더 쉬워진다.
- 이중 연결 리스트는 단일 연결 리스트보다 같은 요소를 저장하는 데 더 많은 메모리를 필요로 한다.
- 삽입, 삭제, 검색과 같은 작업은 대부분 단일 연결 리스트와 이중 연결 리스트에서 동일한 속도를 가지지만, 이중 연결 리스트는 리스트 끝에서 요소를 삽입하거나 삭제해야 할 때 더 빠르다.

- 단일 연결 리스트 대신 이중 연결 리스트를 선택하는 가장 큰 이유는 리스트를 양방향으로 이동할 필요가 있기 때문이다.
- **순환 연결 리스트**는 리스트에서 테일의 후속 노드가 리스트의 헤드가 되는 리스트(이중 연결 리스트 또는 단일 연결 리스트)다. 모든 노드는 후속 노드를 가지며, 이중 연결 리스트에서는 모든 노드가 선행 노드 또한 가진다.
- 순환 연결 리스트는 자원을 순환적으로 사용하거나 작업을 반복적으로 수행해야 할 때 주로 사용한다.

CHAPTER 7
추상 자료형: 단순한 컨테이너의 설계 원리

> **이 장의 주요 내용**
> - 추상 자료형과 자료구조의 차이점
> - 배열과 연결 리스트: 자료구조인가, 자료형인가?
> - 컨테이너의 핵심 속성
> - 가장 간단한 컨테이너인 가방 소개

지금쯤이면 앞의 6개 장에서 중점적으로 다룬 배열과 연결 리스트에 익숙해졌을 것이다. 이것들은 컴퓨터 과학과 소프트웨어 공학에서 중요한 핵심 자료구조다. 하지만 그 이상으로 기초적인 자료구조이기도 하다. 즉, 이들을 기반으로 더 복잡한 자료구조를 구축할 수 있다는 의미다.

2장에서는 배열을 구체적인 언어 기능으로 접근하는 방법과 추상적인 데이터 유형으로 접근하는 방법에 대해 설명했다. 이번 장에서는 이러한 이중성이 배열에만 국한되지 않는다는 것을 논의한다. 그리고 중요한 추상 자료형의 한 부류인 컨테이너에 대해 이야기할 것이다. 컨테이너는 앞으로 5개의 장에 걸쳐 집중할 주제다.

이 장은 책의 전반부와 후반부를 연결하는 다리 역할을 한다. 전반부에서는 핵심 자료구조와 원칙을 다뤘고, 지금부터 후반부까지는 배운 내용을 기반으로 한 자료구조에 중점을 둘 것이다. 여기서는 컨테이너 클래스에서 가져온 첫 번째 예시인 가방bag(백)을 소개함으로써 그 간격을 메울 것이다.

추상 자료형 vs. 자료구조

추상 자료형과 자료구조의 차이점은 무엇일까? 배열에 대해 논의했을 때 이 질문의 표면을 살짝 건드렸다. 추상 자료형은 데이터에 대해 어떤 연산을 수행할 수 있는지에 중점을 두며, 그 연산을 어떻게 구현하는지는 명시하지 않는다. 반면 자료구조는 데이터를 구체적으로 어떻게 표현할지, 그 데이터에 대한 연산을 수행하는 알고리즘을 명확하게 지정한다.

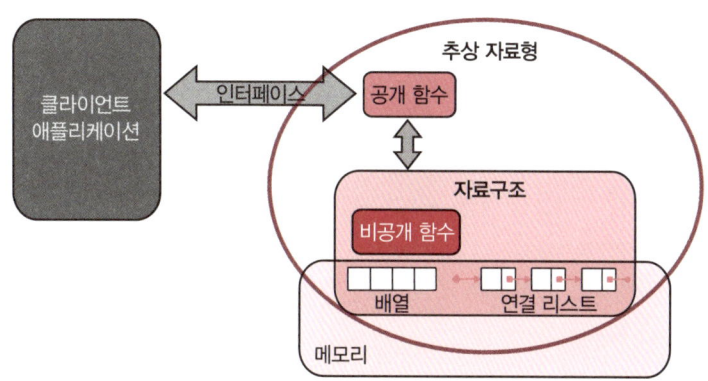

예를 들어 배열을 일부 프로그래밍 언어에서 제공하는 구체적인 언어 기능, 즉 동일한 크기의 셀로 나눌 수 있는 연속적인 메모리 블록으로 볼 수 있으며, 각 셀에는 주어진 (고정된) 타입의 요소를 저장할 수 있다. 또는 배열이 제공할 수 있는 연산(인덱스에 기반한 요소의 상시 읽기/쓰기)에 초점을 맞추고 배열의 구현 방식은 무시하는 더 높은 수준의 추상화를 고려할 수도 있다.

이 절에서는 먼저 이 두 가지 관점의 차이점을 강조하는 좀 더 공식적인 정의를 내린다. 그런 다음 몇 가지 예를 통해 배운 내용을 설명한다.

정의

소프트웨어를 설계하고 구축하는 과정은 복잡하다. 보통 추상적인 아이디어로 시작해 점차 구체화하고 살을 붙여 최종적으로 코드 구현에 이르게 된다. 자료구조의 경우, 이 설계 과정을 설명하기 위해 세 가지 수준의 계층을 생각할 수 있다.

추상 자료형abstract data type, ADT은 데이터를 구성하는 방법과 데이터에 대해 수행할 수 있는 연산을 높은 수준에서 설명하는 이론적 개념이다. 데이터의 내부 표현, 데이터 저장 방식 또는 물리적 메모리 사용 방식에 대한 세부 정보는 거의 또는 전혀 제공하지 않는다. 추상 자료형은 데이터를 구조화하는 방법과 이러한 구조화가 허용하는 연산에 대해 높은 수준에서 추론할 수 있는 방법을 제공한다.

자료구조data structure, DS는 1장에서 설명했지만, 여기서 대안적인 정의를 제시하겠다. 자료구조는 추상 자료형이 제공하는 사양을 구체화한 것으로, 연산의 계산 복잡도, 데이터가 메모리(또는 디스크)에 어떻게 조직되는지, 그리고 자료구조의 내부 세부 사항을 다룬다.

이 계층에는 세 번째 수준이 있는데, 바로 **구현**implementation이다. 자료구조 수준에서는 코딩 시 발생하는 언어별 문제나 특이점을 걱정하지 않는다. 연결 리스트의 경우 노드를 어떻게 설계하고 무엇을 포함하는지 정의하지만, 노드를 위한 메모리를 어떻게 할당하는지, 또는 다음 노드로의 링크가 포인터인지 참조인지는 걱정하지 않는다. 대신 구현 수준에서는 자료구조를 위한 코드를 작성해야 하므로 프로그래밍 언어를 선택하고 자료구조가 제공하는 일반적인 명령을 코드로 번역한다.

이 세 가지 수준은 컴퓨터 소프트웨어에서 자료구조를 설명하는 방식을 추상화한 계층구조다. 이 계층의 수준 간 관계는 항상 위에서 아래로 일대다 관계를 갖는다. 하나의 추상 자료형은 여러 자료구조로 구체화될 수 있고, 하나의 자료구조는 여러 가지 구현을 가질 수 있으며(그중 일부는 동일할 수 있음), 서로 다른 프로그래밍 언어로 구현할 수 있다. 또한 동일한 자료구조가 여러 추상 자료형을 구현하는 데 사용될 수 있다. 이 장과 다음 몇 개의 장에서 동적 배열이나 연결 리스트가 매우 다른 추상 자료형들을 어떻게 구현할 수 있는지 살펴볼 것이다.

표 7.1 추상화와 구현의 예시

추상화(ADT)	구현(DS)
차량	자동차 트럭 오토바이
좌석	의자 소파 안락의자 빈백 의자
리스트	동적 배열 연결 리스트
스택	동적 배열 연결 리스트
큐	동적 배열 연결 리스트

배열과 연결 리스트: 추상 자료형인가, 자료구조인가?

정의에 대한 이야기는 여기까지다. 몇 가지 예를 통해 아이디어를 좀 더 명확히 해보자. 배열에 대해 논의했던 이 책의 초반부에서 시작하는 것이 좋을 것 같다.

배열은 다음 세 가지 수준 중 어떤 수준에도 포함될 수 있다.

- **배열을 ADT로**: 여기서는 배열을 요소의 순서라는 높은 수준의 추상화로 정의한다. 각 요소는 고유한 순서와 관련된 위치(인덱스)를 가진다. 각 요소는 그 인덱스를 통해 접근할 수 있어야 한다.
- **배열을 DS로**: ADT에서 지정한 내용을 포함하여, 배열의 어떤 요소에 접근하는 것이 상수 시간 연산이 되어야 한다는 조건을 추가한다. 이는 배열에 대한 여러 자료구조 정의 중 하나임을 주의하라. 예를 들어 다른 정의에서는 모든 요소가 동일한 타입이어야 한다고 강제할 수도 있다.
- **배열 구현**: 이 수준에서는 배열을 언어 기능으로 간주한다(배열을 기본적으로 제공하는 언어의 경우). 배열은 하나의 연속된 메모리 블록에 할당되어야 하며, 모든 요소는 동일한 메모리를 사용하고 동일한 타입이어야 한다. 배열을 제공하지 않는 언어의 경우 본인만의 구현을 작성할 수 있다. 우리가 작성한 구현의 예*를 살펴보자.

연결 리스트의 경우, 6장에서 제시한 정의는 이미 자료구조 수준에 해당한다. 여기에서는 노드를 사용하여 데이터를 내부적으로 어떻게 조직하는지, 이 노드들을 어떻게 설계하는지, 그리고 언결 리스트에서 수행되는 연산이 어떻게 작동하는지를 명시한다. 우리는 파이썬 코드를 통해 구현 수준으로 나아갔다.

그렇다면 ADT 수준에서는 어떻게 정의할 수 있을까? 물론 연결 리스트 자료구조에 의해 세분화된 ADT를 정의할 수 있다. 이를 **리스트**라고 부를 수 있는데, 이는 일정한 순서로 탐색할 수 있는 일련의 요소들이다(이 단계에서는 순서 기준이 중요하지 않다). 요소들은 순차적으로 접근할 수 있다.

리스트 ADT가 세분화된 다른 자료구조가 무엇인지 아는가? 배열을 떠올렸다면 정답이다! 연결 리스트와 배열은 동일한 추상 자료형에서 파생된 두 가지 세분화된 자료구조다.

표 7.2 배열과 연결 리스트의 실행 시간 비교

	앞에 삽입	뒤에 삽입	중간에 삽입	삭제	검색
배열	O(n)	O(1)	O(n)	O(1)[i]	O(n)
단일 연결 리스트	O(1)	O(n)	O(n)	O(n)	O(n)
이중 연결 리스트	O(1)	O(1)	O(n)	O(1)[ii]	O(n)

[i] 요소의 순서를 변경할 수 있다면 삭제할 요소를 마지막 요소와 바꾸는 방법이 O(1)이다. 그렇지 않으면 O(n)이다.
[ii] 삭제할 노드에 대한 링크가 있는 경우 O(1)이다. 노드를 먼저 찾아야 한다면 O(n)이다.

---

* https://mng.bz/Ad9K

이 점을 염두에 두어야 하는데, 이는 다음 몇 장에서 중요하게 다룰 주제이기 때문이다. 몇 가지 추상 자료형을 정의하고, 이들을 배열과 연결 리스트로 어떻게 구현하는지 알아보자.

또 다른 예: 전등 스위치

논의를 마무리하기 전에 또 다른 예제인 전등 스위치를 다른 각도에서 살펴보자. 우리는 잠시 컴퓨터 과학을 떠나 이 추상화 계층을 과학과 공학의 더 넓은 분야에 어떻게 적용할 수 있는지 보여주고 추상화 수준 간의 차이를 더욱 명확하게 할 것이다. 이것은 유용한 연습이기도 한데, 전등 스위치는 매우 일반적인 불Boolean ADT와 유사하기 때문이다.

추상 자료형으로서 전등 스위치

가장 높은 수준의 추상화에서 전등 스위치는 켜짐on과 꺼짐off 두 가지 상태를 가진 장치이며, 두 가지 메서드가 있다.

- (전등을) 켜는 메서드
- (전등을) 끄는 메서드

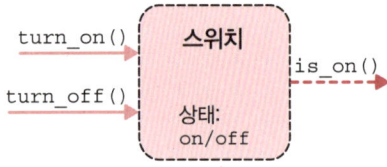

우리가 정의해야 할 것은 이게 전부다! 목적을 추상화해서 더욱 일반적인 스위치를 모델링할 수 있지만, 이번 예시에서는 전등의 상태와 관련된 것에 국한하자. ADT를 정의하는 목표는 인터페이스, 즉 사용자와의 계약을 명시하는 것이다. 인터페이스를 준수하는 한 어떻게 구현하든 상관없으며, ADT를 사용하는 애플리케이션을 중단시키지 않고도 서로 다른 구현 간에 전환할 수 있다.

자료구조로서 전등 스위치

자료구조 수준으로 이동하면 우리 장치와 상호작용할 수 있는 방법에 대한 세부 사항을 정의해야 한다. 전기 공학의 세부 사항을 파고들지 않고도 전등 스위치에 대한 몇 가지 개념을 설계할 수 있다. 이는 동일한 ADT를 구현하는 다양한 자료구조를 설계하는 것과 유사하다. 배열이나 연결 리스트를 사용하여 리스트를 구현할 수 있는 것처럼, 서로 다른 물리적 설계를 사용하여 스위치를 추상적으로 구현할 수 있다.

우리가 가진 첫 번째 대안은 위아래로 움직이는 작은 토글toggle이 있는 고전적인 스위치다.

켜기: 레버를 위로 이동
끄기: 레버를 아래로 이동
내부 상태: 레버의 위치

디자인이 동일한 버튼이 2개 있는데, 하나는 끄기 버튼, 다른 하나는 켜기 버튼이다. 하나의 버튼을 누르면 다른 버튼의 기능이 해제된다.

켜기: 켜기 버튼을 누르기
끄기: 끄기 버튼을 누르기
내부 상태: 어떤 버튼이 눌렸는지

이 디자인의 변형에는 하나의 압력 버튼이 있는데, 눈에 띄는 디바이스 변화 없이 두 상태 사이를 전환할 수 있다. 하지만 디지털 스위치와 같은 더 많은 변형을 상상할 수 있다.

켜기: 켜기 버튼 누르기
끄기: 끄기 버튼 누르기
내부 상태: 불리언 변수

이 모든 디자인에는 공통점이 있는데, 우리는 여전히 상당히 높은 수준에서 내부 상태가 어떻게 유지되며, 상태를 변경하기 위해 어떻게 상호작용할 수 있는지를 설명하고 있다. ADT 수준에서는 장치의 인터페이스만 정의했지만(켜고 끌 수 있는 두 가지 메서드가 필요), 여기서 설명하는 자료구조에서는 이러한 메서드가 어떻게 작동하는지를 명시해야 한다(즉, 어떤 버튼을 눌러야 하며, 눌렀을 때 어떤 일이 발생하는지).

전등 스위치 구현

작동하는 스위치를 구축할 때, 이전 절의 자료구조 수준 사양 중 어느 것을 선택하든지 그 내용을 가장 작은 세부 사항까지 더 발전시킬 수 있다. 예를 들어 2개의 버튼이 있는 스위치를 생각해보자. 구현 수준에서는 스위치와 버튼의 크기를 결정하고, 사용하는 재료, 버튼이 눌린 상태로 유지될지 아니면 다시 돌아갈지, 회로를 여닫는 내부 메커니즘 등, 작동하는 스위치를 만들기 위해 필요한 모든 것을 명확히 해야 한다. 마찬가지로 소프트웨어의 구현 수준에서는 실제 애플리케이션에서 작동하는 코드를 작성해야 한다.

컨테이너

다음 5개의 장에서는 컨테이너라는 특정 자료구조 클래스에 초점을 맞출 것이므로, 이 절에서는 컨테이너를 소개하고 이 자료구조 그룹이 개발자에게 어떻게 다르고 중요한지 설명한다.

컨테이너란 무엇인가?

컨테이너는 추상적인 개념으로, 공통된 특성을 가진 대규모 자료구조 집합에 대한 정의다. 일반적으로 컨테이너는 같은 유형(하지만 반드시 그럴 필요는 없다. 특히 타입이 느슨하게 지정된 언어에서는 이 제약을 완화할 수 있다)의 요소 모음이다.

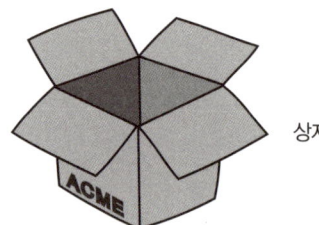

상자는 컨테이너의 전형적인 예다.

컨테이너의 주요 특징은 데이터를 구조화된 방식으로 조직하고 저장하는 방법을 제공하는 것이다. 이를 통해 컨테이너가 보유한 요소에 접근, 삽입, 삭제, 검색과 같은 몇 가지 핵심 작업을 효율적으로 구현할 수 있다. 컨테이너의 목적은 여러 개의 데이터를 하나의 단위로 묶어 개발자가 데이터 모음을 더 편리하고 효율적으로 다룰 수 있도록 하는 것이다.

컨테이너는 데이터 관리의 복잡성을 추상화한다. 2장에서 소프트웨어에서 강림절 달력을 모델링하는 방법을 논의한 것을 기억하는가? 달력을 25개의 서로 다른 변수로 구현할 수 있다고 언급했지만, 실상 그렇게 하는 것은 어렵다. 대신 배열을 사용하면 달력을 단일 엔티티entity로 취급할 수 있고, 데이터는 깔끔하게 조직되어 인덱스를 통해 쉽게 접근할 수 있다.

배열은 컨테이너이고 연결 리스트도 마찬가지다. 이들은 핵심 컨테이너로, 가장 기본적이며 아마도 가장 중요한 컨테이너일 것이다. 왜냐하면 이들은 다음 장에서 논의할 더 복잡한 컨테이너의 기초가 되기 때문이다. 배열과 연결 리스트는 매우 다르며 각각 장단점이 있다. 마찬가지로 컨테이너도 내부 구현 방식이나 기능에 차이가 있을 수 있지만, 데이터를 그룹화한다는 공통된 특징과 몇 가지 다른 특성을 공유한다.

컨테이너가 아닌 것

모든 자료구조가 컨테이너인가? 아니다. 많은 자료구조가 컨테이너로 간주되지 않는다. 13장에서 살펴볼 예정인 **그래프**graph를 예로 들어보자. 그래프는 컨테이너처럼 요소의 집합이지만, 주로 요소 간의 관계와 연결을 나타내고, 해당 연결을 탐색하기 위한 다양한 알고리즘을 제공한다. 그래프는 단순히 데이터를 관리하는 목적과는 다르며, 그 복잡성은 컨테이너보다 더 크기 때문에 일반적으로 컨테이너로 간주되지 않는다. 또 다른 흥미로운 자료구조의 예로는 k-d 트리가 있다. 이 특수한 트리는 다차원 데이터를 조직하고 효율적인 근접 쿼리를 가능하게 하는 것이 주된 목적이며, 이는 컨테이너를 훨씬 뛰어넘어 값으로 요소를 효율적으로 삭제하거나 검색하도록 설계되지도 않았다.

컨테이너의 주요 특징

컨테이너는 몇 가지 공통 특성을 가지고 있는데, 그 특징은 다음과 같다.

- 컨테이너는 요소의 집합이다. 컨테이너는 여러 개의 요소를 보유하며, 이 요소들은 동일한 유형일 수도 있고, 서로 다른 유형일 수도 있으며, 특정 순서로 저장되거나 순서 없이 저장될 수도 있다.
- 컨테이너는 일반적으로 동일한 기본 작업 집합을 제공한다. 요소를 삽입, 삭제, 접근, 수정, 검색하는 기본 작업들이 이에 해당한다.
- 컨테이너는 요소를 순회할 수 있다. 모든 컨테이너는 그 요소들을 순차적으로 모두 탐색할 수 있는 방법을 제공한다. 구현 수준에서, 컨테이너는 컬렉션 내의 모든 요소에 대한 순차적 접근을 허용하는 이터레이터를 제공하는 것이 일반적이며, `for` 루프에서 사용할 수 있다.
- 컨테이너는 저장하는 요소들을 특정 순서로 유지할 수 있다. 순서는 삽입 순서(리스트에서 논의한 바와 같이)를 기반으로 하거나 스택, 큐, 우선순위 큐와 같이 특정 규칙을 따를 수 있다. 이러한 내용은 다음 3개의 장에서 다룰 것이다.
- 컨테이너는 요소에 대한 효율적인 접근을 제공하도록 설계되었다. 일반적인 작업(즉 삽입, 삭제, 검색)의 복잡성은 컨테이너 유형에 따라 다르다.

이러한 특징들은 소프트웨어 개발에 매우 중요하다. 나중에 처리할 요소를 저장해야 할 때마다 컨테이너가 필요하다. 대부분의 알고리즘은 특정 순서로 요소를 반복해야 하므로 올바른 컨테이너를 선택하는 것이 중요하다. 잘못된 순서를 따르는 것은 알고리즘을 망치거나 성능을 저하할 수 있다.

컨테이너들 또한 차이점이 있는데, 그렇지 않다면 각각이 별도의 자료구조로 간주되지 않을 것이다. 일부 컨테이너는 요소를 추가, 접근 또는 제거하는 방식에 특정 제약이나 규칙이 있다. 다음 3개의 장에서 여러 예시를 살펴볼 예정이며, 바로 다음 절에서 첫 번째 예시를 다룬다.

가장 기본적인 컨테이너: 가방

가장 간단한 컨테이너가 어떻게 생겼을지 상상해본 적이 있는가? 모든 컨테이너 중 가장 기본적인 형태는 바로 '가방(백)'이다. 배열이나 연결 리스트보다 더 간단하지만, 아이러니하게도 가방을 구현하려면 배열이나 연결 리스트를 사용해야 한다.

1장에서 다뤘던 쇼핑 카트를 기억하는가? 맞다, 그것도 컨테이너이자 가방이다!

가방의 정의

어떻게 가방이 배열보다 더 간단할 수 있을까? 우선 배열에 요소를 추가할 때는 삽입 순서를 유지한다. 그리고 인덱스를 통해 특정 요소에 접근할 수 있고, 값이나 인덱스를 통해 요소를 삭제할 수 있다. 하지만 이런 기능들은 컨테이너의 정의에 필수적인 요소가 아니다! 요소 추가 후 삽입 순서를 잊어버려도 된다. 인덱스를 유지할 필요도 없다. 그래도 컨테이너의 정의는 충족한다. 배열에 비해 이런 부분들이 훨씬 간단하다. 이제 가방을 시작으로, 자료구조를 좀 더 공식적이고 체계적인 방식으로 다가가 보자. 이 책의 나머지 부분의 모든 자료구조에 동일하게 적용할 것이다.

처음으로 해야 할 것은 가방의 **추상 자료형**을 정의하는 것이다. 즉, 그 인터페이스를 명확히 하는 것이다. 클라이언트가 가방과 상호작용할 수 있는 메서드를 명확히 정의해야 한다. 추상 자료형의 모든 공개 메서드의 이름, 인수, 반환 타입만 정의하는 것으로는 충분하지 않다. 각 메서드의 작동, **부작용**(있을 경우 가방의 내부 상태에 어떤 변화를 일으킬지), 그리고 그 메서드가 어떤 결과를 내야 하는지까지도 확실히 정해야 한다. 가방에 이 과정을 적용해보면 더 명확해질 테니 너무 걱정하지는 말자.

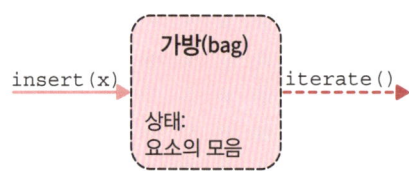

가방은 다음과 같은 메서드를 가진 객체들의 모음이다.

- `insert(x)`: 클라이언트가 가방에 단일 요소를 추가할 수 있다. 삽입 순서는 중요하지 않기 때문에 가방의 구현에서는 이를 유지할 필요가 없다.
- `iterate()`: 클라이언트가 가방 안의 모든 요소를 순회할 수 있다. 요소들의 순회 순서는 보장되지 않으며, 실제로 매번 반복할 때마다 달라질 수 있다.

가방은 중복된 요소를 저장할 수 있다(특별히 유일성이 요구되는 상황이 아니라면, 같은 요소가 여러 번 들어 있어도 문제가 되지 않는다). 눈치챘을지 모르겠지만, 삭제나 검색을 위한 메서드가 없다. 이 두 가지는 일반적으로 컨테이너라면 제공할 것으로 기대되는 기능이기 때문에, 가방은 다소 특수한 형태의 컨테이너, 즉 기능에 제한이 있는 컨테이너라고 할 수 있다.

위에서 설명한 정의는 가방을 추상 자료형으로서 완전히 설명해주고 있다. 이제 이 정의를 구체적인 자료구조로 더 발전시킬 수 있다. 하지만 먼저 가방을 어떻게 사용할 수 있을지 살펴보자. 추상 자료형을 정의할 때 이야기했듯이, 고수준의 인터페이스만으로도 애플리케이션 설계에 가방을 가져다 사용할 수 있고, 자료구조와 구현에 대한 정의는 나중으로 미룰 수 있다.

가방의 실제 활용

가방을 언제 사용해야 할까? 예를 하나 살펴보자.

안드레아Andrea는 '빈백스' 회사의 백엔드 엔지니어다. 그녀는 최근 주문에 대한 일일 통계를 수집하기 위해 가방 컨테이너를 캐시로 사용하는 방법에 대해 프레젠테이션을 진행했다.

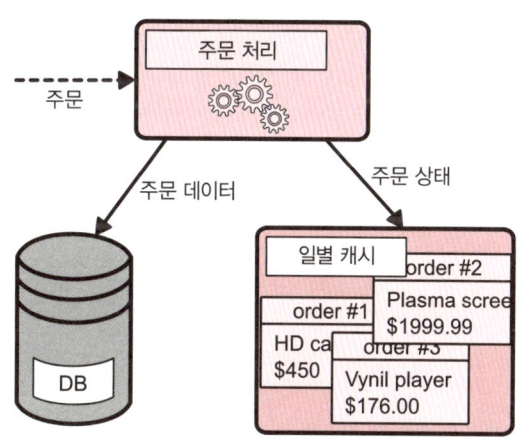

프레젠테이션을 듣고 있던 사라Sarah가 안드레아에게 가방의 작동 원리를 설명해달라고 요청하자, 그녀는 "어릴 적에 구슬을 모았었나요?"라고 물었다.

가방이 어떻게 작동하는지 더 잘 설명하기 위해 그녀는 구슬을 예로 들었다. 가방 자료구조에는 다양한 색상과 패턴의 구슬만 포함할 수 있다고 상상해보자. 구슬을 하나씩 넣다 보면, 실제 가방에 구슬을 채우는 것처럼 가방 안이 점점 가득 차게 된다. 그런데 일정량 이상이 쌓이고 나면, 가방 안에 무엇이 들어 있는지, 어디에 있는지 파악하기 어려워지고 결국 완전히 뒤죽박죽이 되어버린다.

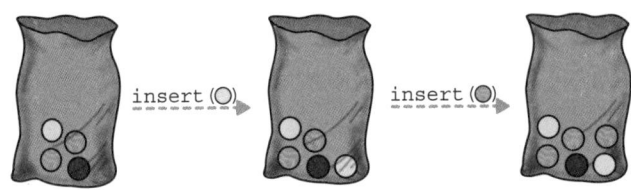

어린 시절(아주 오래전) 친구들과 구슬을 모으기도 했지만, 결국에는 구슬 트랙을 만들고 경주도 하고 싶었다. 그래서 시작하기 전에 모두가 자신의 보물을 목록으로 작성해야 했다(다른 사람들에게 자랑할 수 있는 방법이기도 했다!). 몇 개의 구슬을 가지고 있는지, 각 종류별로 몇 개인지를 아는 유일한 방법은 구슬을 모랫바닥에 쏟아놓고 하나씩 세어보는 것이었다. 컴퓨터 과학에서 이와 같은 작업은 가방 안의 요소를 반복iterate하며 개수를 세는 것과 같다!

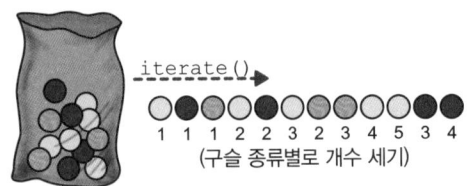

누군가가 속이지 않는지 확인하기 위해, 때때로 우리는 다른 친구들이 말하는 것을 검증하기 위해 두 번째 확인을 했다. 이 말인즉 구슬 세트를 다시 살펴본다는 의미이다. 물론 두 번째로 셀 때는 순서가 달라질 것이다. 하지만 아무도 속이지 않았고 대충 세지도 않았다면, 순서는 중요하지 않고 총계와 세부 사항이 일치할 것이다.

가방 자료구조에서도 마찬가지다. 가방의 내용물(예: 구슬 세트 또는 일일 주문량)에 대한 통계를 계산하려면 가방의 요소를 반복해야 한다. 두 번 반복하면 요소가 같은 순서로 나오지 않을 수도 있지만, 그래도 일일 합계나 유형별 일일 분석과 같이 순서가 중요하지 않은 계산된 통계는 대부분 일치한다.

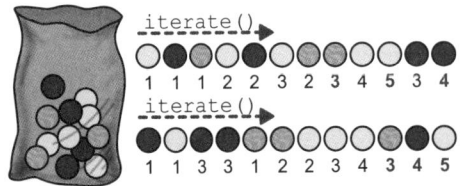

가방의 요소를 반복하면 순서가 달라질 수 있지만, 요소의 순서에 의존하지 않는 통계(예: 합계나 유형별 총계)는 영향을 받지 않는다.

구현

가방을 어떻게 사용해야 하는지 몇 가지 예를 살펴보았으니, 이제 가방의 자료구조 정의와 그 구현에 대해 깊이 파고들 준비를 마친 셈이다.

무작위성의 중요성

전제를 하나 짚고 넘어가자. 가방을 추상 자료형으로 정의할 때, 삽입 순서를 무시할 수 있다고 이야기한 적이 있다. 가방에서는 요소들이 어떤 순서로든 반복될 수 있기 때문이다. 심지어 두 번째로 가방을 반복할 때, 동일한 순서로 요소를 얻지 못해도 괜찮다.

하지만 요소들을 **무작위** 순서로 반복할 수 있다는 것이 **반드시 무작위**로 요소를 반복해야 한다는 의미는 아니다. 다시 말해 가방을 구현하는 라이브러리를 만들 때 항상 동일한 순서로 요소들을 반복해도 괜찮다는 뜻이다. 물론 맥락상 무작위성이 필요한 경우, 예를 들어 여러 가지 시퀀스를 시도해야 좋은 결과를 얻을 수 있는 작업을 수행할 때는 예외다.

> 여기에는 중요한 비대칭성이 있다. 가방의 구현자로서 우리는 요소를 반복할 때 항상 특정 순서를 사용할 수 있지만, 클라이언트는 그 순서에 의존해서는 안 된다. 가방의 정의에 순서가 보장되지 않는다고 명확히 명시하고 있기 때문이다.

무작위성이 중요한 다른 자료구조도 있다. 이 책에서는 다루지 않지만, 《Advanced Algorithms and Data Structures》(Manning, 2021)에서 몇 가지 예를 찾을 수 있다. 어쨌든 가방에서는 도메인 제한이 없는 한, 요소를 삽입한 순서대로 반복하면 작업이 단순해진다. 다시 말해 삽입 순서를 따른다는 보장은 없지만 순서를 따르지 않도록 강제한 것도 아니므로, 이 경우 삽입 순서를 따르면 작업이 한결 수월해진다.

가방을 자료구조로서 구현하기

이 요소들의 순서에 관한 고려는 가방 ADT를 구현하기 위한 자료구조를 정의할 때 선택의 폭을 넓혀준다. 요소의 무작위 순열을 반환할 필요가 없기 때문에 가방은 리스트의 특수한 변형으로 해당 명령어의 하위 집합만 구현하면 된다. 즉, 정적 배열, 동적 배열, 연결 리스트 등 **리스트 ADT**의 모든 구현을 가방 DS의 기본으로 사용할 수 있다.

자료구조 관점에서 가방 메서드의 실행 시간과 추가 공간에 대해 원하는 기준을 추가함으로써 정의를 더 구체화할 수 있다. 또한 요소를 저장하는 데 필요한 추가 공간도 고려할 수 있다. 그렇다면 여기에서 우리가 선택할 수 있는 옵션을 살펴보자.

- **정적 배열**: 최악의 경우 O(1) 시간에 요소를 추가하고, O(n) 시간에 요소를 반복할 수 있다. 하지만 정적 배열의 문제점은 가방을 생성할 때 최대 용량을 미리 결정해야 한다는 것이다. 이것은 ADT 정의에 추가적인 제약을 가하는 것이며, 큰 단점이다.
- **동적 배열**: 이 방법을 사용하면 가방의 용량을 사전에 결정할 필요가 없다. 그러나 그 대가로 최악의 경우 삽입의 실행 시간이 O(n)이 된다(하지만 5장에서 논의했듯이 n개의 요소를 삽입하는 데 걸리는 **분할 상환 실행 시간**은 여전히 O(n)이다).
- **연결 리스트**: 삽입의 역순으로(사실 어떤 순서든) 요소들을 반복할 수 있기 때문에, 단일 연결 리스트를 사용하여 새로운 요소를 리스트의 시작 부분에 삽입할 수 있다. 이렇게 하면 O(1) 삽입과 O(n) 반복을 보장할 수 있으며, 리스트를 필요에 따라 유연하게 확장할 수 있다. 연결을 저장하기 위한 추가적인 메모리가 필요하지만, 이는 구현 단계에서 해결할 문제다. 점근적으로 배열과 연결 리스트 모두 n개의 요소를 저장하는 데 총 O(n)의 메모리가 필요하다.

Bag 클래스

`Bag` 클래스를 구현하는 가장 좋은 방법은 단일 연결 리스트를 사용해 요소들을 저장하는 것이다. 이중 연결 리스트가 필요하지 않은 이유는 요소를 삭제할 필요가 없고, 리스트를 테일에서 헤드로 순회할 필요도 없기 때문이다.

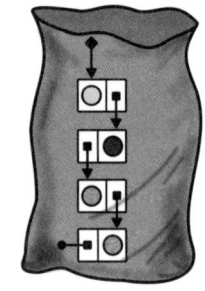

컴포지션을 이용해서 연결 리스트를 새로운 클래스의 속성으로 설정할 수 있다. `Bag` 클래스는 단순히 요소들을 가진 연결 리스트를 감싸는 래퍼일 뿐이다. 이 래퍼가 필요한 이유는 `Bag` 클래스가 클라이언트와 상호작용할 수 있는 두 가지 공개 메서드만 가지도록 하기 위해서다.

```
class Bag:
    def __init__(self):
        self._data = SinglyLinkedList()
```

생성자는 매우 간단하다. 빈 연결 리스트를 생성해 빈 가방을 초기화한다.

삽입

다른 자료구조를 재사용하는 가장 큰 장점은 `Bag` 클래스의 메서드를 간결하고 짧게 만들 수 있다는 것이다. 새로운 요소를 추가할 때 앞서 논의했듯이 요소를 리스트의 끝이 아닌 맨 앞에 삽입하기를 원한다. 단일 연결 리스트에서는 끝에 삽입하는 것이 비효율적이기 때문이다(6장에서 봤듯이 마지막 노드를 찾기 위해 전체 리스트를 순회해야 한다). 구현의 장점은 새로운 요소를 연결 리스트의 삽입 메서드로 단순히 전달하면 된다는 것이다.

```
def insert(self, value):
    self._data.insert_in_front(value)
```

순회

클라이언트가 가방의 요소를 순회할 수 있도록 하려면 `traverse` 메서드를 구현하거나, 해당 기능을 지원하는 언어에서는 이터레이터를 정의해야 한다. 이터레이터가 파이썬에서 어떻게 작동하는지는 여기서 크게 중요하지 않지만, `Bag`을 위한 이터레이터 구현은 깃허브의 저장소[*]에서 확인할 수 있다.

대신 가방 안의 요소들을 담은 파이썬 리스트를 반환하는 `traverse` 메서드를 정의하고 싶다면, 다음과 같이 구현할 수 있다.

```
def traverse(self):
    return self._data.traverse()
```

기억하자. 가방은 요소들이 어떤 특정한 순서로 반환된다는 보장을 하지 않는다. 따라서 클라이언트 코드는 그 순서에 의존해서는 안 된다. 이는 테스트에서도 마찬가지다. 요소들을 방문하는 순서에 제약을 두면 안 된다. 테스트에서 좋은 접근법은 결과와 기대 결과를 집합으로 비교하는 것이다. 내가 만든 테스트들을 확인해보자.[†]

예를 들어 나는 `Bag` 클래스를 기본 연결 리스트로 구현하고, 요소들을 삽입의 역순으로 순회하도록 만들었다. 요소들이 어떤 순서로 반환될지 내가 미리 알고 있다 하더라도, 그 특정한 순서를 테스트하면 배열을 사용해 요소를 저장하고 삽입 순서대로 읽는 다른 구현으로 전환 시 테스트가 실패할 것이다. 마찬가지로 이 구현의 순회 순서에 의존하는 코드를 작성하면 다른 구현으로 교체할 때 코드가 깨진다. 또한 자신이 제어할 수 없는 외부 라이브러리의 `Bag` 객체를 사용하는 경우, 라이브러리 소유자가 인터페이스를 깨지 않고 가방의 구현을 변경했을 때 갑자기 코드가 작동하지 않는 이유를 상사에게 설명해야 하는 상황에 처하고 싶지 않을 것이다.

요약

- **추상 자료형**ADT은 데이터를 구성하는 방법과 데이터에 대해 어떤 연산을 수행할 수 있는지 고수준에서 설명하는 개념이다. ADT는 데이터의 내부 표현에 대한 자세한 설명을 거의 또는 전혀 제공하지 않는다.
- **자료구조**DS는 ADT 정의의 세분화된 형태로, 데이터가 메모리에 어떻게 조직되는지와 함께 ADT에서 정의된 연산의 계산 복잡도를 명시한다.

---

[*] https://mng.bz/ZEWO
[†] https://mng.bz/RZO0

- **구현**은 자료구조 정의를 더욱 구체화한 것으로, 특정 프로그래밍 언어의 제약을 처리하고, 선택한 언어에서 자료구조를 완전히 구현하는 코드를 출력물로 생성한다.
- 컨테이너는 몇 가지 공통적인 특성을 공유하는 어떤 클래스에 속하는 자료구조다.
    - 컨테이너는 요소들의 집합이다.
    - 컨테이너는 요소를 삽입, 삭제, 접근, 수정, 검색하는 일련의 기본 연산을 제공한다.
    - 모든 컨테이너는 모든 요소를 순회할 수 있는 방법을 제공한다.
    - 컨테이너는 저장하는 요소들을 특정 순서로 유지할 수도 있고 아닐 수도 있다.
    - 컨테이너는 요소에 효율적으로 접근할 수 있도록 설계된다. 일반적인 연산(삽입, 삭제, 검색)의 복잡도는 컨테이너 유형에 따라 다르며, 자료구조 설계 단계에서 명시된다.
- 가방은 가장 단순한 형태의 컨테이너로, 요소를 삽입하는 메서드 하나와 저장된 요소를 순회하는 메서드 하나만 제공한다(요소를 검색하거나 제거할 수는 없다).
- 가방은 배열이나 연결 리스트 같은 기본 자료구조를 기반으로 구현할 수 있다. 단일 연결 리스트 구현은 가방에서 정의된 두 연산 모두에 대해 가장 효율적인 실행 시간을 보장한다. 더 복잡한 자료구조도 특정 요구 사항이나 제약에 따라 사용할 수 있다.

CHAPTER 8

스택:
데이터 처리를 위한 쌓기 구조

이 장의 주요 내용
- 스택 추상 자료형 소개
- 현실 세계와 컴퓨터 과학에서 LIFO 정책 적용
- 배열과 연결 리스트로 스택 구현하기
- 스택의 필요성

이전 장에서는 객체의 컬렉션을 보관하는 것이 주된 목적인 자료구조로 **컨테이너**와 가장 간단한 컨테이너인 **가방(백)**에 대해 알아보았다. 가방은 적은 자원을 필요로 하는 간단한 자료구조로, 통계 계산이 필요한 데이터만 보관하려 할 때 유용하다. 그러나 전반적으로 널리 사용하지는 않는다.

이제 컴퓨터 과학에서 매우 중요한 컨테이너를 살펴볼 차례다. 바로 **스택**stack이다. 스택은 애플리케이션을 실행하는 저수준 소프트웨어부터 최신 그래픽 소프트웨어에 이르기까지 컴퓨터 과학 전반에 걸쳐 어디서나 찾아볼 수 있다. 이 장에서는 스택이 무엇인지, 스택이 어떻게 작동하는지, 그리고 어떤 종류의 응용 프로그램에서 스택을 사용하는지 알아본다.

추상 자료형으로서의 스택

가방에 대해 설명할 때 언급한 것처럼, 각 컨테이너에 대한 논의는 추상 자료형 수준에서 시작한다. 여기서는 스택이 무엇인지, 스택이 고수준에서 어떻게 작동하는지, 그리고 스택과 상호작용할 수 있는 인터페이스를 정의한다.

스택과 후입 선출

스택은 특정 규칙에 따라 요소를 추가하거나 제거할 수 있는 컨테이너다. 배열이나 리스트처럼 아무 곳에나 새로운 요소를 추가할 수는 없다. 스택이 작동하는 방식은 **LIFO**(후입 선출)라는 약어로 설명할 수 있다. LIFO는 'last in, first out', 즉 '나중에 들어간 것이 먼저 나온다'는 뜻이다. 컴퓨터 과학 외의 실제 세계에서도 이 방법을 널리 사용한다. 입문 과정에서 자주 등장하는 예시는 레스토랑 주방에 쌓여 있는 접시다. 웨이터가 더러운 접시를 위로 쌓아두면 주방 직원은 그 접시들을 맨 위에서부터 역순으로 꺼내서 씻는다. 원가 회계나 재고 관리 등에서도 LIFO를 사용한다.

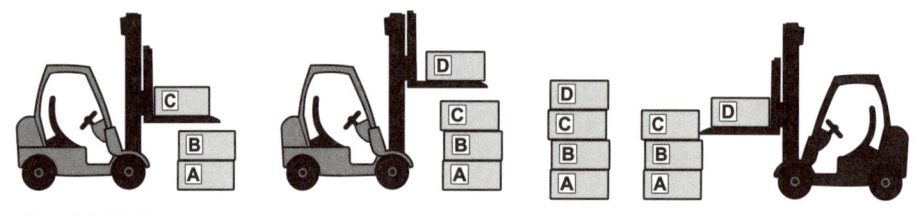

재고 관리에서의 LIFO

컨테이너의 맥락에서 LIFO 원칙은 요소를 삽입한 후 삽입한 순서와 반대로 소비(또는 제거)할 수 있는 자료구조가 필요하다.

스택에서의 연산

스택이 LIFO 패러다임을 따르도록 스택의 인터페이스를 두 가지 메서드만으로 설계한다.

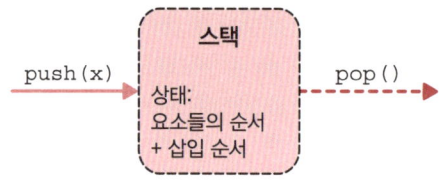

- **스택에 요소를 삽입하는 메서드**: 스택에서는 이 메서드를 전통적으로 '삽입insert' 대신 `push()`라고 부른다.
- **가장 최근에 추가된 요소를 스택에서 제거하고 반환하는 메서드**: 이 메서드는 전통적으로 `pop()` (또는 때때로 `top()`)이라고 부른다.

LIFO 순서 제약상 스택은 요소가 삽입된 순서를 유지해야 한다. ADT 정의는 이 순서를 어떻게 유지해야 하는지 또는 요소를 어떻게 저장해야 하는지에 대한 제약을 부과하지 않으므로, 예를 들어 스택을 접시 더미처럼 요소가 쌓인 형태로 생각할 수 있다.

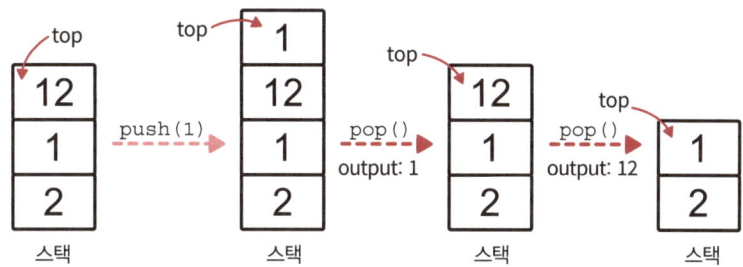

또한 스택에 마지막으로 추가된 요소를 추적해야 하는데, 이것은 쌓인다는 비유에 따라 **스택의 맨 위** top of the stack라고 불린다. 실제로 우리가 해야 할 일은 삽입된 순서대로 요소들의 순서를 유지하는 것이다. 스택의 맨 위는 요소를 추가하고 제거하는 시퀀스의 한쪽 끝이 된다(시퀀스가 어떻게 저장되든 상관없이).

스택의 실제 활용

카를로Carlo는 나폴리에서 전 세계로 현지 고급 음식을 배송하는 작은 신생 스타트업을 운영하고 있다. 그들은 동일한 크기와 무게(20kg)의 패키지만 배송하지만, 고객이 일부 주문을 개인 맞춤화할 수 있다. 카를로의 회사는 아직 소규모이기 때문에 배송 준비가 완료된 패키지를 보관할 공간이 협소하다. 카를로는 높은 저장고를 구입했는데, 패키지는 두 줄로만 쌓을 수 있으며, 지게차가 작동할 수 있는 최소한의 공간만 남아 있다. 이 지게차도 작아서 한 번에 하나의 패키지만 들어 올릴 수 있다. 따라서 이 더미에서 지게차로 들어 올릴 수 있는 것은 맨 위에 있는 패키지뿐이다. 익숙하게 들리는가? 그렇다, 각 패키지 더미는 스택이다!

카를로는 패키지를 두 그룹으로 나누기로 했다. 한 더미에는 모든 표준 패키지를 보관한다. 이들은 모두 동일하고 유통기한이 많이 남아 있으며, 준비를 마친 후에는 어느 것이든 새로운 주문을 채우기에 적합하다. 다른 더미는 맞춤형 주문 보관용으로, 배송 업체가 픽업할 때까지 대기 상태를 유지한다.

'표준' 더미는 전형적인 스택처럼 작동한다. 먼저 준비된 패키지를 우선 배송하는 것이 더 바람직하기 때문에 이 방식은 이상적이지 않다(이 문제는 다음 장에서 다룰 것이다). 하지만 불행히도 카를로는 이런 방식으로 물건을 쌓을 수밖에 없다. 더 흥미로운 것은 '맞춤형' 더미다. 이 더미도 스택처럼 작동하지만, 문제는 특정 요소를 꺼내야 한다는 점이다. 이는 스택의 인터페이스가 지원하지 않는 작업이다.

해결할 방법이 있으니 걱정하지 않아도 된다. 해결책은 바로 두 번째 임시 스택을 사용하는 것이다. 카를로의 창고에 맞춤형 패키지 6개가 순서대로 쌓여 있고, 어떤 이유로 3번 패키지를 꺼내야 한다고 가정해보자.

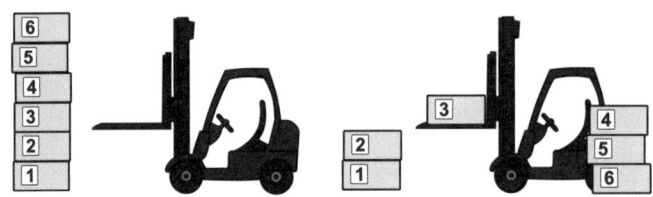

그는 먼저 맨 위에 있는 6번 패키지를 들어 올려 하역 구역 옆에 내려놓는다. 그런 다음 5번 패키지를 들어 올리는 식으로 계속해서 진행한다. 이렇게 하면 하역 구역에 임시 스택이 만들어지고, 필요한 3번 패키지를 배송 트럭으로 옮길 수 있다. 목표 패키지 3번을 트럭에 옮긴 다음에는 임시 더미에 쌓아둔 패키지를 다시 제자리로 옮겨야 한다. 이번에도 맨 위에 있는 4번 패키지부터 시작해서 나머지 패키지들을 모두 맞춤형 더미로 다시 쌓는다.

컴퓨터 과학적으로 말하자면 이것은 2개의 스택을 사용하여 배열 기능을 제공하는 예시다. 만약 직감적으로 '이게 비효율적일 것 같다'고 생각했다면, 그 의견이 맞다. 메모리가 2배 필요할 뿐더러(동일한 크기의 두 스택 중 하나는 비어 있어야 한다), 크기가 n인 스택에서 일반적인 요소를 제거하고 반환하는 데 O(n) 단계가 걸린다.

하지만 때로는 선택의 여지가 없을 때도 있다. 꼭 스택을 사용해야만 하는 상황이 발생하는 것처럼.

자료구조로서의 스택

스택의 추상 자료형을 완성하고 그 인터페이스를 확정한 후, 구현 방법을 생각해봐야 한다.

 ADT 인터페이스는 유일하게 확정되어야 하는 부분이다. 이 인터페이스나 ADT 단계에서 명시된 작동을 변경하면 ADT를 기반으로 구축한 모든 자료구조가 호환되지 않는다.

7장에서 이야기한 바와 같이, 단일 ADT에 대해 여러 대안적인 자료구조의 정의가 가능하다. 자료구조 수준에서는 스택에 데이터를 어떻게 저장할지, 그리고 연산에 필요한 자원(이는 대개 선택한 기본 자료구조에 의해 결정됨)에 초점을 맞춘다.

배열에서처럼 스택의 데이터를 저장하기 위한 세 가지 주요 대안을 고려할 수 있다.

- 정적 배열
- 동적 배열
- 연결 리스트

각각을 자세히 살펴보자.

스택의 데이터를 저장하기 위한 정적 배열

정적 배열을 사용해 스택의 요소를 저장하면, 배열의 끝에 새 요소를 푸시하고 배열의 끝에서 요소를 팝할 수 있다. 따라서 정적 배열은 이 두 연산에 대해 매우 좋은 성능을 보장한다. 두 연산 모두 $O(1)$ 시간이 걸리며 추가적인 메모리가 필요하지 않다.

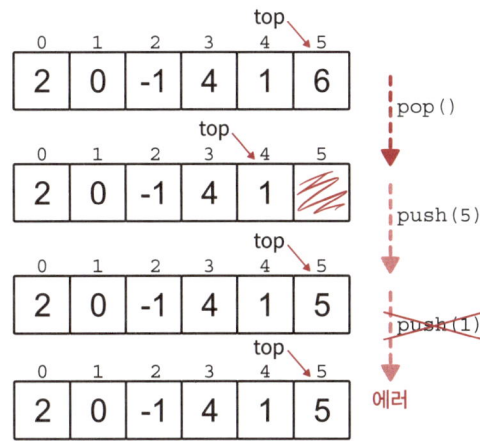

정적 배열의 가장 큰 문제점은 크기가 고정되어 있다는 점이다. 정적 배열에 의존하는 스택은 생성 시 최대 용량을 설정해야 하며 재조정할 수 없다. 일부 상황에서는 허용할 수도 있지만, 일반적으로는 이러한 제약을 원하지 않는다.

동적 배열

동적 배열을 사용하면 요소를 푸시push, 팝pop하는 방식은 변함없이 여전히 배열의 끝에서 이루어진다. 그러나 용량 문제는 해결된다. 스택에 원하는 만큼의 요소를 푸시할 수 있다. 적어도 더 큰 배열을 할당할 수 있는 RAM이 있는 한 말이다.

동적 배열이 가득 찬 상태에서 새로운 요소를 추가하면 배열의 크기가 2배로 증가하는 점이 문제를 일으킬 수 있다. 첫째, 동적 배열의 크기를 늘릴 때 실제로 필요한 것보다 훨씬 더 많은 메모리를 할당해야 한다. 이로 인해 평균 $O(n)$만큼의 추가 메모리가 필요하다. 상황은 더 나빠질 수 있다. 배열이 연속된 메모리 영역에 구현될 경우, 스택의 크기가 커질수록 새로운 기본 배열 크기를 할당할 수 있을 만큼 충분히 큰 메모리 공간을 찾는 것이 점점 더 어려워진다. 또한 배열을 할당할 수 없을 경우, 런타임 에러가 발생하고 애플리케이션이 충돌할 수 있다. 따라서 스택이 수천 개 이상의 요소로 크게 성장할 것으로 예상한다면 동적 배열은 최선의 선택이 아닐 수 있다.

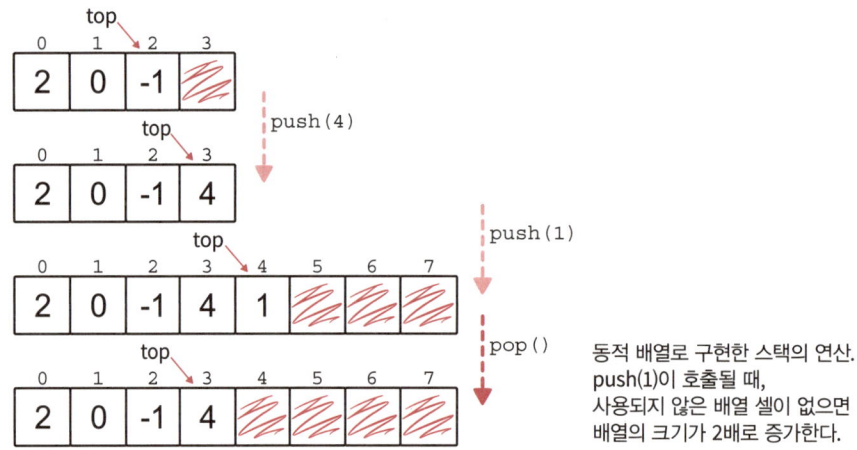

동적 배열로 구현한 스택의 연산. push(1)이 호출될 때, 사용되지 않은 배열 셀이 없으면 배열의 크기가 2배로 증가한다.

하지만 작은 스택의 경우에도 정적 배열과 비교해 비용을 치러야 한다. n개의 요소가 있는 스택에서는 최악의 경우 푸시와 팝이 $O(n)$이 될 수 있다. 5장에서 동적 배열에 대해 논의했던 것을 기억한다면, 한 가지 희망적인 부분이 있다. 빈 스택에 n개의 요소를 푸시하는 데는 $O(n)$의 분할 상환 시간이 걸리며, 마찬가지로 n개의 요소가 있는 스택을 비우는 데도 $O(n)$의 분할 상환 시간이 걸린다. 이 두 연산 모두 상수 크기의 추가적인 메모리를 필요로 한다.

연결 리스트와 스택

항상 그렇듯이 연결 리스트 구현은 가장 유연하다. 스택의 경우 리스트의 한쪽 끝에서만 변경하면 되고, 리스트의 시작 부분에서 작업할 수 있다. 요소를 역순으로 저장하는 것은 전혀 문제가 되지 않는다. 순회할 필요가 없기 때문이다.

이러한 점이 중요한 이유가 무엇일까? 이는 우리가 단일 연결 리스트를 사용할 수 있다는 뜻이다. 리스트를 전혀 순회할 필요가 없고, 리스트의 앞에서 삽입과 삭제를 수행하는 것은 단일 연결 리스트의 경우 O(1)이다. 따라서 이중 연결 리스트를 사용할 이유가 없다.

가장 큰 장점은? 이 책에서 이미 설명했듯이, 연결 리스트는 본질적으로 유연하여 필요에 따라 추가 비용 없이 스택의 확장과 축소가 자유롭다는 것이다. 또한 연결 리스트는 필요한 메모리 할당에 있어 제약이 적다. 새로운 노드는 어디에서든 할당될 수 있으며(다른 노드와 인접할 필요는 없다), 이로 인해 배열 구현에 비해 더 큰 스택을 쉽게 할당할 수 있다.

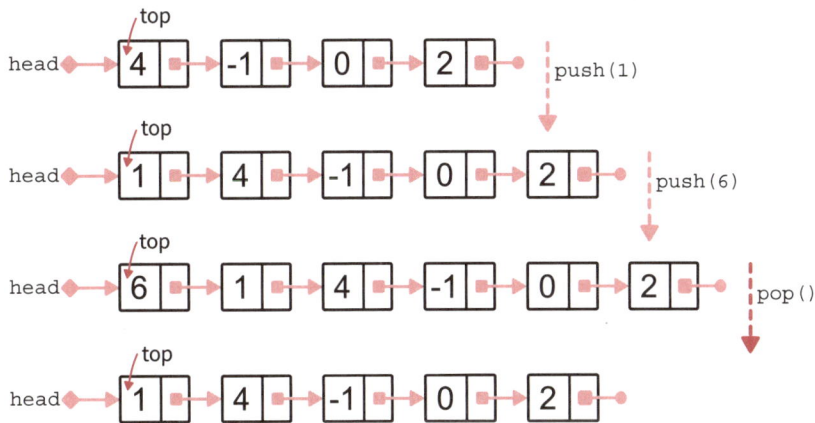

하지만 반짝이는 모든 것이 금은 아니다. 요소당 추가적인 메모리(다음 노드로의 링크를 저장하기 위한)가 필요하다는 단점이 있다. 단점에 관해서는 다음 절에서 더 자세히 살펴보자.

결론적으로 유연성이 필요하다면 연결 리스트로 구현하는 것이 가장 좋은 선택이며, 이론적으로는 스택 연산을 가장 효율적으로 구현할 수 있는 방법이다. 단, 노드 포인터에 필요한 추가 메모리가 문제가 되지 않는 경우에 한한다. 하지만 스택의 크기를 미리 알고 있다면 정적 배열을 사용해서 구현하는 것이 더 나은 대안이 될 수 있다.

연결 리스트 구현

자료구조 수준의 분석은 기본 연결 리스트를 사용한 구현이 모든 스택 작업에 대해 최고의 성능과 자원 활용을 보장하는 대안임을 시사한다. 따라서 이 절 후반부에서 동적 배열 변형에 대해 간단히 논의하겠지만, 지금은 클래스 정의부터 시작하여 연결 리스트에 집중하자. 7장에서 이야기한 `Bag` 클래스와 많은 유사점을 발견할 수 있을 것이다. `Bag`과 마찬가지로 `Stack` 클래스는 연결 리스트의 인터페이스를 제한해서 그 메서드의 일부만 허용하는 래퍼일 뿐이다.

```
class Stack:
    def __init__(self):
        self._data = SinglyLinkedList()
```

그리고 `Bag`과 마찬가지로 생성자는 빈 연결 리스트를 생성한다. 스택에 대한 전체 코드는 책의 깃허브 저장소*에서 찾을 수 있다.

기술적으로 자료구조 수준에서 제시한 세 가지 옵션 외에 네 번째 대안이 있다. 바로 기본 자료구조를 재사용하지 않고 데이터를 저장하는 방식을 처리하여 스택을 처음부터 구현하는 것이다. 하지만 그럴 이유가 전혀 없다. 아무런 이득을 얻지 못한 채 모든 연산의 세부 사항을 구현해야 하므로 많은 코드가 중복될 것이기 때문이다.

이 절의 나머지 부분에서는 스택의 API에서 `push`, `pop`, 표준 API 외부에서 제공하는 읽기 전용 작업인 `peek`라는 세 번째 메서드에 대해 설명할 것이다.

push

모든 것을 처음부터 구현하는 대신 스택의 데이터를 저장하기 위해 연결 리스트를 사용하면, 새로운 요소를 스택에 푸시할 때 기존의 `insert_in_front` 메서드를 재사용할 수 있다. 이미 제대로 테스트를 거쳐 안정화되었다고 가정하면, `push` 메서드는 한 줄로 작성할 수 있다.

```
def push(self, value):
    self._data.insert_in_front(value)
```

기본 연결 리스트가 모든 세부 사항을 처리하므로 연결 리스트에 대한 호출을 전달하기만 하면 된다.

상황에 따라 요소를 실제로 리스트에 삽입하기 전에 일부 검사를 수행하기 위해 `push` 함수의 래퍼를 사용할 수 있다. 예를 들어 유효한 값에 대한 제약이 있다면, 이 시점에서 유효성 검사를 할 수 있다. 문자열을 포함하는 스택의 경우, 푸시되는 값이 빈 문자열이 아닌지 확인할 수도 있다.

---

*   https://mng.bz/d6lO

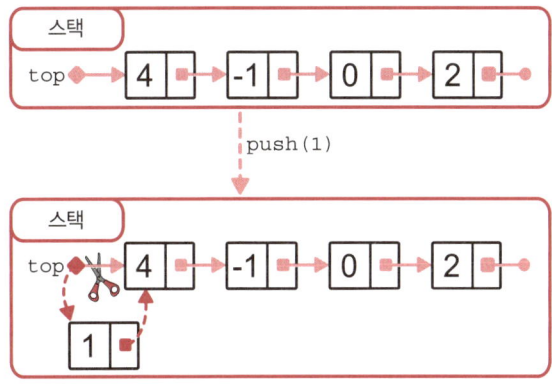

pop

push와 유사하게, pop 메서드는 연결 리스트 인터페이스에 크게 의존한다. 기본 리스트에서 `delete_from_front`를 호출하는 한 줄짜리 가장 간단한 형태로 작성할 수 있다.

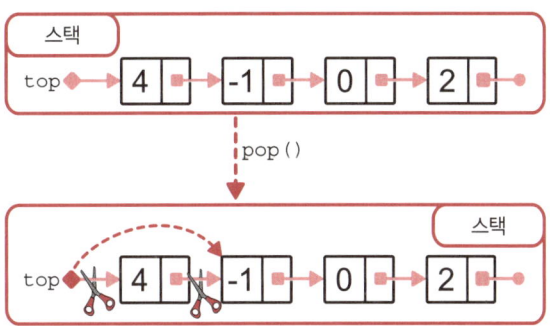

그러나 빈 리스트에서 삭제를 시도하면 예외가 발생한다(자세한 내용은 6장 참조). 이것은 예상되는 결과이지만, 예외가 발생하는 위치와 오류 메시지는 스택을 사용하는 사람에게 혼란을 줄 수 있으며, 호출자에게 불필요한 내부 세부 사항을 드러내게 된다. 따라서 스택의 메서드에서 오류 조건을 명시적으로 확인하고, 스택이 비어 있을 경우 예외를 발생시키는 것이 가장 좋다. 이런 명확성을 위한 대가로, 정상적인 경우(오류가 발생하지 않는 경우)에는 스택과 연결 리스트에서 한 번씩 총 두 번 확인을 거친다.

```
def pop(self):
    if self.is_empty():
        raise ValueError("빈 스택에서 pop할 수 없습니다.")
    return self._data.delete_from_front()
```

또는 연결 리스트 메서드에서 발생하는 예외를 직접 처리한 뒤, 더 적절한 다른 예외로 바꿔서 다시 발생시킬 수도 있다.

peek

`peek` 메서드는 구현하기 가장 쉬운 방법일 것이다. 스택의 구조적 변경 없이 스택의 맨 위에 있는 요소를 반환하기만 하면 된다. 그런데 이렇게 간단한 메서드조차 몇 가지 함정을 숨기고 있다! 미래에 발생할 수 있는 버그를 방지하기 위해 고려해야 할 사항과 논의해야 측면이 할 몇 가지 있다. 이 메서드의 가장 간단한 버전도 한 줄로 작성할 수 있으며, 리스트의 헤드에 저장된 데이터를 단순히 (다음과 같이) 반환할 수 있다.

```
return self._data._head.data()
```

하지만 이 접근 방식에는 세 가지 문제가 있다.

- 헤드에 접근하기 전에 리스트가 비어 있는지 확인하지 않는다.
- 연결 리스트의 비공개 속성인 `_head`에 접근하고 있다.
- 헤드 노드에 저장된 요소에 대한 참조를 반환한다. 리스트의 요소가 변경 가능한 객체라면, 참조를 받은 사람은 언제든지 객체를 변경할 수 있다.

첫 번째 문제는 `pop()`에서 해결한 방법과 동일하게 간단히 처리할 수 있다. 즉, 어떤 작업을 시도하기 전에 에지 케이스를 확인해야 한다. 마지막 문제에 대해서는 참조를 전달하는 대신 데이터를 복사하기 위해 기존의 파이썬 라이브러리를 사용할 수 있다.[*]

```
import copy
def peek(self):
    if self.is_empty():
        raise ValueError("빈 스택에서 peek할 수 없습니다.")
    return copy.deepcopy(self._data._head.data())
```

이 방법이 더 나쁘지 않지만, 여전히 연결 리스트의 비공개 속성에 접근하고 있다. 유일하고도 적절한 해결책은 연결 리스트 클래스에 리스트의 일반 위치에 저장된 요소를 반환하는 메서드를 추가하는 것이다.

연습 문제

8.1 연결 리스트에서 리스트의 헤드부터 *i*번째 요소(*i*≥0)를 반환하는 `get(i)` 메서드를 구현하라. 그런 다음, 연결 리스트의 `_head`라는 비공개 속성에 접근하지 않도록 `peek` 메서드를 수정하라.

8.2 `get(i)`를 구현한 후에도 `peek`에서 `deepcopy`를 호출해야 할까? `get`의 구현을 확인하고, 그렇지 않은지 확인하라.

---

[*] https://docs.python.org/3/library/copy.html

8.3 스택 요소를 저장하기 위해 동적 배열을 사용하는 별도의 `Stack` 클래스를 구현하라. 이 새로운 구현 방식이 연결 리스트를 사용하는 기존 방식과 어떤 차이가 있는지 설명하라.

이론과 현실

이전 절에서 스택의 ADT 정의에서 보다 구체적인 자료구조 정의로 이동하는 방법을 논의할 때, 연결 리스트를 기반으로 한 스택의 구현이 가장 효율적이라는 것을 보여주었다. 요약하자면 단일 연결 리스트를 사용할 경우, `push`와 `pop` 연산 모두 최악의 경우 상수 시간에 수행할 수 있는 반면, 동적 배열을 사용할 경우 두 메서드는 최악의 경우 선형 시간이 걸리지만, 많은 작업을 수행하면 그들의 분할 상환 비용은 O(1)로 간주할 수 있다.

그게 전부인가? 연결 리스트 버전만 구현하고 잊어버리면 될까? 글쎄, 그렇게 간단하지는 않다. 먼저 정말 필요하지 않다면 자신만의 라이브러리를 구현해서는 안 된다. 신뢰할 수 있고 효율적이며 잘 테스트된 기존의 구현을 찾을 수 없거나, 구현을 대폭 수정해야 할 경우가 아니면 말이다. 둘째, 이 라이브러리를 사용해야 하는 코드가 애플리케이션에 중요하고 병목현상이 발생할 수 있는 경우, 해당 코드를 **프로파일링**해야 한다.

> 모든 코드를 프로파일링할 필요는 없다. 실시간 장치를 위한 코드를 작성하지 않는 한, 이것은 시간 소모가 크고 대부분 쓸모없을 것이다. 비결은 최적화를 통해 효율성을 가장 높일 수 있는 중요한 절에 집중하는 것이다.

코드 프로파일링이란 애플리케이션 실행 시 어떤 메서드가 더 자주 실행되고 어떤 메서드가 더 오래 걸리는지 측정하는 것을 의미한다.

파이썬에서는 `cProfile`[*]을 사용해 이를 수행할 수 있다. 그래서 파이썬 리스트를 사용해 요소를 저장하는 `StackArray`라는 스택 버전[†]을 구현했다. 왜 리스트일까? 첫째, 우리가 사용하는 동적 배열 버전에는 요소 타입에 제약이 있어 이 절에서 정의한 연결 리스트 버전과 호환되지 않는다. 둘째, 성능과 관련된 이유가 있는데, 잠시 후 설명할 것이다. 그래서 두 스택 타입(두 클래스를 `Stack`과 `StackArray`라고 하자)에서 수백만 개의 연산을 수행하는 간단한 스크립트를 작성했다.[‡] `pop`보다 `push`를 2배 더 자주 호출했다. 동일한 연산을 동일한 순서로 두 스택 버전에서 실행하고, 각 버전이 얼마나 걸렸는지 측정한다. 결과는 어떨까? 연결 리스트 버전이 더 빠를 것이라고 얼마나 확신하나? 예상외의 결과가 나왔다.

---

[*] https://docs.python.org/3/library/profile.html
[†] https://mng.bz/Bdj8
[‡] https://mng.bz/lMB8

```
ncalls   tottime  percall  cumtime  percall filename:lineno(function)
3331902   1.919    0.000    2.474    0.000  stack_dynamic_array.py:54(is_empty)
6668098   3.622    0.000    4.858    0.000  stack_dynamic_array.py:67(push)
3331902   3.447    0.000    6.563    0.000  stack_dynamic_array.py:80(pop)
3331902   2.369    0.000    3.248    0.000  stack.py:55(is_empty)
6668098   4.997    0.000   18.379    0.000  stack.py:68(push)
3331902   4.097    0.000   15.871    0.000  stack.py:81(pop)
```

우리는 누적 시간cumulative time 열을 살펴봐야 한다. 즉, 함수나 그 하위 호출에서 소요된 시간이다(이는 `Stack`의 모든 메서드 내에서 연결 리스트 메서드를 호출하기 때문에 특히 중요하다). 동적 배열(즉, 파이썬 리스트)로 구현했을 때 `push`는 4배 이상 빠르고, `pop`은 3배 이상 빠르다. 이것이 가능한 이유는 무엇일까? 점근적 분석을 무시해야 한다는 의미일까? 물론 아니다. 몇 가지 고려해야 할 사항이 있다.

- 동적 배열을 기반으로 구현했을 때 `push`와 `pop`의 최악의 실행 시간은 선형이지만, 그들의 분할 상환 실행 시간은 연결 리스트와 마찬가지로 좋다. n개의 연산(`push` 또는 `pop`)은 $O(n)$ 시간이 걸린다. 5장에서 동적 배열에 대해 설명했다. 많은 수의 연산에 대해 이러한 방법의 성능을 측정하기 때문에 연결 리스트를 사용하는 데 점근적인 이점은 없다.

- 파이썬은 리스트에 대해 최적화되고 매우 효율적인 구현을 제공한다. 보통 C로 작성된 이 코드는 파이썬에서 가능한 한 효율적으로 사용되도록 컴파일된다.* 순수 파이썬 코드로는 거의 이 정도의 효율성을 갖추기 어렵다. 따라서 `StackArray`의 인스턴스에서 `push`를 호출할 때마다 `Stack`의 인스턴스에서 호출할 때 소요되는 시간보다 훨씬 적은 시간이 걸린다.

- 연결 리스트의 경우, `push`를 호출할 때마다 새로운 노드를 할당해야 하고, `pop`을 호출할 때마다 `Node` 객체를 파괴해야 한다. 메모리를 할당하고 객체를 생성하는 데 시간이 걸린다.

세 번째 가설을 확인하기 위해 `SinglyLinkedList`의 메서드 통계를 살펴볼 수 있다.

```
ncalls   tottime  percall  cumtime  percall filename:lineno(function)
3331902   0.759    0.000    0.759    0.000  singly_linked_list.py:86(next)
3331902   0.795    0.000    0.795    0.000  singly_linked_list.py:72(data)
6663804   1.591    0.000    1.591    0.000  singly_linked_list.py:228(is_empty)
6668098   6.545    0.000   13.383    0.000  singly_linked_list.py:242(insert_in_front)
3331902   6.260    0.000    8.527    0.000  singly_linked_list.py:368(delete_from_front)
6668098   6.838    0.000    6.838    0.000  singly_linked_list.py:30(__init__)
```

`Stack.push`에서 대부분의 시간은 `SinglyLinkedList.insert_in_front`를 실행하는 데 소요되었고, `Stack.pop`과 `SinglyLinkedList.delete_from_front`도 마찬가지다. 마지막 줄도 흥미롭다. `insert_in_front`에서 소요된 시간의 절반은 새로운 `Node` 인스턴스를 생성하는 데 사용된다.

그렇다면 이 분석에서 어떤 교훈을 얻을 수 있을까?

---

* https://docs.python.org/3/extending/extending.html

> **NOTE** 자료구조를 설계할 때 가장 좋은 Big-O 성능을 가진 구현을 선택하라. 두 설루션의 점근적 분석 성능이 비슷할 경우, 프로파일링을 사용하여 구현의 효율성을 비교하는 것을 고려하라.

그것은 좋은 출발점이지만, 아쉽게도 항상 충분하지는 않다. Big-O 수행 시간이 더 좋음에도 불구하고, 실제 구현에서는 더 느리게 작동하는 자료구조들이 있다. 특히 유한한 입력에서는 이러한 경우가 자주 발생한다. 대표적인 예로 피보나치 힙Fibonacci heap이 있다. 이는 이론상 가장 효율적인 우선순위 큐로 알려져 있다. 힙에 대해서는 10장에서 다루겠지만, 여기서 중요한 점은 피보나치 힙이 일반 힙보다 점근적으로 더 우수하다는 것이다(최솟값의 삽입과 추출이 $O(1)$ 상환 시간인 반면, 일반 힙은 둘 다 $O(\log(n))$이다). 그러나 실제 구현에서는 어떤 실용적인 입력에도 피보나치 힙의 성능이 더 느리다.

경험이 쌓이면 이러한 에지 케이스를 더 쉽게 식별할 수 있을 것이다. 그러나 의심이 들 때는 프로파일링을 통해 자료구조나 애플리케이션을 어디서 어떻게 개선할지 파악해보자.

추가적인 스택의 응용

LIFO처럼 작동하는 몇 가지 실제 상황에 대해 논의했지만, 스택은 컴퓨터 과학과 프로그래밍에서 널리 사용한다. 몇 가지 응용 프로그램을 간단히 살펴보자!

콜 스택

콜 스택call stack은 실행 중인 컴퓨터 프로그램의 활성 함수(또는 더 일반적으로 하위 루틴)에 대한 정보를 저장하는 특별한 종류의 스택이다. 이 개념을 더 잘 이해할 수 있도록 `Stack.push` 메서드에 대한 콜 스택이 어떻게 생겼는지 살펴보자.

구현 부분에서 이미 논의했듯이, `push` 메서드는 `SinglyLinkedList.insert_in_front`를 호출하고, 이는 다시 `SinglyLinkedList.Node` 클래스의 생성자를 호출한다.

```
push(3)
... [Stack.push]
    self._data.insert_in_front(3)
    ... [SinglyLinkedList.insert_in_front]
        self._head = Node(3, old_head)
        ... [Node.__init__]
            self._data = 3
```

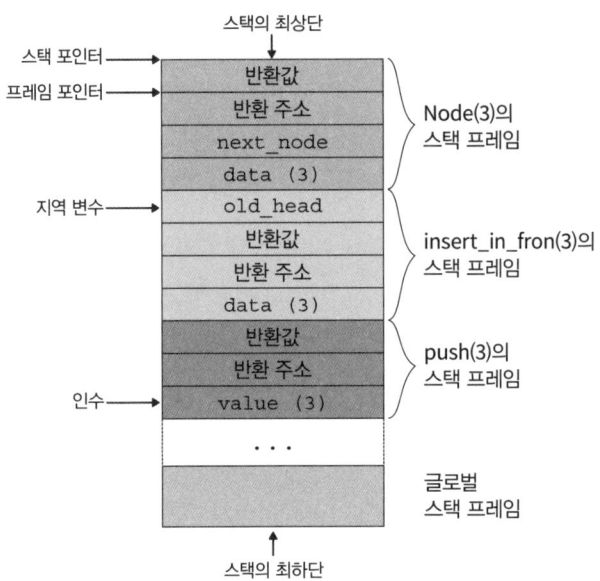

실행은 각 호출 사이에 스택에 푸시하는 요소를 전달해야 한다. 코드에서는 함수 인수를 사용하여 이를 수행한다. 더 낮은 수준에서는 콜 스택을 통해 함수 인수를 전달한다. `push` 메서드를 호출할 때, 이 함수 호출을 위한 스택 프레임을 생성하고, `push` 인수를 위한 영역을 할당한다.

`insert_in_front`에서도 동일한 일이 발생하여 `data` 인수의 값이 스택 프레임의 시작 부분에 저장된다. 반환값에도 유사한 메커니즘이 있으며, 반환값을 호출자에게 전달하기 위한 메모리 영역이 스택 프레임에 예약된다. 호출자가 반환값을 지역 변수에 저장하면, 그것도 해당 스택 프레임에 저장된다. 마지막으로 각 스택 프레임은 **반환 주소**return address를 포함하고 있다. 이것은 함수 호출이 저장된 메모리의 주소이며, 피호출 함수가 반환될 때 호출 함수의 실행을 재개하는 데 사용된다.

스택 프레임은 차곡차곡 쌓이며 실행은 스택처럼 되돌아간다. 마지막으로 호출된 함수가 가장 먼저 반환되며, 해당 스택 프레임이 콜 스택에서 팝되고, 반환 주소와 함께 호출자의 실행이 재개된다.

식 평가

후위 표기법postfix notation은 산술 표현식을 작성하는 방법 중 하나로, 연산자가 항상 피연산자 뒤에 온다. 예를 들어 **중위 표기법**infix notation에서 3 + 2로 쓰는 것을 후위 표기법에서는 3 2 +로 표현한다. 이 표기법의 장점 중 하나는 중위 표기법에서 발생할 수 있는 모호함을 제거한다는 점이다. 예를 들어 3 + 2 × 4 같은 식을 계산하려면 연산자의 우선순위를 따져봐야 한다. 곱셈이 덧셈보다 우선한다는 규칙을 따라야 하므로 실제로는 3 + (2 × 4)로 해석한다. 만약 덧셈을 먼저 수행하고 싶다면 괄호를 사용하여 (3 + 2) × 4로 작성해야 한다. 그러나 후위 표기법에서는 괄호가 필요 없다. 두 가지 가능한 조합을 각각 3 2 4 * +와 3 2 + 4 *로 작성할 수 있다.

또 다른 장점은 스택을 사용하여 후위 표기법의 값을 쉽게 계산할 수 있다는 점이다. 피연산자(값)를 읽을 때 스택에 푸시하고, 연산자를 읽으면 스택에서 마지막 두 값을 팝하여 연산을 수행한 후 결과를 다시 스택에 푸시하는 방식이다. 예시를 살펴보자. 표현식 `3 2 4 * +`를 파싱parsing하는 과정은 다음 그림과 같다.

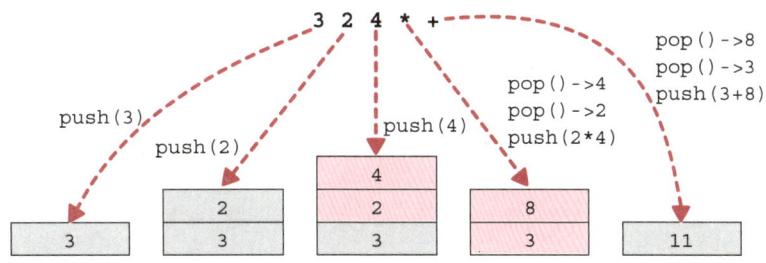

그리고 `3 2 + 4 *`를 파싱하는 과정은 다음 그림과 같다.

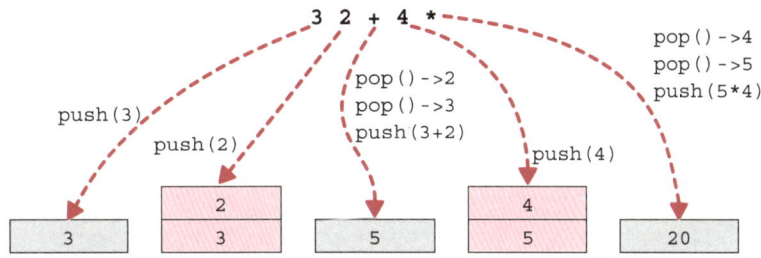

실행 취소/재실행

IDE 또는 텍스트 편집기의 **실행 취소**undo 기능이 어떻게 작동하는지 궁금한 적이 있나? 실행 취소 기능은 스택(실행 취소한 내용을 되돌릴 수 있는 경우 실제로는 2개의 스택)을 사용한다. 첫 번째 스택은 문서에 대한 변경 사항을 추적하는 데 사용된다. 이 스택은 일반적으로 크기에 제한이 있으므로 오래된 항목은 삭제되고, 일정 횟수 이상의 변경은 되돌릴 수 없다.

실행 취소 버튼을 클릭하면 문서는 마지막 작업을 수행하기 전 상태로 복원된다. 하지만 그게 다가 아니다. 실행 취소한 변경 사항은 새로운 스택인 **재실행**redo 스택에 추가된다. 만약 실수로 실행 취소를 클릭했거나 새로운 수정 작업을 하기 전에 마음이 바뀌면 그 작업을 되돌릴 수 있다.

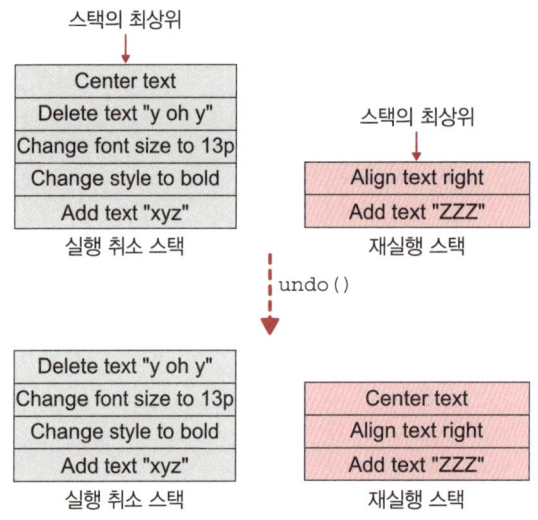

단계 되돌리기

스택은 당신이 걸어온 길을 되짚어야 할 때 매우 유용하다. 6장에서 되돌아가기 기능에 대해 이야기한 것을 기억하는가? 우리는 팀이 비디오 게임을 개발하는 것을 도왔는데, 그는 게임 속의 방들과 주인공이 왼쪽과 오른쪽으로 방을 이동할 수 있는 방식을 기억해야 했다.

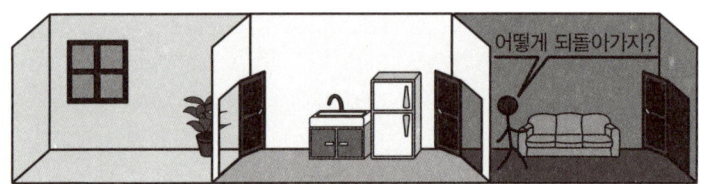

이중 연결 리스트는 게임 구조의 정적인 상황을 추적하는 데 완벽했다. 하지만 이제 팀이 게임 시작부터 현재까지 플레이어가 지나온 경로를 기억하고, 그 경로를 따라 되돌아가 도록 해야 한다면 어떨까? 맞다, 팀은 스택을 사용해야 한다! 플레이어가 방에 들어갈 때마다 그 방이 스택에 추가된다. 플레이어의 발자취를 되짚어야 할 때는 스택에서 방을 하나씩 꺼내면서 되돌아가면 된다. 플레이어가 방을 나갔다가 다시 들어오면, 동일한 방이 스택에 여러 번 있을 수 있다는 점에 주목하자.

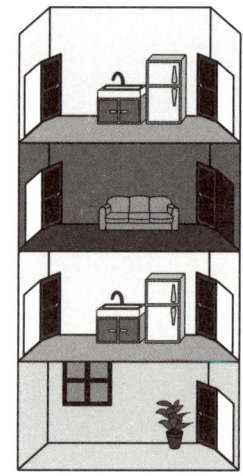

이 시나리오는 방이 선형으로 배열된 에지 케이스다. 보다 일반적인 경우에는 2D 또는 3D 환경을 이동하고 싶을 수 있다. 방/비디오 게임에 비유하자면, 어떤 방에는 문이 2개 이상 있을 수 있다는 것이다. 이런 종류의 환경은 목록으로 모델링할 수 없으므로 **그래프**가 필요하다.

13장에서 우리는 그래프와 그래프가 어떻게 도시 지도를 모델링할 수 있는지, 그리고 깊이 우선 탐색 알고리즘이 스택을 사용해 그래프를 탐색하는 방법에 대해 다룬다.

연습 문제

8.4 단일 연결 리스트를 뒤집는 메서드를 작성하라.
| 힌트 | 스택을 사용해 이 작업을 수행할 수 있는 방법은 무엇인가? 이 연산의 실행 시간은 어떻게 될까?

요약

- 스택은 LIFO 정책을 따르는 컨테이너다. 즉, 스택에 마지막으로 들어간 요소가 가장 먼저 나온다. 스택을 접시 더미에 비유할 수 있다. 접시는 맨 위에만 추가하거나 제거할 수 있다.
- 스택은 컴퓨터 과학과 프로그래밍에서 널리 사용한다. 예를 들어 콜 스택, 표현식 평가, 실행 취소/재실행 기능, 편집기에서 들여쓰기와 괄호 사용 추적 등이 있다. 또한 깊이 우선 탐색과 같은 많은 알고리즘이 이동 경로를 추적하는 데 스택을 사용한다.
- 스택은 두 가지 연산을 제공한다. push는 스택의 맨 위에 요소를 추가하고, pop은 맨 위의 요소를 제거하여 반환한다. 요소를 삽입하거나 삭제할 수 있는 유일한 방법이며, 일반적으로 검색은 허용되지 않는다.
- 때때로 peek라는 세 번째 연산을 제공하기도 하는데, 이는 스택의 맨 위 요소를 제거하지 않고 반환하는 기능이다.
- 스택은 배열이나 연결 리스트를 사용해 구현할 수 있다.
- 동적 배열을 사용할 경우, push와 pop 연산은 최악의 경우 $O(n)$의 시간이 걸리지만, 많은 연산을 수행했을 때는 $O(1)$의 분할 상환 시간이 된다.
- 단일 연결 리스트를 사용할 경우, push와 pop 연산은 최악의 경우 $O(1)$의 시간이 걸린다.
- 두 구현의 분할 상환 성능은 비슷하며, 프로파일링을 통해 주어진 프로그래밍 언어에서 어떤 구현이 더 효율적인지 알 수 있다.

CHAPTER 9

큐:
도착 순서대로 데이터를 처리하기

이 장의 주요 내용
- 큐 추상 자료형 소개
- FIFO 정책 이해
- 배열과 연결 리스트로 큐 구현
- 단순한 큐의 응용 탐구

지금부터 논의할 **컨테이너**는 큐이며, 우선순위 큐priority queue와 구분하기 위해 **단순 큐**simple queue라고도 한다. 스택과 마찬가지로 큐는 일상적인 경험에서 영감을 받아 컴퓨터 과학에서 널리 사용하고 있다. 큐는 스택과 유사하게 작동하고, 기본 메커니즘도 비슷하며, 데이터를 저장하기 위해 배열이나 연결 리스트를 사용하여 구현할 수 있다. 차이점은 이 장에서 소개하는 세부 사항에 있다.

추상 자료형으로서의 큐

큐queue는 스택과 마찬가지로 특정 위치에서만 요소의 삽입과 제거를 허용하는 컨테이너다. 큐에서 어떤 작업이 가능한가? 큐의 내부 상태를 결정하는 요소는 무엇이며, 큐는 어떻게 작동하는가? 먼저 큐가 어떻게 작동하는지 이해한 후, 인터페이스를 정의해보자.

선입 선출

스택이 **LIFO**last in, first out(후입 선출) 정책을 사용하는 반면, 큐는 이와 대칭되는 원칙인 **FIFO**first in, first out(선입 선출)를 따른다. FIFO는 큐에서 요소를 소비할 때 항상 가장 오래 저장된 요소가 제거되며, 이는 제거할 수 있는 유일한 요소임을 의미한다. 큐는 어디에나 있으며, 이름 자체가 설명적이다(큐는 줄의 다른 표현이며, 우리는 모두 줄을 서본 적이 있다). 또한 FIFO는 재고 상품에 적용되는 정책으로, 가장 오래된 단위가 먼저 제거되며, 이는 유통기한이 가장 가까운 상품일 가능성이 높다. 동일한 원칙은 버그를 해결하거나 가상 팀 보드의 작업을 처리할 때도 적용된다(작업에 우선순위가 있는 경우는 다음 장에서 다룬다).

컨테이너에 FIFO 정책을 적용할 때, 요소를 삽입한 후 삽입한 순서대로 처리할 수 있는 자료구조를 생성하는 것을 의미한다.

큐에서의 연산

큐에서는 요소를 추가하고 삭제할 수 있는 위치에 제약이 있다. 새로운 요소를 추가할 수 있는 유일한 위치는 큐의 **뒤쪽**(테일)이며, 큐의 다른 끝, 즉 **앞쪽**(헤드)에서만 요소를 제거할 수 있다. 따라서 인터페이스에는 다음 두 가지 메서드만 포함된다.

- **큐에 요소를 삽입하는 메서드**: 큐에서 이 메서드는 전통적으로 `enqueue()`라고 부른다.
- **큐에서 가장 먼저 추가된 요소를 제거하고 반환하는 메서드**: 이 메서드는 전통적으로 `dequeue()`라고 부른다.

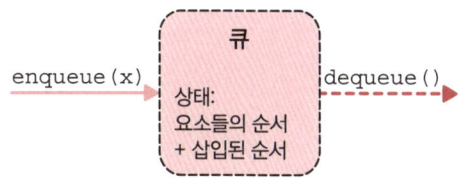

큐는 내부적으로 어떻게 작동할까? 추상 자료형 레벨에서는 큐의 내부 구조에 아무런 제약을 두지 않고 그 작동만 정의한다. 분명히 요소를 삽입한 순서대로 처리해야 하므로, 큐의 내부 상태에서 이 순서를 저장해야 한다. 하지만 구체적으로 어떻게 저장할지는 자료구조 레벨에서 정의한다. 추상 자료형 레벨에서는 우리가 적절하다고 생각하는 추상적인 방식으로 큐를 상상할 수 있다. 예를 들어 아이스크림 카트 앞에서 줄을 서는 모습처럼 말이다.

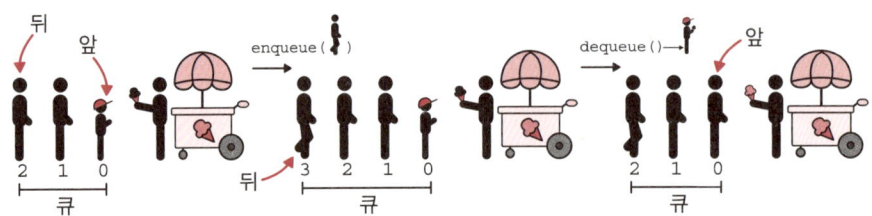

사람들이 아이스크림을 받기 위해 줄을 서거나 계산을 하기 위해 줄을 설 때, 보통(또는 항상) 일렬로 서 있다. 누군가 줄을 서면 줄의 끝으로 가서 마지막 사람 뒤에 선다. 줄의 맨 앞에 있던 사람이 아이스크림을 받으면 자리를 떠나고, 바로 뒤에 서 있던 사람이 그 자리를 차지한다. 줄을 서는 것은 사람들이 큐에 삽입된 순서를 기억하게 해주는 구조다. 컴퓨터 과학적인 예를 들어 상자와 숫자를 사용할 수도 있다. 8장에서 다룬 스택과 비교해보자.

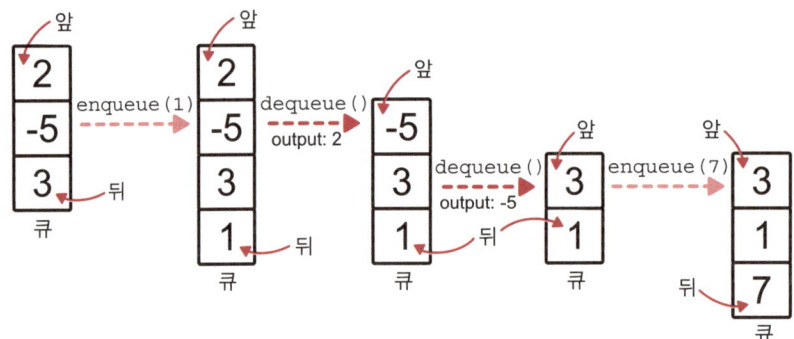

여기서 적어도 두 가지 중요한 차이점이 있다.

- 스택에서는 가장 위에 있는 요소만 참조하면 된다. 하지만 큐에서는 앞쪽과 뒤쪽을 모두 참조해야 한다.
- 스택은 한쪽 끝에서만 커지고 줄어들지만, 큐는 비대칭적으로 작동하여 요소는 뒤쪽에서 추가되고 앞쪽에서 제거된다.

큐의 실제 활용

백로그에서 버그를 잡으면서 아침을 시작하는 것보다 좋은 게 있을까? '뭐든 이것보단 낫겠지.' 프리양카 Priyanka는 백로그를 훑으며 생각한다(이런 경험이 있다면 손을 들어 공감해도 좋다).

프리양카는 얼마 전 외부에서 보기엔 정말 멋있기 그지없는 스타트업에 입사했다. 그들의 사명은 그녀와 잘 맞았고, 창업자들이 개발한 AI 기술도 매력적이었다. 하지만 그녀는 핵심 기술 외에 회사의 인프라와 조직이 엉망이라는 사실을 꿈에도 몰랐다. 심지어 적절한 작업 관리 도구조차 없고, 버그 백로그는 그녀의 책상, 모니터, 그리고 작은 주방 테이블에 붙은 스티커 메모였다.

그 말인즉 백로그를 '스크롤'한다는 것은 이러한 스티커 메모를 수집하고, 사무실 곳곳을 찾아다니며 필체를 해석하거나 누가 작성했는지 알아내는 것을 의미했다. 이런 상황에서는 버그를 고치는 것보다 버그를 놓치고 잊어버리는 것이 더 쉽다. 일주일 동안 버그 수정을 놓치고 적색 경고를 받은 프리양카는 더 이상 참을 수 없었다.

그녀는 시중에 나와 있는 문제 추적 제품을 요청했지만, 예산이 없다는 답변을 들었다. 그래서 주말 프로젝트로 간단한 문제 추적 시스템을 직접 만들기로 결심했다. 회사 메일 서버를 약간 수정하여 전용 이메일 주소를 만들고, 시스템에 버그를 추가할 때마다 누구나 그 이메일로 보내도록 했다. 이메일이 오면, 데몬daemon이 이를 수신하여 검토할 큐에 버그를 추가하는 방식이다.

매일 아침 대기열을 확인하면 시스템에서 가장 오래된 미해결 버그를 알려주기 때문에 버그를 관리할 대기열을 선택하는 것이 매우 중요했다. 그 버그에 대한 작업을 시작하면 모든 것이 좋지만, 그 버그가 긴급한 사안이 아닐 경우 대기열로 다시 보내면 대기열의 맨 뒤에 추가된다.

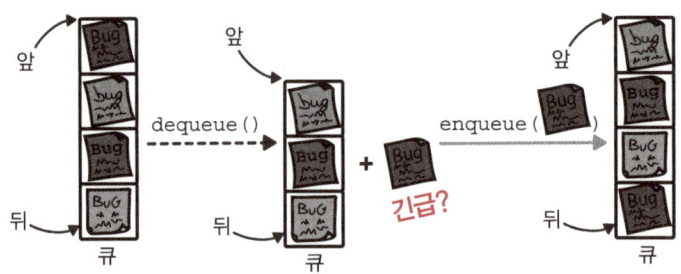

버그 추적에 큐를 사용하면 버그 리포트를 잃어버리지 않고 체계적으로 관리할 수 있다. 또한 큐는 버그를 시간 순서대로 자동으로 정리해주기 때문에, 따로 타임스탬프를 저장할 필요가 없다.

이것은 큐가 실제 소프트웨어 애플리케이션에서 작용하는 한 가지 예일 뿐이며, 이를 사용하는 다른 방법들도 많다. 또한 여러 알고리즘이 큐를 기본적인 작업 흐름의 일부로 사용한다. 13장에서 두 가지 그래프 탐색 알고리즘, **깊이 우선 탐색**depth-first search, DFS과 **너비 우선 탐색**breadth-first search, BFS에 대해 논의할 것이다. 이 두 알고리즘은 구조적으로 비슷하지만, 다음에 탐색할 정점을 결정할 때 하나는 스택을 사용하고, 다른 하나는 큐를 사용한다. 이렇게 작은 차이가 알고리즘의 작동에 얼마나 큰 영향을 미칠 수 있는지 놀라울 따름이다.

자료구조로서의 큐

큐에 필요한 인터페이스를 명확히 했으니, 다음 단계로 넘어가 이 자료구조를 어떻게 구현할지 생각해보자. 항상 새로운 자료구조를 처음부터 작성할 수도 있지만, 기존에 만든 것을 재사용하지 않는 경우는 정말로 새로운 자료구조가 효과적으로 작동하지 않을 때만 고려할 가치가 있다. 따라서 가장 먼저 할 일은 기존에 있는 것을 재사용할 수 있는지 확인하고, 그 이점과 비용을 따져보는 것이다. 지금까지 논의한 내용을 바탕으로 한 대안은 다음과 같다.

- 정적 배열
- 동적 배열
- 연결 리스트
- 스택

마지막부터 시작해보자. 스택을 사용해 큐를 구현하는 것은 가능하지만 비효율적이다. LIFO 정책을 따르는 스택의 맨 위에 요소를 추가하는 대신 스택의 맨 아래에 요소를 추가해야 한다. 하지만 스택에서는 그 작업이 쉽지 않다! 따라서 스택은 제외하자. 다음으로 동적 배열도 제외한다. 동적 배열을 사용해 큐를 구현하는 것이 가능하고 몇 가지 장점도 있긴 하지만, 그 복잡성과 성능 비용이 그리 가치 있지는 않다. 정적 배열에 대해 이야기한 후 이 주제를 다시 다루면, 왜 동적 배열을 제외하는지 더 잘 이해할 수 있을 것이다. 이제 연결 리스트와 정적 배열, 두 가지 옵션만 남는다. 이번 장에서는 이 두 대안을 자세히 논의해보자.

연결 리스트 기반 큐 구현

큐는 요소의 삽입 순서를 유지하는 자료구조로, 모든 연산(즉, 요소의 삽입 또는 삭제)이 큐의 양 끝에서 이루어진다. 익숙하지 않은가? 우리는 큐의 앞쪽(헤드)에 요소를 추가하고, 큐의 뒤쪽(테일)에서 요소를 제거한다. 맞다, 이러한 연산들은 연결 리스트에서 논의한 바 있다. 꼬리에서 요소를 제거하는 데 최적화된 연결 리스트 유형을 기억하는가? 양방향 연결 리스트는 이 작업에 적합하다. 양방향 연결 리스트는 양쪽 끝에서 효율적으로 요소를 추가하고 제거할 수 있기 때문이다.

그러나 만약 연결 리스트의 꼬리에만 새 요소를 추가하고 리스트의 앞에서 요소를 제거한다면, 단일 연결 리스트도 사용할 수 있다. 유일한 주의 사항은 리스트의 꼬리를 가리키는 포인터를 유지해야 한다는 점인데, 이 두 작업을 하는 동안 상수 시간에 업데이트할 수 있도록 코드를 약간 조정해야 한다. 어쨌든 이중 연결 리스트를 사용하면 기존 코드를 변경 없이 재사용할 수 있기 때문에 더 깔끔한 해결책이라 할 수 있다. 메모리 사용을 최적화해야 하는 특별한 이유가 없다면 문제가 되지 않는다. `enqueue`와 `dequeue` 메서드를 빠르게 구현할 수 있으며, 거의 추가적인 노력이 들지 않는다. 연결 리스트에 정의된 `insert_to_back`, `delete_from_front` 메서드를 그대로 재사용하기만 하면 된다.

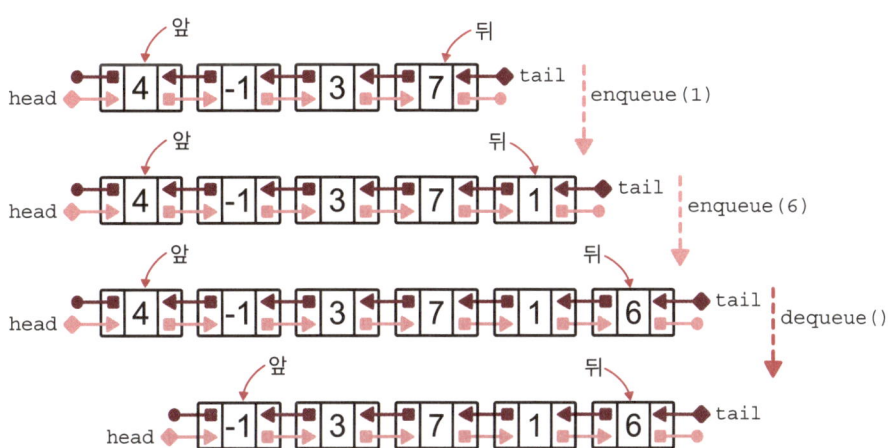

가장 좋은 점은 큐가 동적으로 확장과 축소가 가능하여 메모리 관리나 크기 조정에 대한 걱정이 없다는 것이다. 연결 리스트가 메모리 관리와 크기 조정을 처리해주는 셈이다.

정적 배열에 데이터 저장하기

만약 큐를 정적 배열로 구현하기로 한다면 큐의 크기가 생성 시 고정된다는 점을 감안해야 한다. 이는 연결 리스트 구현과 비교할 때 심각한 제한 사항이다. 자료구조 레벨에서 큐의 중간 요소에 접근할 필요가 없으므로, 연결 리스트에 비해 배열의 가장 큰 장점인 모든 요소에 대한 상수 시간 접근성을 활용하지 못한다. 또한 다른 문제도 있다. 배열을 사용한 구현에서는 큐의 앞쪽이 배열의 시작 부분에 있고, 큐의 뒤쪽은 배열의 끝 쪽에 위치한다. 큐는 더 큰 인덱스를 향해 확장되며, 배열의 마지막 요소 이후의 비어 있는 배열 셀을 채운다.

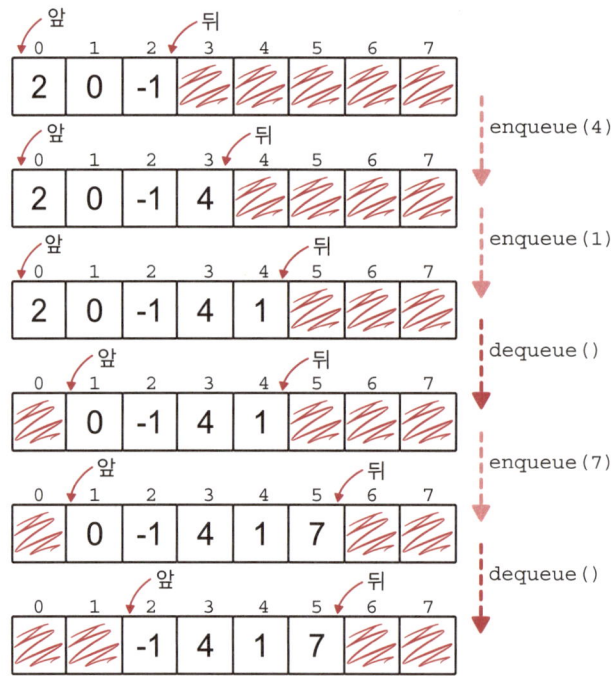

스택의 경우 배열에 저장된 요소들이 자연스럽게 왼쪽 정렬을 이룬다. 스택이 n개의 요소를 저장하면 이들은 0부터 $n-1$까지의 인덱스를 차지한다. 하지만 큐에서 요소를 `dequeue`할 때 배열의 시작과 첫 번째 남은 요소 사이에 빈 공간이 생긴다. 사용된 요소들 뒤에 미사용 요소들이 충분히 있는 한 문제는 없다. 하지만 큐의 뒤쪽이 배열의 끝에 도달하면 어떻게 될까?

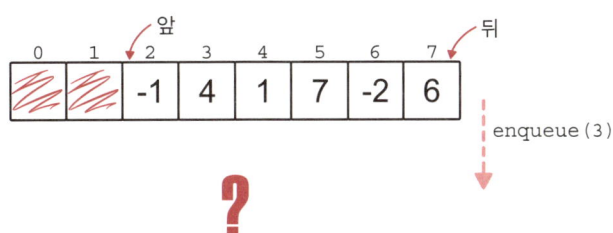

두 가지 선택이 있다. 가장 쉬운 방법은 포기하고 큐의 뒤쪽이 배열 끝에 도달했을 때 큐가 꽉 찼다고 말하는 것이다. 이를 **선형 큐**linear queue라고 한다. 하지만 이 방법은 시간이 지날수록 큐의 용량이 줄어든다는 의미이며, n개의 크기가 할당된 큐에서 n번의 삽입만 할 수 있게 된다. 이후 `dequeue` 연산을 시작하면 큐의 실제 용량은 점점 더 작아진다. 이 방식이 그다지 실용적이지 않다는 것은 쉽게 예상할 수 있다.

대안은 있다. `dequeue`된 요소로 인해 해제된 공간을 다시 사용하면 된다. 어떻게 하면 될까? 여기서도 두 가지 방법이 있다.

- 배열의 시작 부분에 빈 공간이 없도록 큐의 모든 요소를 배열의 앞쪽으로 이동시키는 방법이다. 하지만 이는 요소를 이동할 때마다 $O(n)$ 시간이 걸리므로 이상적이지 않고 비효율적이다.
- 인덱스를 조금 더 창의적으로 사용해서 요소를 한 번도 이동시키지 않고 배열 전체를 사용할 수 있다.

이 마지막 방법이 매우 흥미로운데 **순환 큐**circular queue라고 부른다. 오버헤드가 없고, 이보다 더 좋을 수 없을 정도다!

나는 이것이 사실임을 보장할 수 있다. 배열의 요소들이 직선으로 나열된 것이 아니라 원형으로 배열되었다고 상상해보라. 즉, 배열의 끝이 배열의 시작 부분과 연결되는 것이다. 여기서 '**순환 큐**'라는 이름이 유래한다.

다음 그림 속 예시에는 8개의 요소로 구성된 배열이 있으며 인덱스는 0부터 7까지다. 배열의 끝을 넘어서도 인덱싱을 계속한다고 생각해보자. 원형 배열에서 인덱스 7 다음에 오는 요소는 배열의 시작 부분인 인덱스 0에 있는 요소다. 이때 인덱스 0 위에 가상의 인덱스 8을 적는다. 마찬가지로 인덱스 1 위에 인덱스 9를 적을 수 있다. 이런 식으로 인덱스 7에 인덱스 15를 적을 때까지 계속 이어간다. 이 8에서 15까지의 인덱스를 **가상 인덱스**virtual index라고 부른다.

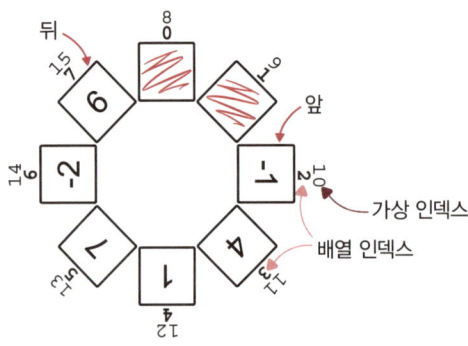

대부분의 개념은 다뤘다. 이제 작은 수학적 개념 하나만 정리하면 되는데, 바로 **모듈로**modulo 연산이다. 양의 정수에 대해 모듈로 연산자는 나머지를 계산한다. 예를 들어 `8 % 8`(즉, 8을 8로 나눈 나머지)는 0이다. 이는 나눗셈 연산의 나머지가 0이기 때문이다. 비슷하게 `9 % 8 == 1`, `10 % 8 == 2`, 이런 식으로 진행된다. 모듈로 연산자는 가상 인덱스가 배열의 어느 인덱스에 해당하는지 알아내는 방법이다.

예시에서 큐의 뒤쪽이 인덱스 7에 도달했으므로, 새로운 요소를 저장해야 할 다음 배열 셀은 가상 인덱스 8이 된다. 이제 배열에서 인덱스 8에 접근하려 한다면, 배열 범위를 벗어난 오류가 발생할 것이다. 하지만 `8 % 8 == 0`임을 염두에 두면, 가상 인덱스 8에 해당하는 배열 인덱스는 0이라는 것을 알 수 있다. 따라서 배열의 0번 인덱스가 비어 있는지, 이미 요소가 저장되어 있는지 확인할 수 있다. 운이 좋게도 비어 있다. 어떻게 알 수 있냐고? 한 가지 방법은 큐의 앞을 가리키는 포인터가 어디를 가리키는지 확인하는 것이다. 예시에서는 그것이 인덱스 2를 가리키고 있으므로 문제없다.

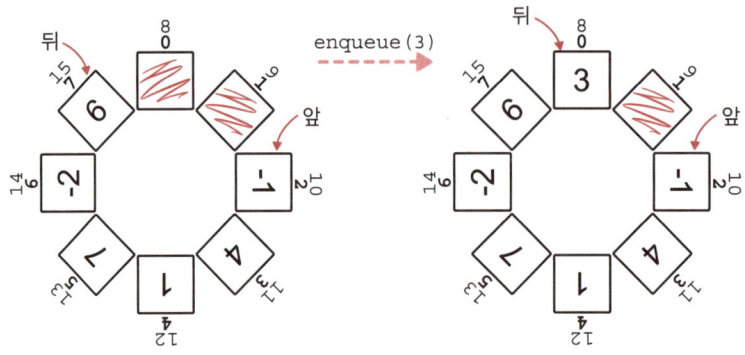

그리고 그게 바로 마법이다! 큐의 뒤쪽을 가리키는 포인터는 배열의 끝을 지나 다시 배열의 시작 부분으로 돌아왔다. 이제 큐는 적어도 큐의 앞과 충돌하지 않는 한(충돌을 피하기 위해 이를 꼭 확인해야 한다), 더 큰 인덱스를 향해 다시 확장될 수 있다.

삽입이 끝났지만, 만약 6개의 요소를 `dequeue`하여 앞쪽 포인터가 큐의 끝에 도달하면 어떻게 될까? 예상할 수 있듯이, 큐의 뒤쪽에서 했던 것과 동일한 방식으로 가상 인덱스와 모듈로 연산자를 사용하여 앞쪽 포인터도 배열의 끝을 넘어 회전시킬 수 있다.

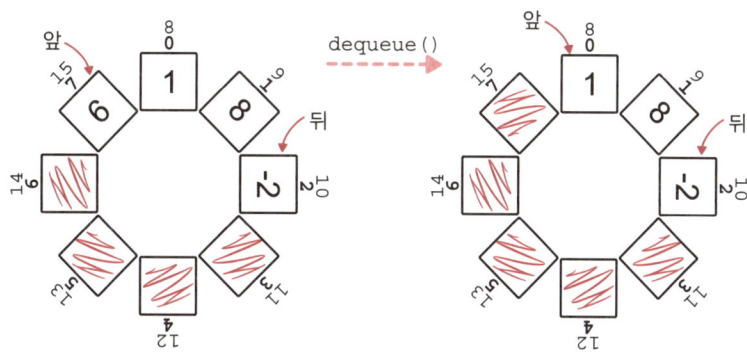

이 연산들의 세부 사항은 다음 절에서 다룰 것이다. 지금은 우리가 언급한 여러 해결책을 비교해보자.

다양한 구현 방법의 비교

표 9.1은 큐 ADT의 다양한 구현에 대한 실행 시간의 점근적 분석을 나타낸 것이다.

표 9.1 다양한 큐 구현의 비교

구현 방법	enqueue()	dequeue()	동적 크기
정적 배열	O(1)	O(1)	아니요
동적 배열	O(n) 최악	O(1) 평균	예
연결 리스트	O(1)	O(1)	예

자료구조 수준에서 배열 구현을 선호할 이유는 없다. 왜냐하면 연결 리스트 구현이 동일한 효율성을 가지며, 또한 동적으로 크기를 확장할 수 있기 때문이다. 동적 배열을 기반으로 한 구현은 평균적으로 빠르지만, 개별 연산에 대한 보장을 제공하지는 못한다. 때때로 enqueue와 dequeue 연산이 느려질 수 있는데, 이는 기본 배열을 리사이징해야 하기 때문이다.

이미 우리는 8장에서 현실 세계가 때때로 이론과 놀랍도록 다르게 작동할 수 있다는 것을 배웠다. 다음 절에서 이에 대해 논의해보자.

연습 문제

9.1 앞서 언급했듯이 스택을 사용하여 큐의 데이터를 저장할 수도 있다. 하지만 스택 하나만으로는 충분하지 않다. 2개의 스택을 사용하여 큐를 구현할 수 있는 방법을 찾아보자.

| 힌트 | enqueue나 dequeue 중 하나는 O(n)일 수밖에 없다.

구현

정적 배열을 사용하여 큐를 구현하는 주요 단점은 큐의 크기가 고정되고, 큐를 생성하는 순간 그 크기를 결정해야 한다는 것이다. 일부 상황에서는 이러한 고정 크기가 큰 문제로 작용할 수 있다. 하지만 큐의 용량이 사전에 결정된 경우에는 고정 크기가 문제가 되지 않는다. 그리고 배열을 사용하는 몇 가지 장점도 있다.

- **메모리 효율성**: 배열은 동일한 요소를 저장할 때 연결 리스트보다 적은 메모리를 요구한다. 배열에서는 실제 요소를 저장하는 데 필요한 공간 외에 상수 크기의 오버헤드만 발생하며, 배열에 저장된 요소의 수와는 무관하다.
- **메모리 지역성**: 2장에서 논의했듯이, 배열은 모든 요소가 나란히 저장된 하나의 연속적인 메모리 청크chunk다. 이 특성은 프로세서 수준에서 캐싱을 최적화하는 데 사용할 수 있다.
- **성능**: 배열에서의 연산은 일반적으로 연결 리스트에서의 연산보다 빠르다.

이 세 가지는 실제로 큰 차이를 만들 수 있다. 그렇다면 어떤 구현 방식을 선택해야 할까? 큐의 크기에 유연성이 필요하고, 깔끔하고 간결한 코드가 중요하다면 연결 리스트를 선택하는 것이 좋다. 연결 리스트 기반의 구현에서는 `enqueue`와 `dequeue` 메서드가 단순히 기저에 있는 연결 리스트의 메서드를 호출하는 래퍼일 뿐이다. 즉, `enqueue`는 `insert_to_back`을, `dequeue`는 `delete_from_front`를 호출한다. 따라서 여기에서는 이 구현을 자세히 논의하지 않지만, 해당 파이썬 코드는 책의 깃허브 저장소[*]에서 확인할 수 있다.

그러나 큐를 최대 용량으로 미리 할당할 수 있거나 정적 크기가 문제가 되지 않는다면, 배열 기반의 구현은 상당한 이점을 제공한다. 이 경우 코드는 더 복잡해지지만, 이것은 성능이 개선되는 것과의 트레이드오프다.

이 절의 나머지 부분에서는 배열의 끝을 돌아서 앞쪽과 뒤쪽 포인터가 회전하는 순환 큐의 구현에 대해 살펴보겠다. 선형 큐 구현은 대부분의 상황에서 실용적이지 않기 때문에 너무 많은 단점을 가지고 있다.

기본 정적 배열

이제 배열 기반 구현의 세부 사항을 살펴보자. 항상 그렇듯이 전체 코드는 깃허브 저장소[†]에서 확인할 수 있다.

---

[*] https://mng.bz/Dd5w
[†] https://mng.bz/NRa1

클래스 정의와 생성자를 시작하기 전에 첫 번째 결정을 내려야 한다. 연결 리스트를 사용하는 구현에서는 큐의 앞front과 뒤rear를 식별하는 것이 쉬웠다. 그냥 리스트의 헤드head와 테일tail이었기 때문이다. 그러나 배열로 전환하면 그렇게 간단하지 않으며, 이 포인터들을 어떻게 처리할지 결정해야 한다.

이 방법이 유일한 것은 아니지만, 우리가 제안하는 해결책은 다음과 같다. 2개의 인덱스, `front`와 `rear`를 저장한다.

- `front`는 다음에 dequeue될 요소의 인덱스가 된다.
- 반면 `rear`는 새로운 요소를 enqueue할 다음 배열 셀의 인덱스가 된다.

처음에는 배열의 첫 번째 요소의 인덱스인 `0`으로 `front`와 `rear`를 모두 설정한다.

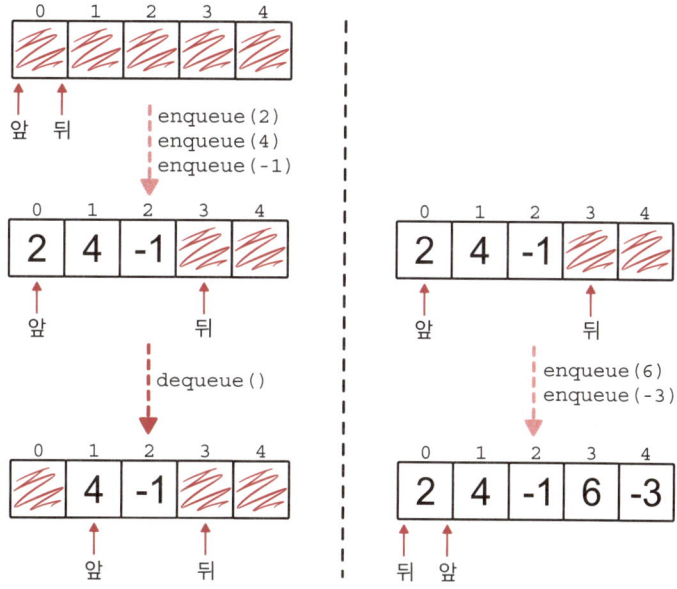

새로운 요소를 enqueue할 때마다 `rear` 포인터는 다음 인덱스로 이동한다. 그리고 요소를 dequeue할 때는 `front` 포인터가 증가한다.

모두 괜찮아 보이지만, 최대 용량에 도달할 때 문제가 생긴다. 예를 들어 큐의 용량이 5개의 요소라면, dequeue 없이 5개의 요소를 모두 enqueue하면 `rear` 포인터는 배열을 돌아서 다시 인덱스 0을 가리킨다. 그래서 배열이 비어 있을 때와 가득 찼을 때, `front`와 `rear` 포인터는 같은 인덱스를 가리킨다. 이 두 상황을 어떻게 구분할 수 있을까? 여러 가지 해결책 가운데 여기서는 가장 간단한 방법을 사용한다. 큐의 크기를 저장하는 변수를 두고, enqueue와 dequeue 시마다 이 변수를 업데이트한다. 이 변수는 우리의 작업을 더 쉽게 만들고, 큐에서의 여러 연산을 더 빠르게 해줄 것이다.

정리하자면 큐를 초기화할 때 클래스의 `front`와 `rear` 속성을 `0`으로 설정하고, 큐의 크기(즉, 현재 큐에 저장된 요소의 개수)를 `0`으로 설정해야 한다. 아직 할 일이 더 남았다. 기본 배열도 초기화해야 한다. 이 예시에서 파이썬 리스트를 사용하고 있지만, 사실 이것은 동적 배열이다. 그럼에도 불구하고 파이썬에서는 리스트가 가장 편리한 대안이다. 모든 객체를 저장할 수 있을 뿐만 아니라, 한 줄로 초기화할 수 있기 때문이다.

```python
class Queue:
    def __init__(self, max_size):
        if max_size <= 1:
            raise ValueError(f'큐의 크기가 잘못되었습니다. (최소 2개의 요소가 필요합니다): {max_size}')
        self._data = [None] * max_size
        self._max_size = max_size
        self._front = 0
        self._rear = 0
        self._size = 0
```

여기서 우리는 크기가 max_size인 정적 배열을 시뮬레이션한다. 초기화에 사용하는 값은 중요하지 않지만, 비어 있는 요소로 간주하기 위해 None을 사용할 수 있다.

가장 먼저 해야 할 일은 큐의 용량을 저장하는 것이다. 이는 `max_size` 인수를 통해 전달된다. 값을 수락하기 전에, 새로운 큐가 최소 2개의 요소를 담을 수 있는지 확인해서 유효성을 검사해야 한다. 이렇게 설정해두면 큐의 크기, 비어 있는지, 가득 찼는지 등을 확인하는 것이 매우 간단해진다.

```python
def __len__(self):
    return self._size

def is_empty(self):
    return len(self) == 0

def is_full(self):
    return len(self) == self._max_size
```

인큐

이제 큐에 새로운 값을 추가하는(인큐enqueue) 방법의 세부 사항에 집중해보자. 이 메서드가 어떻게 작동할지 설계할 때, 세 가지 가능한 상황을 구분해야 한다(큐의 용량이 n개 요소일 때, $n>1$이라고 가정한다).

- **`front <= rear`이고 `rear < n-1`**: `front`가 `rear` 앞에 있고, `rear`가 배열의 끝에 도달하지 않은 상태

- **`front <= rear`이지만 `rear == n-1`**: `front`가 `rear` 앞에 있지만, `rear`가 배열의 마지막 요소를 가리키는 상태

- **`rear < front`**: `rear`가 배열의 끝을 지나 순환되었을 때 `front`와 `rear`가 교차하는 상태

초기 상태

큐가 생성되면 `front`와 `rear`는 모두 `0`으로 초기화된다. 그 시점부터 `rear`는 배열 끝에 도달할 때까지 계속 증가할 수 있다. 그리고 `dequeue`가 발생할 때 `front`도 증가할 수 있지만, `front`가 `rear`를 넘을 수는 없다. 이것은 가장 처리하기 쉬운 상황으로, 아직 가상 인덱스나 배열의 끝에서 `rear` 포인터를 순환시키는 것에 대해 걱정할 필요가 없다. `rear`가 배열 끝에 도달하기 전까지는 큐가 가득 찰 수 없으므로, 해야 할 일은 새로운 값을 저장하고 `rear`를 증가시키는 것뿐이다.

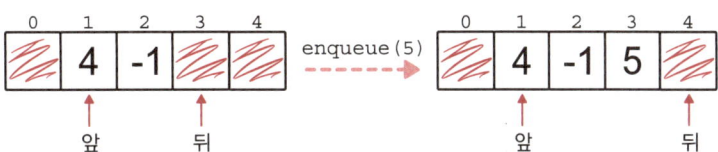

배열 순환하기

이제 흥미로운 부분으로 들어간다. `rear`가 배열의 마지막 요소를 가리키고 있다. 우선 `rear`가 가리키는 빈 셀에 새로운 값을 할당하면 되는데, 이 부분은 변하지 않는다. 이 시점에서 예시로 `rear=4`라고 하자. 만약 `rear`를 그냥 증가시키면 인덱스 5를 가리켜 배열의 경계를 넘어가게 된다. 여기서 앞에서 논의한 가상 인덱스를 떠올리면 된다.

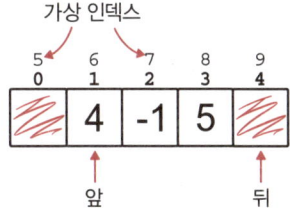

이 가상 인덱스를 사용해 배열의 기존 인덱스 공간을 확장할 수 있다. 마지막 요소의 실제 인덱스보다 큰 인덱스가 배열을 원형으로 감싸며 돌아가는 것처럼 생각하는 것이다. 따라서 인덱스 `5`는 인덱스 `0`과 동일한 배열 셀을 가리키고, `rear` 포인터는 배열을 효과적으로 한 바퀴 돌게 된다.

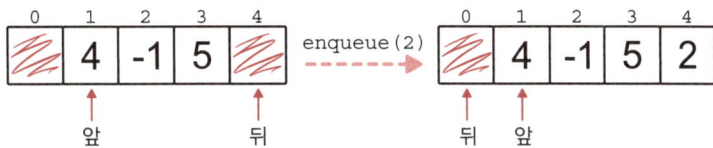

front와 rear가 바뀐 경우

앞의 시점에서 큐는 아직 가득 차지 않았다(예시에서 `front`가 인덱스 1을 가리켜 `dequeue`가 호출되었을 가능성이 있기 때문이다). 그러나 `rear`는 `front`보다 낮은 인덱스를 가리킨다. 실제로 두 포인터는 바뀌었다. 새로운 요소를 큐에 삽입할 때는 첫 번째 경우처럼 `rear`를 증가시키기만 하면 된다. 하지만 배열의 끝을 확인하는 대신 `rear` 포인터의 경계는 `front` 포인터가 된다.

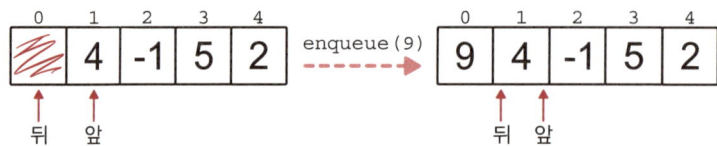

예제에서 값 9를 `enqueue`한 후, `rear`와 `front`가 모두 인덱스 1의 요소를 가리켜 `rear`가 더 이상 앞으로 나아갈 수 없게 된다. 즉, 큐가 가득 찬 것이다.

이 절의 시작에서 언급했듯이, 포인터의 확인과 증가를 코드로 변환하는 방법은 여러 가지가 있지만, 큐의 크기를 기억하는 보조 변수를 사용하면 작업이 훨씬 쉬워진다. 큐가 비어 있는지, 가득 찬 상태인지, 부분적으로 찬 상태인지를 이해하기 위해 `rear`와 `front`의 위치나 세 가지 경우 중 어느 상태인지 확인할 필요가 없다. 대신 저장된 요소의 개수만 확인하면 된다.

 NOTE 자료구조의 크기, 빈 상태, 가득 찬 상태를 확인하는 작업은 보조 메서드에 위임하는 게 좋다. 코드가 더 간결해지고 중복이 줄어 오류 발생 가능성도 낮아진다.

`rear`를 증가시키기 위해 조건문을 사용해서 세 가지 경우를 따로 처리할 수도 있지만, 앞 절에서 살펴본 대로 모듈로 연산자를 사용해 가상 인덱스를 배열의 물리적 인덱스에 매핑하는 더 깔끔한(효율은 떨어지지만) 방법을 채택했다. 이러한 가정을 하면 `enqueue`에 대한 코드가 한결 간단해진다.

```
def enqueue(self, value):
    if self.is_full():
        raise ValueError('큐가 이미 가득 찼습니다!')
    self._data[self._rear] = value
    self._rear = (self._rear + 1) % self._max_size
    self._size += 1
```

디큐

우리는 큐에 요소를 추가하는(인큐) 방법을 배웠다. 이제 큐에서 요소를 제거하는(**디큐** dequeue) 방법을 살펴보자. 인큐 때와 마찬가지로 디큐 메서드를 설계할 때 몇 가지 경우를 고려해야 한다.

- front가 rear보다 앞에 있을 때
- front와 rear가 같은 인덱스를 가리킬 때
- rear가 배열의 끝을 넘어 순환wrap around한 후 front가 배열 끝에 있지 않을 때
- rear가 배열 끝을 넘어 회전한 후 front가 배열의 마지막 요소를 가리킬 때

front가 rear보다 작은 인덱스를 가리키고 있을 경우, front를 증가시켜 요소를 디큐할 수 있다.

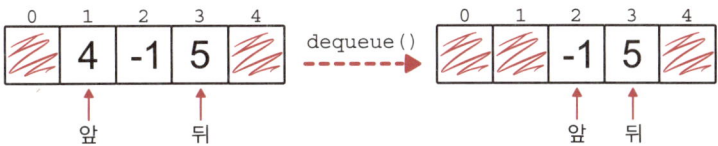

front와 rear가 같은 인덱스를 가리킬 경우, 큐는 비어 있거나 가득 찬 상태일 수 있다. 이 경우, 큐의 상태를 파악하기 위해 **크기**size **속성**을 확인해야 한다.

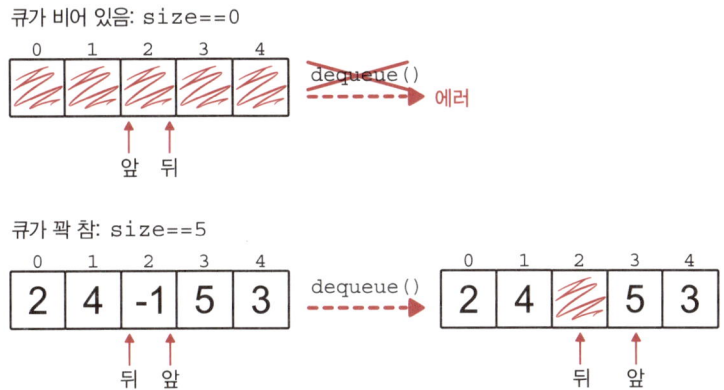

나머지 두 경우는 인큐할 때 rear와 유사한 처리 과정을 거친다. front가 가리키는 인덱스를 증가시키고, front가 배열 끝에 있을 경우 가상 인덱스 트릭과 모듈로 연산자를 사용하여 front가 배열의 끝을 넘어 순환하게 한다. front가 배열 끝을 넘어 순환할 때, 다시 front와 rear가 뒤바뀌지 않은 초기 상태(즉, front <= rear)로 돌아가게 된다.

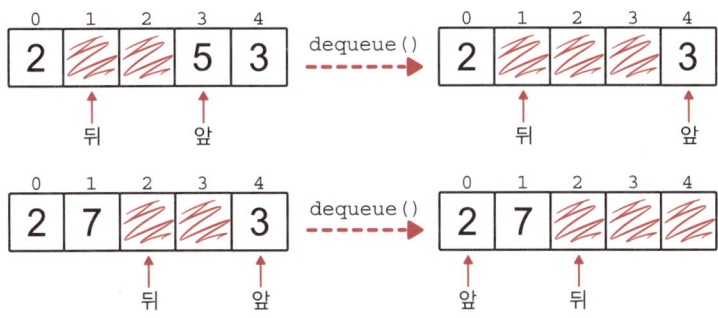

인큐 때와 마찬가지로 각 경우를 따로 처리하는 대신 모듈로 연산자를 사용해서 더 깔끔한 코드를 작성할 수 있다.

```python
def dequeue(self):
    if self.is_empty():
        raise ValueError('큐가 비어 있어 요소를 꺼낼 수 없습니다.')
    value = self._data[self._front]
    self._front = (self._front + 1) % self._max_size
    self._size -= 1
    return value
```

스택에서 했던 것처럼 큐의 front에 있는 요소를 제거하지 않고 반환하는 peek 메서드를 정의할 수도 있다. 그러나 이전 장에서 살펴본 것처럼, 이 메서드는 불필요한 복잡성을 많이 초래하므로 꼭 필요하지 않다면 큐 인터페이스에 포함하지 않는 것이 좋다.

연습 문제

9.2 큐 클래스에 대해 peek 메서드를 구현하라. 우리가 주의해야 할 주요 문제는 무엇이며, 이를 어떻게 해결할 수 있을까?

| 힌트 | 스택에서 했던 것을 참고하라.

9.3 큐에 대해 이터레이터를 구현하라.

| 힌트 | for 루프에서 큐나 스택 사용 시 요소들은 올바른 순서로 제공되지만, 컨테이너에서 제거되기도 한다.

동적 배열은 어떨까?

큐에서는 동적 배열을 잘 사용하지 않는다고 앞서 언급했다. 그래도 이런 해결책이 어떻게 작동하는지 논의할 가치는 있다. 이것이 순환 큐가 어떻게 작동하는지를 더 잘 이해하는 데 도움이 되며, 드물긴 하지만 특정 상황에서는 동적 배열이 실제로 최선의 선택일 수도 있기 때문이다.

정적 배열에서는 가상 인덱스와 순환 구성을 사용해 디큐로 해제된 배열 셀을 재사용하더라도, 어느 시점에는 큐가 꽉 차게 된다. 이는 rear 포인터가 큐의 front 바로 앞의 (가상) 인덱스에 도달했을 때 발생한다. 이 상태에서 다른 요소를 삽입하려고 하면, rear 포인터가 front 포인터를 넘어서게 되므로 큐가 가득 차 오류가 발생한다. 대신 동적 배열을 사용했다면, 이때가 바로 기저 배열의 용량을 2배로 늘리는 순간이 된다. 가득 찬 큐에 요소를 인큐하려고 할 때 새로운 배열을 할당하면 된다. 문제는 새로운 배열의 크기가 16이라면, 이전 배열의 크기는 8이라는 점이다. 이것이 큰 문제처럼 보이지 않을 수 있지만, 이전 배열에서 계산했던 가상 인덱스들이 모두 잘못 배치되어 8로 나눈 모듈로 연산을 더 이상 사용하지 못한다. 이제는 16으로 나누어야 한다.

더 큰 문제는 배열을 그대로 새로운 배열로 복사하면, `rear`와 `front` 포인터가 더 이상 유효하지 않다는 점이다. 큐의 중간에 큰 빈 공간이 생기고, 새로운 요소를 인큐하려 할 때에도 `rear` 포인터는 여전히 `front` 포인터 바로 앞에 있을 것이다! 그로 인해 구현 방법에 따라 `is_full` 메서드가 큐가 꽉 찼다고 잘못 판단할 수 있다. 아니면 우리의 구현에서는 큐가 기존 요소를 덮어쓰고도 추가 공간이 다 차기 전에 멈출 수도 있다.

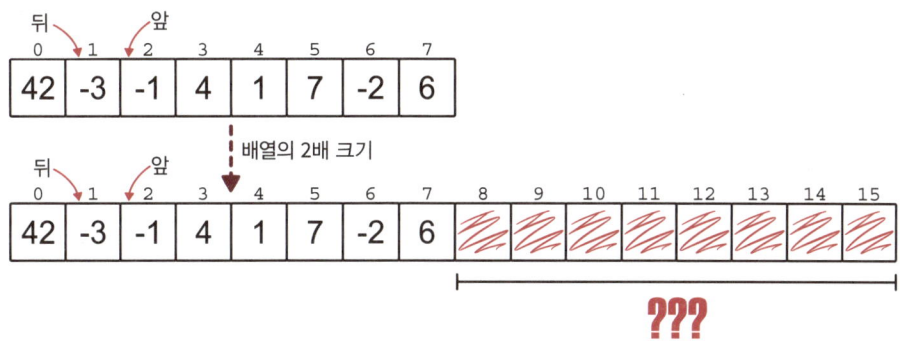

이를 해결할 방법이 있다. 요소들을 새로운 배열로 복사할 때, 큐의 `front`를 인덱스 `0`에 맞춰 정렬하는 것이다. 이는 다음 그림에서 확인할 수 있다.

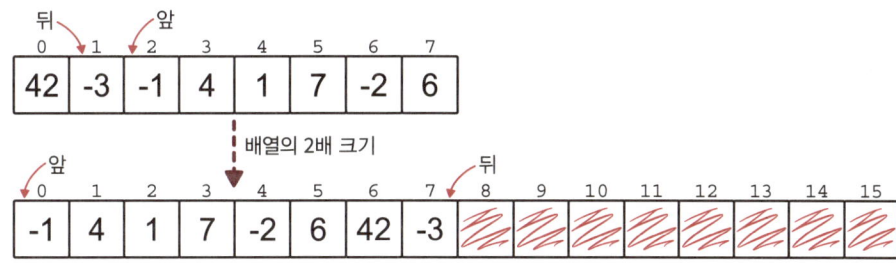

이 방식은 요소들을 원래 위치에 복사하는 것보다 더 느리지 않으며, 점근적 분석에도 영향을 미치지 않는다. 하지만 코드가 더 복잡해질 것이다. 게다가 동적 배열을 사용할 경우 삽입과 삭제의 최악 시간 복잡도는 $O(n)$이며, 이는 인큐와 디큐 역시 최악의 경우 선형 시간이 걸릴 수 있음을 의미한다. 종합적으로 크기가 유연하게 변할 수 있는 큐가 필요하다면, 연결 리스트를 기반으로 한 구현이 더 나은 선택일 때가 많다.

큐의 더 많은 응용

이 장의 앞부분에서는 FIFO 원칙에 따라 작동하는 실제 상황과 함께, 가장 간단한 형태로 큐를 사용하는 작업 관리와 같은 소프트웨어 애플리케이션에 대해 설명했다. 이 외에도 큐가 더 큰 시스템의 일부로 사용되는 많은 영역과 큐에 의존하여 작동하는 알고리즘이 많다. 예를 들어 13장에서는 그래프를 탐색하고 그래프의 한 정점과 다른 정점(또는 모든 정점) 사이의 최소 거리(간선 수 기준)를 찾는 알고리즘인 너비 우선 탐색에 대해 설명한다. 다른 예시로 컴퓨터 과학에서 큐를 어떻게 사용하는지 살펴보자.

메시징 시스템

대규모 애플리케이션, 특히 대규모 웹 애플리케이션을 구축할 때, 요청의 속도가 너무 빠르거나 복잡해져서 제대로 처리하기 어려운 경우가 있다. 요청자가 실시간이 아닌 느린 응답을 허용할 수 있을 때, 큐와 같은 방식을 사용하여 웹 서비스의 속도를 조절할 수 있다. 이 방법을 **풀**pull **전략**이라고 한다. 일반적으로 웹 서비스는 푸시push 전략을 사용하도록 설정된다. 서비스나 사용자 클라이언트가 요청을 보내면 서버는 즉시 요청을 처리한다. 그러나 갑작스러운 요청 급증은 서버의 용량을 초과할 수 있다. 예를 들어 서비스가 최대 100개의 요청을 1분에 처리할 수 있다고 가정해보자. 몇 초 안에 200개의 요청이 몰리면 서비스는 과부하가 걸려 많은 요청을 처리하지 못하거나 서비스가 다운될 수 있다.

메시징 시스템에서는 요청이 카프카Kafka와 같은 고용량 서비스로 전달되어 단순히 메시지로 버퍼에 인큐된다. 그런 다음 서비스는 큐에 저장된 메시지를 자신이 처리할 수 있는 속도에 맞춰 차례대로 **읽어**pull 처리한다. 메시지가 우선순위를 지원하지 않을 경우, 사용할 수 있는 자료구조는 이 장에서 다루는 단순한 큐다. 만약 우선순위가 있는 경우, 다른 유형의 큐를 사용한다. 이는 다음 장에서 논의할 것이다.

웹 서버

웹 서버에서도 비슷한 전략을 사용하여 클라이언트로부터 받은 요청을 관리한다. 이 경우 메시징 서비스 버퍼가 없을 수도 있으며, 웹 서버는 요청을 수신한 후 이를 큐에 저장하여 순서대로 처리할 수 있다.

운영체제

CPU 사용 스케줄링, 디스크 사용, 프린터 스풀링spooling과 같은 리소스를 여러 프로세스가 사용할 때, 운영체제는 큐를 사용하여 라운드 로빈round-robin 방식으로 리소스를 할당할 수 있다. 현대 운영체제는 프로세스의 우선순위 개념을 지원하므로, CPU나 디스크와 같은 리소스는 우선순위가 높은 프로세스에게 먼저, 그리고 더 자주 할당된다. 그러나 프린터 스풀링은 FIFO 정책에 따라 더 공정하게 처리하는 경향이 있으므로, 운영체제에서 프린터 큐를 찾을 수 있다.

요약

- **큐**는 대기열의 첫 번째 요소가 가장 먼저 나가는 **FIFO** 정책을 준수하는 컨테이너다. 큐를 계산대의 줄로 생각하면 사람들이 대기열의 뒤쪽에서 입장하고 맨 앞에 있는 사람이 서비스를 받는다고 생각하면 된다.
- 컴퓨터 과학과 프로그래밍에서 널리 사용하는 큐는 메시징 시스템, 네트워킹, 웹 서버, 운영체제 등 다양한 분야에서 활용한다. 또한 너비 우선 탐색과 같은 많은 알고리즘이 처리해야 할 요소의 순서를 추적할 때도 큐를 사용한다.
- 큐는 두 가지 주요 연산을 제공한다. `enqueue`(새로운 요소를 큐의 뒤에 추가하는 연산)와 `dequeue`(큐의 앞에서 요소를 제거하고 반환하는 연산)다. 스택과 마찬가지로 다른 방식으로 요소를 삽입하거나 삭제할 수 없으며, 검색은 일반적으로 허용되지 않는다.
- 큐는 배열이나 연결 리스트를 사용하여 구현할 수 있다.
- 연결 리스트를 사용하면 최악의 경우에도 `enqueue`와 `dequeue` 연산이 $O(1)$ 시간에 처리된다.
- 정적 배열을 사용하여 **선형 큐**를 구현할 수 있는데, 이는 제한된 횟수의 인큐 연산만 지원한다. 또는 배열을 원형 컨테이너처럼 상상하여 **순환 큐**를 구현할 수 있으며, 이 경우 추가적인 복잡성이 필요하다.
- 동적 배열을 사용할 수도 있지만, 이 방식의 구현은 상당히 복잡하며 잘 사용하지 않는다.

CHAPTER 10

우선순위 큐와 힙:
데이터의 우선순위 처리법

이 장의 주요 내용
- 우선순위 큐 추상 자료형 소개
- 큐와 우선순위 큐의 차이
- 배열과 연결 리스트로 우선순위 큐 구현
- 우선순위 큐 추상 자료형을 위한 자료구조인 힙 소개
- 트리 대신 힙을 배열로 구현하는 이유
- 기존 배열에서 힙을 효율적으로 구축하는 방법

9장에서 우리는 큐에 대해 논의했다. 큐는 데이터를 담고 삽입된 순서대로 반환하는 컨테이너다. 이 아이디어는 우선순위 개념을 도입하여 일반화할 수 있으며, 이는 우선순위 큐와 그중 가장 일반적인 구현인 힙으로 이어진다. 이 장에서는 두 가지를 다루고 몇 가지 응용도 함께 논의할 것이다.

우선순위를 통해 큐 확장하기

이전 장에서 아이스크림을 사기 위해 줄을 서는 것과 같은 현실의 큐 예시를 살펴봤다. 하지만 모든 큐가 이렇게 선형적으로 진행되는 것은 아니다. 예를 들어 응급실에서는 가장 오랫동안 기다린 사람이 아니라 가장 긴급하게 치료가 필요한 사람이 먼저 의사의 처치를 받는다. 그리고 그 순서는 고정된 것이 아니라 동적으로 변한다.

이 장에서는 우선순위 개념을 도입하고, 이것을 통해 단순한 큐의 변형인 **우선순위 큐**priority queue를 도출할 것이다.

버그 처리(수정됨)

9장에서 만났던 초기 스타트업의 소프트웨어 엔지니어인 프리앙카를 기억하는가? 그녀는 회사에서 어떤 버그도 놓치지 않도록 않도록 버그 처리 방식을 재구성했다. 새로운 시스템은 매우 잘 작동했지만, 프리앙카는 여전히 밀어닥치는 일에 압사당할 지경이었다.

그녀는 버그를 처리하고 수정하는 전담 팀을 소규모로 꾸리기로 결정했다. 하지만 그것만으로는 충분하지 않았다. 그녀가 만든 프로토콜의 한 단계는 많은 시간을 낭비하는 주범이었다.

기억하겠지만 그 과정은 대부분 자동화되어 있었다. 엔지니어들이 발견한 버그를 이메일로 보내면 데몬이 이메일에서 버그를 추출해 버그 큐에 추가하는 방식이었다. 이 시점에서 프리앙카는 버그를 확인하고 긴급한지 여부를 결정하는 역할을 맡고 있었다. 긴급한 버그는 즉시 수정하고, 그렇지 않으면 큐의 끝으로 다시 보냈다.

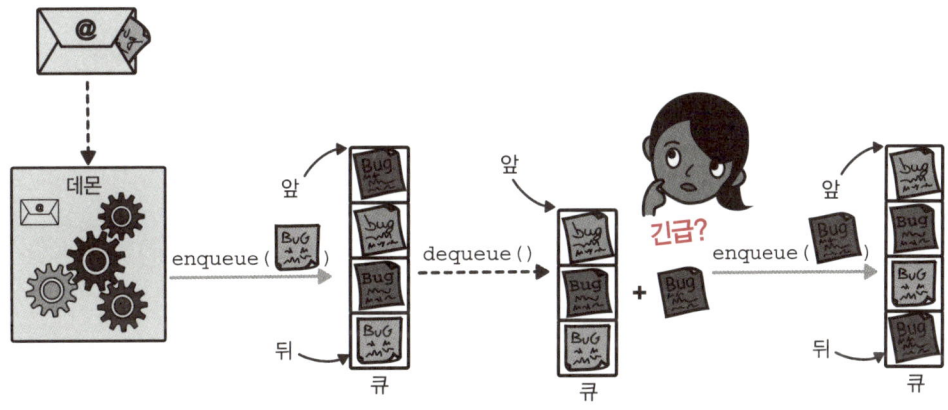

버그가 긴급한지 결정하는 것은 프리앙카의 시간 측면에서 비용이 매우 많이 드는 일이었다. 버그의 긴급성을 평가하기 위해 그녀는 종종 버그를 제출한 엔지니어나 그 버그에 영향을 받는 팀에 연락해 버그의 맥락과 문제점을 파악해야 했다.

이 과정을 거치다 보니 그녀는 각 버그를 처리하는 데 시간이 오래 걸렸다. 또한 다른 엔지니어들의 협조가 필요했으며, 버그가 긴급하지 않다는 데 동의하면 그간의 노력이 허사로 돌아간다.

프리앙카는 이 상황을 해결할 아이디어를 떠올렸다. 버그를 제출하는 사람이 그 버그가 긴급한지 여부를 결정하게 하면 어떨까? 그녀와 팀은 여전히 버그를 수정하기 위해 코드 소유자와 이야기해야 할 수도 있지만, 이제 누군가가 그 버그가 긴급하고 즉시 수정해야 한다고 결정한 후에만 그렇게 할 것이다. 이 수정은 큐의 변화를 요구한다. 이제 프리양카가 다음 버그를 요청하면 시스템은 가장 오래된 버그가 아니라 가장 긴급한 버그를 반환한다.

프리양카는 좀 더 유연성을 제공하기 위해 '원하는desired', '필요한needed', '긴급한urgent', 그리고 '심각한critical' 이렇게 네 가지 우선순위 수준을 가진 시스템을 구축한다. '심각한'은 사용자에게 직접적인 영향을 미치기 때문에 어제 이미 고쳐졌어야 하는 버그에 해당한다. 반면 '원하는' 수준의 수정은 대기할 수 있다. 보통은 사용자에게 영향을 미치지 않지만 추가하고 싶은 기술 부채tech debt* 개선 사항이다.

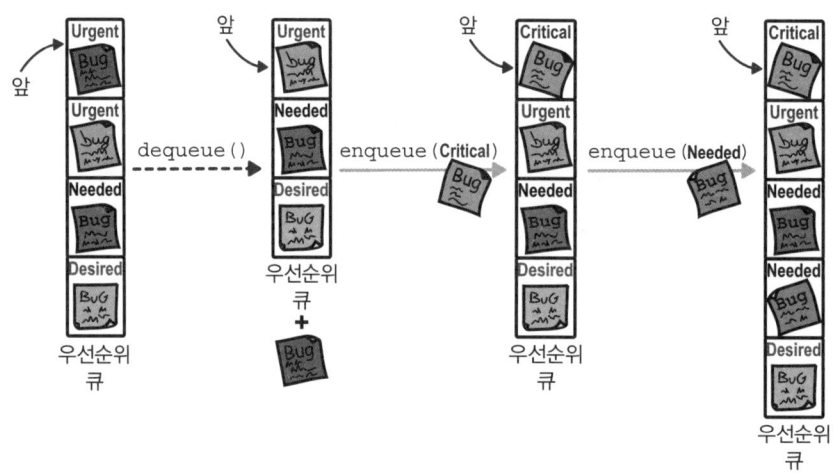

이제 버그를 우선순위에 따라 처리하기 위해 일반 큐로는 충분하지 않다. 대신 우선순위 큐로 대체해야 한다.

우선순위 큐의 추상 자료형

단순 큐와 마찬가지로 우선순위 큐의 인터페이스에 포함해야 하는 두 가지 중요한 메서드가 있다. 하나는 새로운 요소를 큐에 추가하는 메서드이고, 다른 하나는 가장 높은 우선순위를 가진 요소를 얻는 메서드다. 전통적으로 우리는 이 메서드들에 대해 다른 명명법을 사용한다. 새로운 요소를 추가하는 메서드는 단순히 `insert`라고 한다. 가장 높은 우선순위 항목을 가져와 제거하는 메서드는 `pull_highest_priority_element`(종종 `pull`로 줄여 부름), `extract_max`, 또는 `top`이라고 부르기도 한다. 이 책에서는 개인적인 선호와 간결함을 위해 마지막 것을 사용할 것이다.

---

* [옮긴이] 소프트웨어 개발에서 코드나 시스템을 일시적으로 빠르고 간편하게 구현한 결과, 미래에 해결해야 할 추가적인 작업이나 문제를 의미한다. 주로 급하게 기능을 개발하거나, 코드의 복잡성을 줄이기 위해 임시방편으로 작성된 코드가 원인이다.

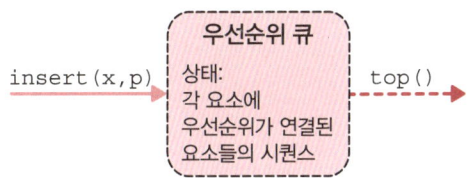

우선순위 큐가 클라이언트와 맺는 계약은 큐가 항상 가장 높은 우선순위를 가진 요소를 반환한다는 것이다. 이것이 어떻게 이루어지는지는 추상 자료형 수준에서 명시할 필요는 없다. 다음 절에서 살펴보자.

연습 문제

10.1 우선순위 큐는 우선순위의 개념을 기반으로 한다. 그러나 여전히 큐의 특성을 가지고 있다. 우선순위 큐를 단순 큐처럼 작동하게 하려면 요소의 우선순위를 어떻게 선택해야 할까?

10.2 요소의 우선순위를 어떻게 설정하면 우선순위 큐가 스택처럼 작동할 수 있을까?

우선순위 큐를 자료구조로 사용하기

우선순위 큐의 데이터를 어떻게 저장할 수 있을까? 두 가지 대안이 있다. 우선순위에 따라 요소들을 정렬된 상태로 유지하거나, 반환할 때마다 현재 가장 높은 우선순위를 가진 요소를 검색하는 방법이다. 먼저 첫 번째 옵션을 살펴보자. 이 절에서는 더 높은 숫자가 더 높은 우선순위를 의미하는 정수를 예시로 사용할 것이다.

정렬된 연결 리스트와 정렬된 배열

요소들을 우선순위에 따라 정렬된 상태로 유지하면 `top` 메서드를 단순화할 수 있다. 실제로 이 메서드의 경우, 큐의 맨 앞에 있는 요소만 반환하면 된다. 하지만 `insert` 메서드는 새로운 요소를 처리하고, 기존 데이터에 추가하면서 순서를 유지해야 한다. 이 작동을 구현하는 데 좋은 자료구조는 정렬된 연결 리스트와 정렬된 배열, 두 가지다.

연결 리스트의 경우, 단일 연결 리스트 변형이면 충분하다. 리스트의 맨 앞에서 요소를 삭제할 수 있고, 삽입 작업은 어차피 선형 시간이 걸리기 때문이다. 요소들을 가장 높은 우선순위(헤드)에서 가장 낮은 우선순위(테일) 순으로 정렬해두고, 새로운 요소를 추가할 때는 6장에서 논의한 것과 동일한 방식으로 적절한 위치를 찾기 위해 리스트를 스캔해야 한다. 반면 앞부분에서 요소를 삭제하는 것은 상수 시간 작업이다.

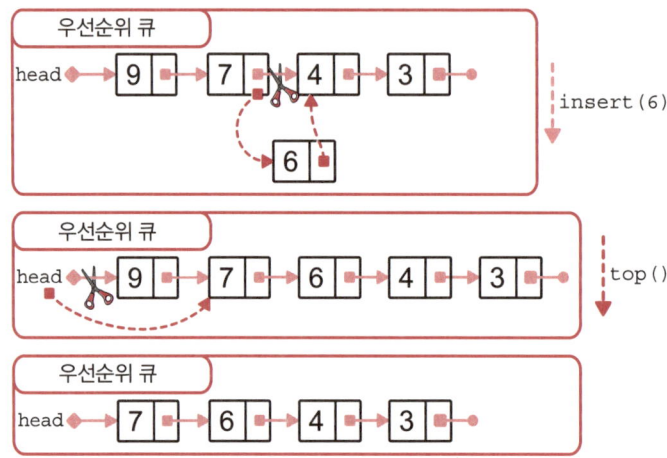

배열을 사용할 때도 비슷한 전략을 사용할 수 있지만, `top`의 실행 시간을 가능한 빠르게 유지하기 위해서는 신중해야 한다. 요소의 순서는 우선순위가 높은 순서로 정렬하거나 반대로 정렬하는 것, 두 가지 선택이 있다. 첫 번째 경우, 우선순위가 가장 높은 요소를 제거하려면 배열의 다른 모든 요소를 이동시켜야 한다. 따라서 우선순위가 가장 높은 요소를 배열의 끝에 두는 것이 올바른 방법이다.

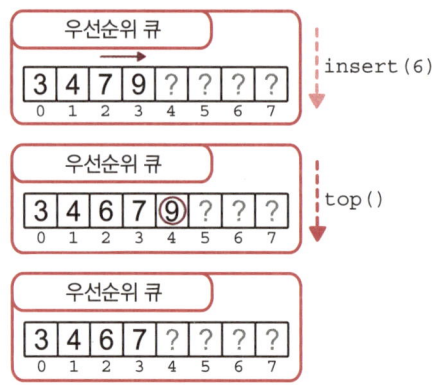

정렬되지 않은 연결 리스트와 정렬되지 않은 배열

반대의 방법은 정렬되지 않은 버전의 두 자료구조를 사용하는 것이다. 이 경우 삽입 작업은 간단하고 상수 시간이 걸린다. 왜냐하면 새로운 요소를 연결 리스트의 앞부분이나 배열의 끝부분에 그냥 추가하면 되기 때문이다. 반대로 우선순위가 가장 높은 요소를 추출하는 작업은 복잡해진다. 요소에 대한 정보가 전혀 없기 때문이다. 결국 리스트 전체를 하나씩 살펴보면서 가장 높은 우선순위를 가진 요소를 찾아야 한다.

성능 개요

표 10.1은 지금까지 배운 내용을 요약해 나타낸 것이다.

표 10.1 우선순위 큐를 구현하는 여러 방법에 대한 기본적인 성능 비교

자료구조	insert()	top()	동적 크기 지원
정렬된 정적 배열	O(n)	O(1)	아니요
정렬되지 않은 정적 배열	O(1)	O(n)	아니요
정렬된 연결 리스트	O(n)	O(1)	예
정렬되지 않은 연결 리스트	O(1)	O(n)	예

연결 리스트와 배열은 유사하게 작동한다. 정렬 상태로 유지할 경우 `insert` 작업은 느리지만, `top` 작업은 빠르다. 반면 정렬되지 않은 경우에는 반대의 결과가 나타난다. 이 두 가지는 완전히 정렬된 시퀀스와 완전히 정렬되지 않은 시퀀스라는 극단적인 예시로, 서로 정반대의 작동을 보인다. 두 연산에서 O(n)보다 더 나은 성능을 제공하는 중간 솔루션이 있다면 좋지 않을까?

부분 정렬

정렬된 배열 A에서 두 인덱스 `i`와 `j`를 선택할 때 `i < j`이면 `A[i] ≤ A[j]`가 성립한다는 것을 즉시 알 수 있다. 이는 배열이 완전 정렬된 상태이기 때문이다. 따라서 두 요소를 비교하면 위치에 따라 그들의 순서를 즉시 알 수 있다. 배열에서 가장 큰 요소가 어디에 있는지 알고, 그것을 제거하면 그다음에 어떤 요소가 그 자리를 차지할지도 알 수 있다. 반대로 정렬되지 않은 배열에서는 전혀 정보를 얻을 수 없다. 더 많은 정보를 얻을수록 데이터를 구조적으로 유지하는 데 드는 비용도 증가한다. 배열을 완전히 정렬하려면 더 많은 요소를 비교해야 한다는 것은 자명하다.

더 나은 성능을 얻기 위한 핵심은 두 연산 사이에서 부담을 분산시키고, 각 연산에서 최소한의 정보로 최대한 많은 요소를 액세스할 수 있도록 균형을 맞추는 것이다. 이 균형은 요소들을 부분적으로만 정렬하는 것으로 이루어진다. 앞서 언급했듯이, 항상 요소들이 반환될 정확한 순서를 알 필요가 없고, 단지 다음에 반환될 요소만 알면 된다.

힙

이전 장에서 추상 자료형을 구현하기 위한 자료구조를 논의할 때, 처음부터 새로운 자료구조를 설계하는 것이 가능하다고 자주 언급했지만, 이는 보통 최선의 대안이 아니다. 이제 그 규칙의 예외를 논의할 시간이다.

우선순위 큐를 구현하기 위한 최적의 자료구조는 배열도, 연결 리스트도 아니다. 스택이나 큐도 이 작업에 사용할 수 없다. 여기서 이제까지 다루지 않은 새로운 유형의 자료구조를 소개한다. 이 절의 나머지 부분에서는 힙에 대해 논의하고, 그것을 어떻게 우선순위 큐에 사용할 수 있는지 살펴볼 것이다.

특별한 트리

힙heap은 특별한 종류의 트리다. 트리 자료구조에 익숙하지 않더라도 걱정할 필요는 없다. 여기서 필요한 내용을 설명할 것이며, 기본 개념은 11장을 참조할 수 있다. 이 장에서는 **이진 힙**binary heap으로 제한한다. 즉, 이진 트리를 사용한다는 의미다. 사실 이진 힙의 첫 번째 속성은 트리의 각 노드가 최대 2개의 자식을 가질 수 있다는 것이다. 힙이 반드시 이진 트리일 필요는 없다. 3항 트리, 4항 트리 등이 될 수도 있지만, 이진 힙은 가장 간단하며 대부분의 요구를 충족시키기 충분하다. 만약 자식이 2개 이상인 d-way 힙에 대해 더 알고 싶다면 《Advanced Algorithms and Data Structures》의 2장을 참고하자.

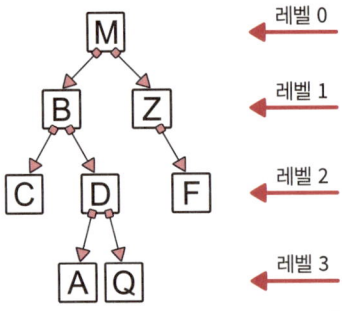

트리의 노드들이 레벨로 구성되어 있다는 것을 눈치챘을 것이다. 예에서, 트리의 루트는 M으로 레이블된 노드이며, 레벨 0에 유일하게 존재한다. 레벨 1에는 M의 두 자식 노드 B와 Z가 있으며, 그 후로도 노드가 계속 이어진다.

하지만 힙은 단순한 이진 트리가 아니다. 이진 힙이 되기 위해서는 트리가 두 가지 추가적인 속성을 만족해야 한다. 속성 2는 구조적 속성이다. 힙 트리는 '거의 완전'하다. 즉, 마지막 레벨을 제외한 모든 레벨이 완전하며, 마지막 레벨의 노드들은 가능한 왼쪽으로 몰려 있어야 한다.

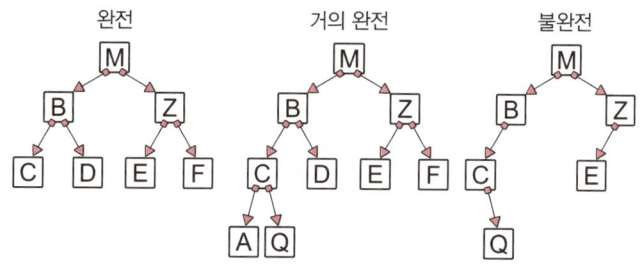

속성 3은 힙 내부의 데이터에 관한 것이다. 힙에서는 각 노드가 자신을 루트로 하는 서브트리에서 우선순위가 가장 높은 요소를 가지고 있어야 한다.

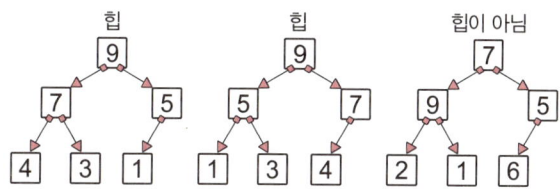

이 마지막 속성 덕분에, 힙의 루트에는 항상 가장 높은 우선순위의 요소가 있다. 문제는 새로운 요소를 추가하거나 루트를 추출할 때 이러한 속성들을 어떻게 유지하느냐 하는 것인데, 다음 절에서 힙의 구현을 설명할 때 살펴보자.

힙의 몇 가지 속성

힙의 기본 속성으로부터 몇 가지 흥미로운 속성이 뻗어 나온다. 속성 3으로부터, 루트에서 리프leaf까지의 모든 경로가 정렬되어 있다는 것을 유추할 수 있다.

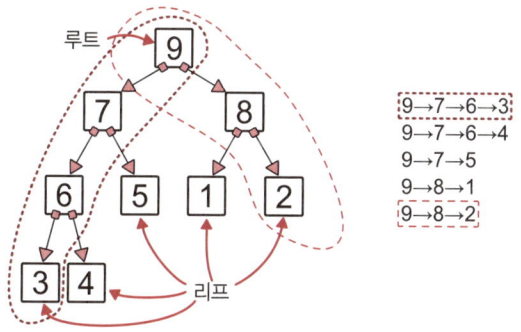

이는 부분적으로 배열이 정렬된 상태로 볼 수 있으며, 이것은 앞에서 이야기한 트레이드오프로, 모든 요소 쌍의 비교 정보를 얻지 못하지만, 어느 정도의 정보는 얻을 수 있다는 것을 의미한다.

속성 1과 2로부터 몇 가지 흥미로운 구조적 속성을 유추할 수 있다. 먼저 각 레벨에 정확히 몇 개의 노드가 있는지 알 수 있다.

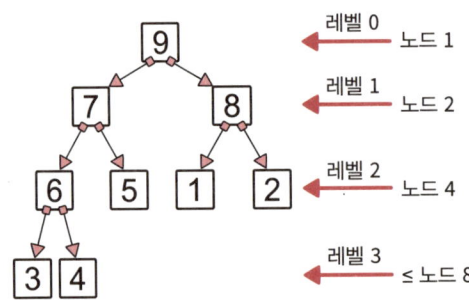

레벨 0에는 루트만 있을 수 있다. 각 노드가 최대 2개의 자식을 가질 수 있으므로, 루트의 자식들이 있는 레벨 1에는 최대 2개의 노드를 가질 수 있다. 이 패턴은 계속 이어지며, 일반적으로 레벨 i에는 최대 2^i개의 노드를 가질 수 있다(그리고 마지막 레벨이 아니라면 정확히 2^i개의 노드가 존재한다). 레벨의 인덱스 i는 그 레벨의 높이, 즉 루트로부터의 거리다. 이 모든 특성을 통해 n개의 요소를 가진 힙의 높이(루트에서 리프까지의 가장 긴 경로)가 최대 $\log(n)$만큼 작다는 것을 알 수 있다. 수학적인 부분은 생략하고 연습 문제로 남겨두겠다!

힙의 성능

힙의 높이에 대한 제한이 중요한 이유는, `insert`와 `top` 연산이 루트에서 리프까지 또는 그 반대 경로로만 따라가도록 구현할 수 있기 때문이다. 이는 이들의 실행 시간이 힙의 높이에 비례한다는 것을 의미한다. 따라서 힙의 `insert`와 `top` 작업이 힙의 높이에 비례하여 시간이 걸린다면(실제로 그렇다. 다음 절에서 설명한다), 표 10.1을 표 10.2로 업데이트하면 힙이 우선순위 큐의 작업에 대해 보다 균형 잡힌 성능을 제공한다는 것을 알 수 있다.

표 10.2 **다양한 우선순위 큐 구현의 성능 비교**

자료구조	insert()	top()
정렬된 배열/연결 리스트	O(n)	O(1)
정렬되지 않은 배열/연결 리스트	O(1)	O(n)
힙	O(log n)	O(log n)

최대 힙과 최소 힙

힙을 구현하는 방법을 설명하기 전에, 몇 가지 개념을 명확히 하고자 한다. 예제에서 다룬 힙은 보통 최대 힙max-heap인 경우가 많다. 최대 힙이란 각 부모 노드가 자식 노드보다 크거나 같은 값을 가지는 힙을 말한다. 따라서 최대 힙의 루트에는 가장 큰 값이 위치한다. 그렇다면 가장 작은 값을 루트에 위치시켜야 하는 경우(예를 들어 가장 작은 값을 순차적으로 추출해야 할 때)는 어떻게 해야 할까? 이 경우 최소 힙min-heap을 사용하는데, 이는 각 부모 노드가 자식 노드보다 크지 않은 값을 가지는 힙이다.

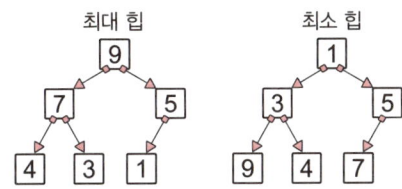

최소 힙의 개념을 사용하면 부모-자식 비교 및 필요한 체크가 반대로 이루어지므로, 구현이 혼란스러워질 수 있다. 힙을 다루는 올바른 방법 중 하나는 '우선순위priority'의 개념을 사용하는 것이다. 즉, 힙에서는 항상 루트에 가장 높은 우선순위의 요소가 있고, 각 부모-자식 쌍에 대해 `priority(P) ≥ priority(C)`이 되도록 보장한다. 예를 들어 힙의 상단에 더 작은 숫자를 두고 싶다면, 숫자 x의 우선순위를 $-x$(즉, x의 반댓값)으로 정의할 수 있다. 이 방법은 요소의 우선순위를 얻기 위한 함수를 정의하고 적용해야 하지만, 모든 혼란을 제거하고 더 많은 유연성을 제공한다.

연습 문제

10.3 n개의 요소가 있는 힙의 높이가 $\log(n)$임을 증명할 수 있는가?

| 힌트 | 힙은 '거의 완전한 트리almost complete tree'라는 점을 기억하라.

힙 구현

이제 우선순위 큐를 위한 새로운 자료구조가 필요하다는 것을 확립했으니, 이를 구현하는 방법을 살펴볼 때다. 힙의 주요 연산에 대한 논의는 앞서 다루지 않았는데, 그 이유는 힙을 구현하는 방법에 큰 영향을 받기 때문이다. 그리고 구현에 대해 이야기하기 전에 알아야 할 중요한 반전이 하나 있다. 모든 것을 설명하려면 특정한 순서로 진행해야 한다.

힙을 저장하는 방법

힙을 트리로 저장할 수는 있다. 이는 연결 리스트를 다루는 방식과 유사하며, 11장에서 다룰 내용이다. 하지만 더 나은 방법이 있기 때문에 보통 그렇게 하지 않는다. 그 이유를 설명하려면 힙의 두 번째 속성으로 돌아가야 한다. 힙은 거의 완전한 이진 트리이므로, 각 레벨에 몇 개의 노드가 있는지 정확히 알 수 있다.

우선 0부터 시작해서 루트에 인덱스를 매긴 다음, 트리를 위에서 아래로, 왼쪽에서 오른쪽으로 순회하면서 인덱스를 부여한다.

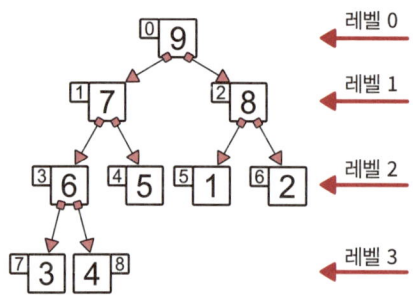

이 그림에서 몇 가지를 추론할 수 있다. 예를 들어 인덱스가 3인 노드를 보면 그 부모의 인덱스는 1이고, 자식들의 인덱스는 7과 8이라는 것을 알 수 있다. 마찬가지로 인덱스가 2인 노드는 부모의 인덱스가 0이고, 자식들의 인덱스는 5와 6이다.

인덱스가 $i > 0$인 노드의 부모 인덱스는 $(i - 1) / 2$라는 정수 나눗셈*으로 구할 수 있고, 자식들의 인덱스는 각각 $2 \times i + 1$과 $2 \times i + 2$가 된다는 규칙을 생각해낼 수 있다. 이 정보로 무엇을 할 수 있을까? 이를 파악하는 데 도움이 될 또 다른 고려 사항은 다음과 같다. 인덱스를 할당할 때 1레벨의 모든 노드가 2레벨의 노드들보다 먼저 오고, 2레벨의 노드들은 3레벨의 노드들보다 먼저 오도록 했다. 거의 완전한 트리는 왼쪽 정렬이 되어 있기 때문에 인덱싱에 '구멍'이 없으며, 마지막 레벨에서도 인덱스가 8인 노드가 트리의 어느 위치에 있는지 정확히 알 수 있다.

배열에서도 이 아이디어를 동일하게 적용할 수 있다. 정적 배열에서는 일반적으로 첫 번째 요소부터 마지막 요소까지 빈 공간 없이 왼쪽 정렬로 유지되기 때문이다. 실제로 이 트리와 배열 사이에는 유사점이 있다. 트리의 요소를 선형으로 재배열해서 각 레벨을 나란히 배치하면, 노드에 할당된 인덱스는 같은 요소를 가진 배열의 인덱스와 정확히 일치한다.

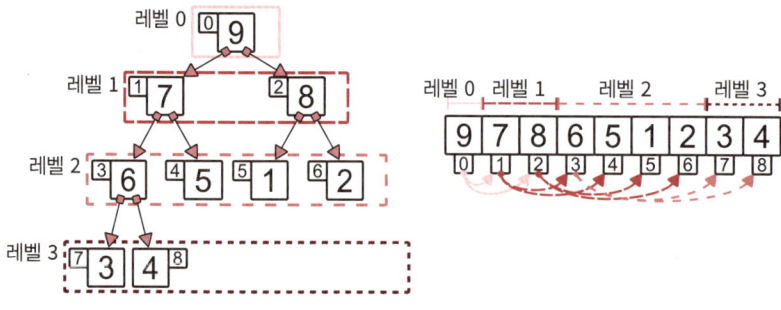

---

* [옮긴이] 정수 나눗셈에서는 소수점 아래 자리를 버리므로 결과가 항상 정수로 나온다.

여기서 반전이 있다. 우리는 힙의 데이터를 저장할 때 배열을 사용한다! 물론 몇 가지 제약과 유용한 특성을 가진 특별한 배열이지만, 결국에는 배열이다. 이 절의 나머지 부분에서는 추가하는 요소를 저장할 공간이 충분하다고 가정하고, 힙 연산을 분석하는 데 있어서 이 배열을 정적 배열로 취급할 것이다. 이제는 동적 배열이 필요할 경우, 실행 시간의 경계가 최악의 경우가 아닌 분할 상환 시간으로 적용된다는 것을 알고 있을 것이다.

생성자, 우선순위, 그리고 헬퍼 메서드

이전 절에서 배운 내용을 바탕으로, 배열(파이썬 리스트)을 내부 속성으로 사용하는 힙 클래스(Heap)를 정의할 것이라고 예상할 수 있다. 앞서 언급한 것처럼, 요소의 우선순위를 추출하는 함수를 전달해서 항상 가장 높은 우선순위가 힙의 최상단에 위치하도록 한다.

```python
class Heap:
    def __init__(self, elements=None, element_priority=lambda x: x):
        self._priority = element_priority
        if elements is not None and len(elements) > 0:
            self._heapify(elements)
        else:
            self._elements = []
```

또한 두 요소의 우선순위를 비교하거나 요소의 부모와 자식을 찾는 등의 세부 사항을 처리하는 헬퍼 메서드를 개발할 것을 권장한다. 이런 작업들을 별도의 메서드로 추상화하면 코드가 더 깔끔해질 뿐만 아니라 < 또는 >를 사용해야 하는지, 혹은 부모 노드의 인덱스를 계산하는 공식이 맞는지 확인할 필요 없이 더 복잡한 작업을 쉽게 이해할 수 있다.

```python
def _has_lower_priority(self, element_1, element_2):
    return self._priority(element_1) < self._priority(element_2)
def _has_higher_priority(self, element_1, element_2):
    return self._priority(element_1) > self._priority(element_2)
def _left_child_index(self, index):
    return index * 2 + 1
def _parent_index(self, index):
    return (index - 1) // 2
```

추가적으로 기존 배열에서 힙을 구축하는 _heapify라는 헬퍼 메서드가 하나 더 있다. 그러나 이것은 이 절의 마지막에 다루도록 하겠다. 이제 이러한 메서드들을 정의했으니, 힙에서의 주요 작업들을 논의할 준비가 되었다. 이 장의 처음에 논의한, 버그 처리를 위한 큐 예시를 사용할 것이다. 다만 한 가지 변경 사항이 있는데, 우선순위가 클래스 대신 소수decimal로 표현된다는 점이다. 숫자가 클수록 우선순위가 높다는 것을 의미한다.

삽입

먼저 삽입 작업부터 시작해보자. 무엇을 하고 있는지 시각화하는 데 도움이 되도록, 힙의 트리 및 배열 표현을 나란히 나타냈다. 이 힙(버그를 저장하는 큐)을 시작 상태로 사용할 것이다.

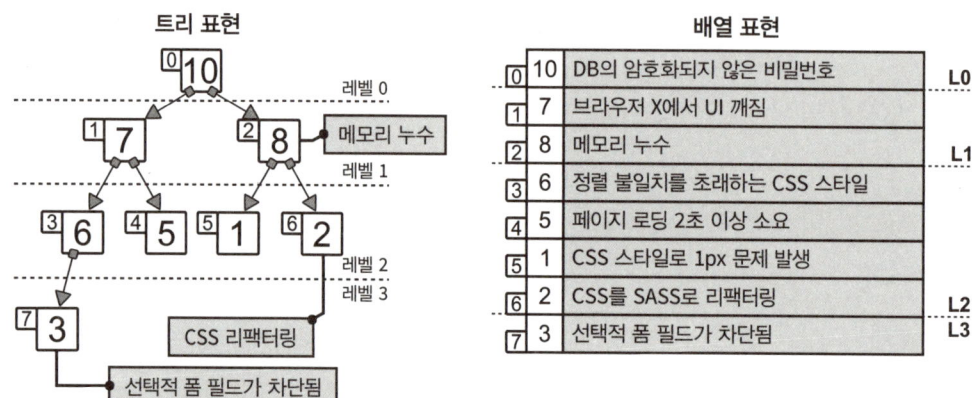

각 요소는 버그 설명과 그 우선순위가 있는 쌍이다. 트리 표현에서는 공간 제한으로 인해 대부분의 설명을 생략한다. 같은 이유로 앞으로 배열 표현에서는 설명만 표시할 것이다.

이제 새 요소를 추가한다고 가정해보자. 배열에 새로운 요소를 추가할 공간이 충분히 할당되었다고 가정하고, 실제로 채워진 배열 부분만 보여주며 빈 칸은 생략한다. 우리는 튜플 ("로그인 실패", 9)을 추가하려고 한다. 먼저 배열의 끝에 새로운 요소를 추가한다. 하지만 새로운 요소가 부모보다 우선순위가 높아서 힙의 세 번째 속성을 위반한다는 것을 알게 되었다.

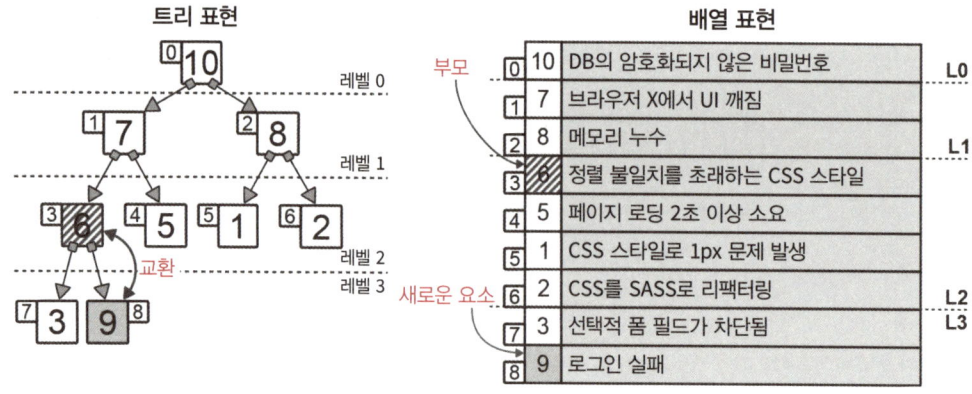

이 문제를 어떻게 해결할 수 있을까? 한 가지 아이디어는 자식과 부모 노드를 교환하는 것이다. 그러면 두 노드 모두에 대해 우선순위 계층이 올바르게 정리되며, 형제 노드(인덱스 7인 노드)는 이미 이전 부모보다 크지 않았으므로 새로운 요소보다 작아도 문제가 없다.

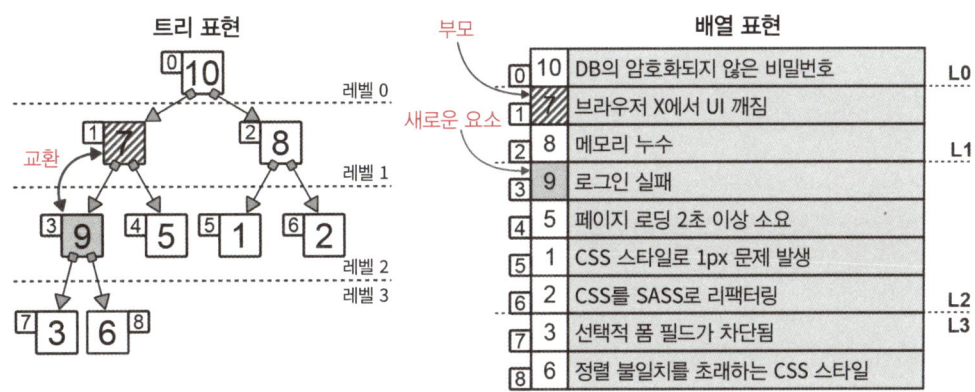

하지만 아직 끝나지 않았다. 새로운 요소는 새로운 위치에서도 여전히 힙 속성을 위반할 수 있다. 실제로 인덱스 1에 있는 부모보다 우선순위가 높기 때문에 힙의 속성을 복원하려면 새로운 요소가 루트에 도달하거나, 더 높은 우선순위의 부모를 찾을 때까지 위로 이동(**버블업**bubble up)시켜야 한다. 이 경우에는 한 번만 더 위로 이동하면 된다.

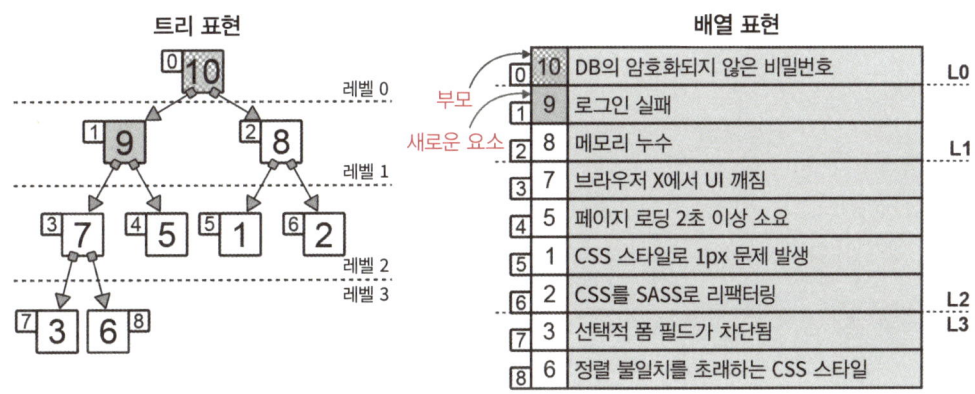

코드에서는 버블업시키는 부분을 별도의 헬퍼 메서드로 추출하여 `insert` 메서드 자체를 깔끔하고 간결하게 구현하였다. 배열의 끝에 새로운 요소를 추가한 후 버블업한다.

```
def insert(self, element):
    self._elements.append(element)
    self._bubble_up(len(self._elements) - 1)
```

물론 복잡한 부분은 헬퍼 메서드에 있다. 이 메서드에는 최적화가 포함되어 있다. 동일한 요소를 부모와 반복적으로 교환하는 대신, 교환이 필요한 부모들을 아래로 내려보내고trickle down, 마지막으로 새로운 요소를 그 위치에 저장하는 방식이다.

```python
def _bubble_up(self, index):
    element = self._elements[index]
    while index > 0:
        parent_index = self._parent_index(index)
        parent = self._elements[parent_index]
        if self._has_higher_priority(element, parent):
            self._elements[index] = parent
            index = parent_index
        else:
            break
    self._elements[index] = element
```

속성을 위반하고 있으므로 새로운 요소와 부모를 교환해야 한다.

새로운 요소와 부모가 힙의 속성을 위반하지 않으므로 새로운 요소를 삽입할 최종 위치를 찾았다.

우리는 몇 개의 요소를 교환해야 할까? 새로운 요소는 리프에서 루트까지 경로상에서만 버블업될 수 있으므로 교환 횟수는 힙의 높이에 비례한다. 따라서 삽입 작업은 $O(\log(n))$ 단계가 소요된다.

톱

이제 ("로그인 실패", 9)를 삽입한 후 얻은 9개의 요소로 이루어진 힙에서 가장 높은 우선순위의 요소를 제거해보자. 힙의 루트인 이 요소를 제거하면 깨진 트리가 남게 된다. 2개의 서브트리는 각각 유효한 힙이지만, 이들의 배열 표현은 깨져 있다. 즉, 공통된 루트가 없는 상태다.

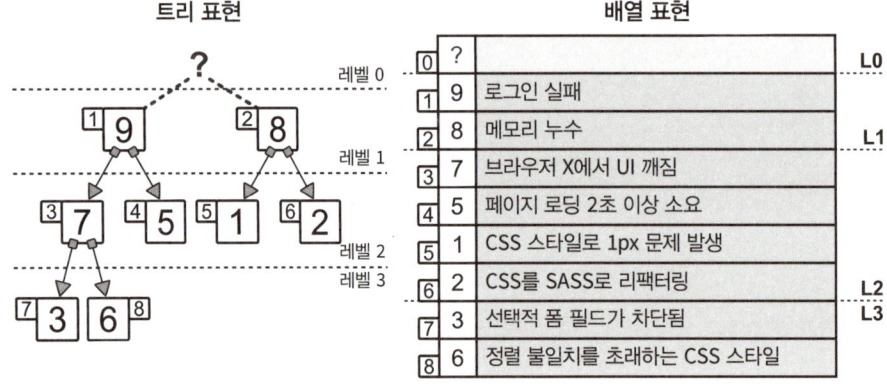

남은 요소들을 이동시키면 힙의 인덱싱과 구조가 엉망이 된다. 마찬가지로 이전 루트의 자식 중 하나를 버블업하는 방식(insert에서처럼)도 작동하지 않는다. 첫째, 이전 루트가 남긴 빈자리가 서브트리 중 하나로 이동하기 때문이다. 둘째, 자식들 중 가장 큰 요소를 버블업해야 하는데, 가장 큰 요소가 어느 것인지와 힙의 구조에 따라 리프leaf 레벨에 빈자리가 생겨 '거의 완전한' 특성이 깨질 수 있다.

더 나은 방법이 있다. 힙의 마지막 요소(이 경우 인덱스 8에 있는 요소)를 가져와 힙의 루트로 이동시켜보자. 이를 통해 이전의 가장 높은 우선순위 요소를 대체한다면, 구조적인 문제는 영구적으로 해결되고 힙의 두 번째 속성도 복구되어 '거의 완전한' 트리가 된다.

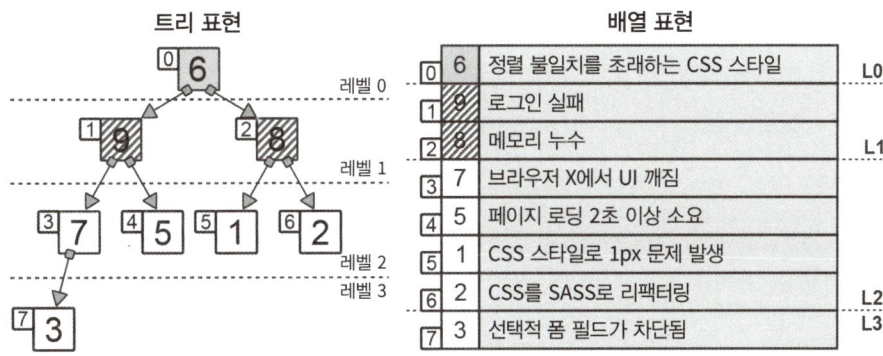

그러나 힙의 모든 속성이 복구된 것은 아니다. 힙의 루트가 자식들 중 적어도 하나보다 작기 때문에 세 번째 속성은 여전히 위반되고 있다(리프, 즉 힙에서 작은 요소 중 하나를 루트로 옮겼기 때문에 발생했을 가능성이 크다).

힙의 모든 속성을 복구하려면 새로운 루트를 **리프 방향으로 내려보내며**push down, 가장 작은 자식과 교체하는 작업을 해야 한다. 이 작업을 반복하다 보면 더 이상 세 번째 속성을 위반하지 않는 위치에 도달하게 된다. 다음은 6번 요소가 최종적으로 위치한 곳이며, 해당 요소가 도착하기까지 교체된 경로를 강조하여 표시했다.

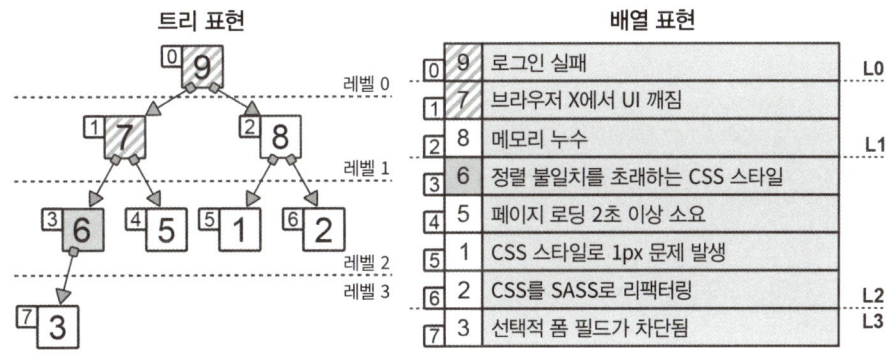

`insert` 작업과 마찬가지로 `top` 메서드도 짧은 본문을 가지고 있으며, 에지 케이스와 마지막 요소를 힙의 루트로 이동시키는 첫 번째 단계를 처리한다.

```
def top(self):
    if self.is_empty():
        raise ValueError('Method top called on an empty heap.')
    if len(self) == 1:
        element = self._elements.pop()
    else:
        element = self._elements[0]
        self._elements[0] = self._elements.pop()
        self._push_down(0)
    return element
```

힙에 하나의 요소만 있다면 단순히 루트를 pop한다.

작업의 대부분은 헬퍼 메서드 `_push_down`이 수행한다. 우선 노드의 자식들 중 어느 것이 가장 높은 우선순위를 가지는지를 찾아야 한다. 이 메서드는 현재 노드가 리프일 경우 `None`을 반환하는데, 이는 나중에 도움이 될 것이다.

```
def _highest_priority_child_index(self, index):
    first_index = self._left_child_index(index)
    if first_index >= len(self):         # 현재 노드에 자식이 없다.
        return None
    if first_index + 1 >= len(self):
        return first_index                # 현재 노드에 자식이 하나만 있다.
    if self._has_higher_priority(self._elements[first_index], self._elements[first_index + 1]):
        return first_index
    else:
        return first_index + 1
```

이 메서드를 가지면 `_push_down`이 더 쉬워진다. 해야 할 일은 주어진 노드가 리프인지 확인하고 (`_highest_priority_child_index` 호출 시 리프면 `None`을 반환), 리프라면 작업을 끝낸다. 그렇지 않으면 현재 요소와 자식들 중 우선순위가 가장 높은 요소를 비교한다. 만약 세 번째 힙 속성을 위반하지 않는다면 작업을 끝낸다. 그렇지 않으면 두 요소를 교체하고 과정을 반복한다.

```
def _push_down(self, index):
    element = self._elements[index]
    current_index = index
    while True:
        child_index = self._highest_priority_child_index(current_index)
        if child_index is None:
            break
        if self._has_lower_priority(element, self._elements[child_index]):
            self._elements[current_index] = self._elements[child_index]
            current_index = child_index
        else:
            break
    self._elements[current_index] = element
```

삽입과 마찬가지로 명시적인 교체를 피함으로써 메서드를 최적화한다. 하지만 몇 번의 교체를 해야 할까? 루트에서 리프까지의 경로를 따라갈 수밖에 없으므로, 최대 교체 횟수는 힙의 높이 만큼이다.

이번에는 다른 측면도 고려해야 한다. 내려보내는 요소와 그 자식 중 가장 작은 요소를 교체해야 하므로, 그것을 먼저 찾아야 한다. 교체할 자식이 가장 작은지 확인하기 위해 얼마나 많은 비교가 필요할까? 각 교체마다 최대 두 번의 비교가 필요하므로, 여전히 $O(\log(n))$의 교체와 $O(2 \times \log(n)) = O(\log(n))$의 비교를 하게 된다. 따라서 예상했던 로그 시간 복잡도가 이 메서드에도 여전히 유효함을 확인할 수 있다.

힙화

마지막으로 다룰 힙 연산은 **힙화**heapification(힙 정렬화)다. 이는 초기 요소 집합에서 유효한 힙을 만드는 작업이다. 이 연산은 힙에 특화된 것이기 때문에 우선순위 큐 인터페이스의 일부가 아니다. 상황은 다음과 같다. n개의 요소가 있는 초기 배열이 있는데, 이 요소들의 순서에 대한 가정은 없으며, 이 요소들을 포함하는 힙을 구축해야 한다. 이를 수행하는 두 가지 간단한 방법이 있다.

- **요소들을 정렬하는 방법**: 정렬된 배열은 유효한 힙이다.
- 빈 힙을 만들고 `insert`를 n번 호출하는 방법

두 방법 모두 $O(n \times \log(n))$ 시간과 일부 (최대 선형적인) 추가 공간을 필요로 한다. 하지만 힙을 사용하면 더 나은 작업을 수행할 수 있다. 실제로는 요소 배열에서 힙을 $O(n)$ 시간, 즉 선형 시간 내에 만들 수 있다. 이것은 우선순위 큐를 구현할 때 정렬된 배열을 사용하는 것에 비해 또 다른 이점이다.

두 가지 고려 사항으로 시작해보자. 힙의 모든 서브트리는 유효한 서브힙이고, 트리의 모든 리프는 높이가 0인 유효한 서브힙이다. 만약 임의의 배열을 가지고 이를 거의 완전한 트리로 표현한다면, 내부 노드들이 힙의 세 번째 속성을 위반할 수는 있겠지만, 리프는 확실히 유효한 서브힙이다. 우리의 목표는 작은 빌딩 블록을 사용해 더 큰 서브힙을 점진적으로 구축하는 것이다.

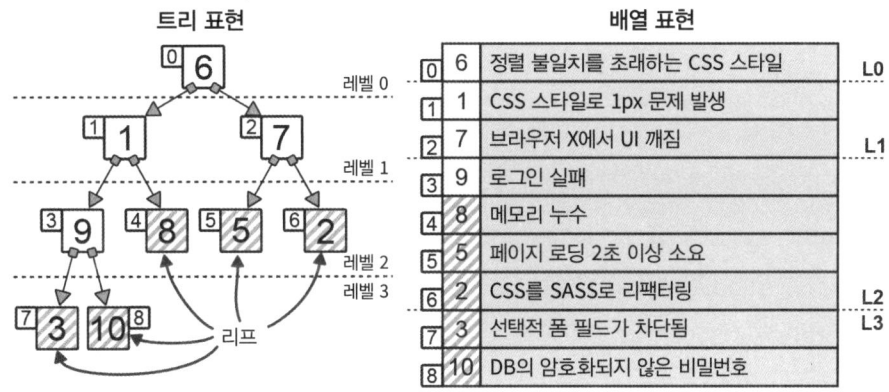

이진 힙에서 적어도 절반(±1)의 노드는 리프이기 때문에 힙 속성을 위반할 수 있는 노드는 나머지 절반인 내부 노드들뿐이다. 예를 들어 끝에서 두 번째 레벨, 레벨 2에 있는 내부 노드 중 하나를 선택하면 이 노드는 하나 또는 2개의 자식을 가지며, 이 자식들은 모두 리프이기 때문에 유효한 힙이다. 이제 루트는 힙의 세 번째 속성을 위반할 수 있지만, 자식들은 유효한 서브힙인 힙이 생긴다. 이는 루트를 배열의 마지막 요소로 대체한 후, 우리가 `top` 메서드에서 논의했던 것과 정확히 동일한 상황이다. 따라서 현재 루트를 내려보내서 서브힙을 고칠 수 있다.

예시에서 레벨 2의 유일한 내부 노드는 인덱스 3에 있으며, 힙 속성을 위반한다. 이를 아래로 밀어내면, 인덱스 3을 루트로 하는 서브트리가 유효한 힙이 된다.

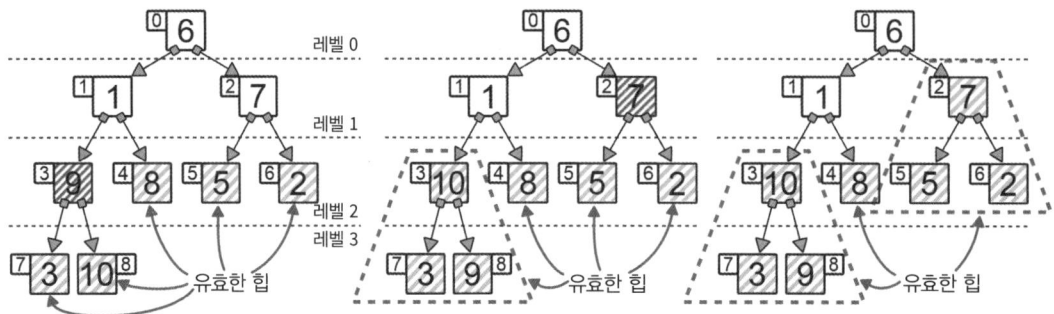

다음으로 레벨 1로 이동하면 리프가 자식인 유일한 다른 노드는 인덱스 2에 있는 노드다. 리프가 $n/2$개라면 자식이 리프인 내부 노드는 $n/4$개가 된다. 이 예시에서는 5개의 리프가 있으므로 2개가 내부 노드다(이때 나눗셈은 정수 나눗셈으로 가정한다).

서브트리의 루트를 아래로 내려보려고 하지만, 이 경우 더 할 작업은 없다. 이제 높이가 1인 모든 서브힙이 유효하다. 높이가 2인 서브힙(이 경우 하나만 있다)으로 이동한 뒤, 높이가 3인 서브힙으로 이동할 수 있는데, 이 예시에서는 전체 힙이 된다.

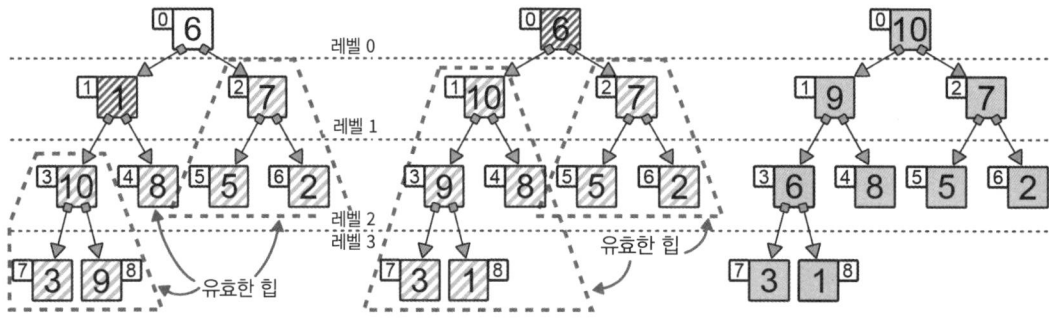

설명하거나 이해하는 것보다 코딩이 더 쉽다. `_heapify`의 본문은 몇 줄에 불과하다. 입력으로 받은 컬렉션을 새로운 배열에 복사한 후, 힙의 마지막 내부 노드의 인덱스를 계산한다(리프의 첫 번째 인덱스를 반환하는 헬퍼 함수 사용). 그런 다음 내부 노드를 반복하면서 각 노드를 아래로 밀어낸다. 트리에서 가장 깊은 노드에서 루트까지의 순서로 내부 노드를 순회하는 것이 중요한데, 그것만이 각 노드를 밀어낼 때 그 자식들이 유효한 힙임을 보장할 수 있기 때문이다.

```python
def _heapify(self, elements):
    self._elements = elements[:]
    last_inner_node_index = self._first_leaf_index() - 1
    for index in range(last_inner_node_index, -1, -1):
```

```
        self._push_down(index)
def _first_leaf_index(self):
    return len(self) // 2
```

배열을 힙화하는 데 얼마나 걸릴까? O(n) 비교와 할당이 필요하다. 수학적 증명은 《Advanced Algorithms and Data Structures》의 2.6.7절[*]에서 확인할 수 있다. 여기서 간단히 설명하자면 n/2개의 노드, 즉 힙의 리프에 대해서는 아무것도 하지 않는다. n/4개의 노드, 즉 리프의 부모 노드에 대해서는 _push_down이 최대 한 번의 교체를 수행한다. 이 패턴은 계속돼서 n/8개의 노드에 대해서는 최대 두 번의 교체가 이루어진다(이들은 이전 단계에서 n/4 노드의 부모 노드들이다). 이와 같은 항들이 log(n)번 반복된다. 이러한 연산의 총합은 O(n)이다.

우선순위 큐의 실제 활용

이제 힙이 어떻게 작동하는지 이해했으니, 실제로 어떻게 활용되는지 살펴보자! 이 절에서는 힙을 사용하는 흥미로운 예시를 다룬다. 그리고 몇몇 익숙한 개념들도 다시 만나볼 것이다.

k개의 가장 큰 항목 찾기

프로그래밍과 배열을 배운 후 마리오는 열정적으로 계속 나아가고 있다. 2장에서 우리는 그가 주사위가 공정한지 확인하기 위해 배열을 사용하는 과정을 함께했다. 이제 그는 로또 당첨을 기원하며 그 기술을 사용하려고 한다. 그의 아이디어는 간단하다(통계적으로는 맞지 않지만, 마리오는 중학교 1학년이기 때문에 아직 그걸 알 수 없다). 그는 로또에서 가장 자주 추첨되는 번호를 추적한 후, 가장 자주 나온 6개의 숫자로 로또를 하려고 한다. 우리가 알다시피 이 가정은 틀렸지만, 그의 부모는 마리오가 분석적이고 프로그래밍적인 기술을 개발할 수 있도록 이 프로젝트를 응원한다.

---

[*] https://mng.bz/KZX0

그래서 마리오에게 지난 30년간의 주간 로또 추첨 기록을 제공하고, 컴퓨터와 파이썬 인터프리터를 설치해준다. 또한 숫자가 하나씩 삽입될 수 있도록 I/O 부분을 도와주었다. 마리오의 프로그램은 특정 숫자가 언제 마지막으로 추첨되었는지 기억하지 않으며, 단지 그 숫자가 당첨된 횟수만을 기록한다.

마리오는 자신이 주사위 프로그램에서 구현한 코드를 재사용하여 로또에서 뽑힐 수 있는 90개의 숫자 중 각 숫자가 나온 횟수를 저장하는 프로그램을 작성한다. 마침내 30년간의 데이터를 모두 입력한 후, 마리오는 90개의 항목이 있는 배열을 얻는다. 이 배열에서 `drawn[i]`는 숫자 `i`가 지난 30년간 당첨된 횟수를 나타낸다(간단하게 하기 위해 배열의 크기는 91로 할당하고 첫 번째 항목은 무시한다).

가장 자주 당첨된 숫자를 알아내기 위해 마리오는 배열을 정렬한 후 처음 6개의 항목을 고를 계획이다. 그가 친구 킴에게 이 계획을 이야기했을 때, 킴이 도전장을 던졌다.

"내가 더 효율적인 해결책을 제시할 수 있어."

프로그래밍에 정말 능숙한 킴은 마침 수업에서 우선순위 큐를 막 배웠다. 그래서 마리오는 도전을 받아들이고 더 나은 해결책을 시도하기로 했다.

"90개의 요소로 힙을 만든 다음, 가장 큰 6개의 요소를 추출하는 방법은 어때?"

킴은 미소 지으며 말한다.

"그것도 나쁘지 않은데, 난 더 개선할 수 있어!"

킴의 제안을 살펴보자.

"만약 n개의 요소 중에서 k개의 가장 큰 값을 뽑아야 한다면, 모든 요소를 정렬하는 데 $O(n \times \log(n) + k)$ 단계가 걸려. 네 해결책은 $O(n + k\log(n))$ 단계와 $O(n)$ 추가 공간이 필요해. 하지만 나는 $O(n \times \log(k) + k)$ 단계만에, $O(k)$ 추가 공간만으로 할 수 있어."

놀란 마리오가 감탄하며 숨을 헐떡이자 킴은 환호성과 함께 더 나은 해결책이 어떻게 작동하는지 설명했다. 그녀는 튜플(숫자, 빈도)로 요소를 삽입하면서 힙을 만들 것이다. 하지만 일반적인 힙을 사용하는 것이 아니라, 이 힙은 k개의 요소만 저장할 것이다. 이 경우에는 지금까지 발견한 가장 큰 6개의 요소만 저장한다.

여기서 중요한 점은 힙이 최소 힙이어야 한다는 것이다. 즉, 우선순위 측면에서 보면 요소의 우선순위는 빈도와 반대여야 하므로, 힙의 루트는 가장 낮은 빈도를 가진 하나의 요소를 담게 된다.

그 후 로또 번호를 하나씩 확인하고 그것을 힙의 루트와 비교할 것이다. 만약 힙의 루트가 더 작다면, 그것을 추출하고 새로운 항목을 삽입한다. 결국 가장 자주 당첨된 6개의 항목만 큐에 남게 된다.

다음은 그 작업을 수행하는 코드다.

```python
def k_largest_elements(arr, k):
    heap = Heap(element_priority=lambda x: -x[1])
    for i in range(len(arr)):
        if len(heap) >= k:
            if heap.peek()[1] < arr[i]:
                heap.top()
                heap.insert((i, arr[i]))
        else:
            heap.insert((i, arr[i]))
    return [heap.top() for _ in range(k)]

print(k_largest_elements(drawn, 6))
```

가장 작은 요소를 제거할 때 그 값은 필요 없으므로 그냥 버리면 된다.

이제 마리오에게는 한 가지 고민만 남았다. 만약 당첨된다면 킴과 상금을 나눠야 할까?

요약

- 우선순위 큐는 일반적인 큐를 확장해서 삽입 순서 외의 기준으로 다음에 추출할 요소를 결정할 수 있다.
- **우선순위 큐**는 새로운 요소를 추가하는 `insert`와 가장 높은 우선순위 요소를 제거하고 반환하는 `top`, 두 가지 작업을 제공하는 추상 자료형이다.
- 우선순위 큐는 여러 자료구조로 구현할 수 있지만, 힙을 사용하면 최대한 효율적으로 구현할 수 있다.
- **이진 힙**은 특별한 유형의 트리다. 이진 힙은 **거의 완전한 이진 트리**며, 각 노드는 자식들보다 우선순위가 높거나 같다. 힙의 루트는 힙에서 가장 높은 우선순위를 가진 요소다.
- 힙은 트리이지만 배열로 구현하는 것이 더 나은 특성을 가진다. 이는 힙이 거의 완전한 트리이기 때문이다.
- 힙의 배열 구현을 사용하면 `insert`와 `top` 작업이 로그 시간에 수행되는 우선순위 큐를 만들 수 있다.
- 힙 정렬 방법을 사용하여 n개의 요소로 이루어진 배열을 선형 시간 내에 힙으로 변환하는 것도 가능하다.

CHAPTER 11

이진 탐색 트리: 균형 잡힌 데이터 구조

이 장의 주요 내용

- 트리로 계층적 관계 모델링
- 이진 트리, 삼항 트리, n-항 트리
- 이진 트리에 데이터 제약 조건 도입: 이진 탐색 트리
- 이진 탐색 트리의 성능 평가
- 균형 트리가 어떻게 더 나은 보증을 제공하는지 알아보기

이 장에서는 이전 몇 장과 달리 컨테이너에 집중하기보다는 트리에 대해 이야기한다. 트리는 자료구조, 혹은 여러 자료구조의 클래스라고 할 수 있다! 트리는 여러 추상 자료형을 구현하는 데 사용할 수 있으므로, 이 장에서는 자료 추상화에 관한 설명이 따로 없다. 우리는 바로 본론으로 들어가 트리를 설명한 후, 특정 트리 유형인 이진 탐색 트리에 집중할 것이다. 트리의 장점과 트리를 더 잘 활용할 수 있는 방법에 대해 설명한다.

트리란 무엇인가?

6장에서 논의한 연결 리스트는 처음 다룬 복합 자료구조였다. 연결 리스트의 요소인 노드는 그 자체로 최소한의 자료구조다. 연결 리스트는 각 노드가 단일 후속 노드와 단일 선행 노드를 가진다는 개념에 기반을 두고 있다. 리스트의 첫 번째 노드는 선행 노드가 없고, 마지막 노드는 후속 노드가 없다는

점만 예외다. 하지만 관계가 항상 이렇게 단순하지는 않으며, 더 복잡한 상황도 있다. 때로는 선형 시퀀스 대신 명확한 시작점이 있지만 각 노드에서 여러 경로로 분기되는 형태의 계층구조를 나타내야 할 때가 있다.

트리의 정의

일반적인 트리는 노드들이 링크로 연결된 복합 자료구조다. 각 노드는 값을 가지고 있으며, 0부터 k까지(k-항 트리의 분기 수, 즉 노드가 가질 수 있는 최대 링크 수) 다른 노드로의 링크를 가진다.

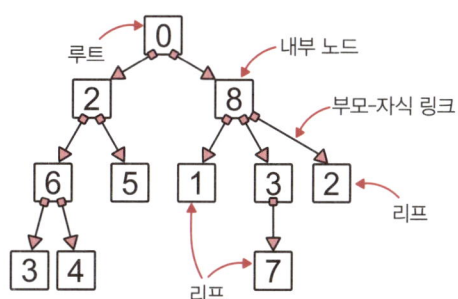

트리에는 특별한 노드가 있는데, 이를 트리의 루트root라고 한다. 루트의 특징은 트리의 어떤 다른 노드도 루트를 가리키지 않는다는 것이다. 만약 노드 P가 노드 C에 대한 링크를 가지고 있다면, P는 C의 부모parent라고 하고, C는 P의 자식child이라고 한다. 그림에서 루트는 값이 2와 8인 두 자식을 가지고 있다. 어떤 트리들은 트리 탐색을 쉽게 하기 위해 자식에서 부모로의 명시적 링크를 가지고 있기도 하다. 자식이 없는 노드는 리프leaf라고 하며, 자식을 가진 다른 노드들은 내부 노드internal node라고 한다. 이 절의 그림에는 값이 5, 1, 2, 3, 4, 7인 6개의 리프가 있다.

트리가 제대로 형성되려면, 루트를 제외한 모든 노드는 정확히 하나의 부모를 가져야 한다. 즉, C가 P의 자식이라면 루트에서 C로 가는 유일한 경로는 P를 거치는 것이다. 또한 루트에서 리프로 가는 모든 경로는 단순해야 하며, 이는 트리에 루프가 없다는 것을 의미한다. 즉, 루트에서 리프로 가는 경로에서 동일한 노드를 두 번 마주치는 일은 없다. 다음으로 넘어가기 전에 몇 가지 더 정의를 살펴보자.

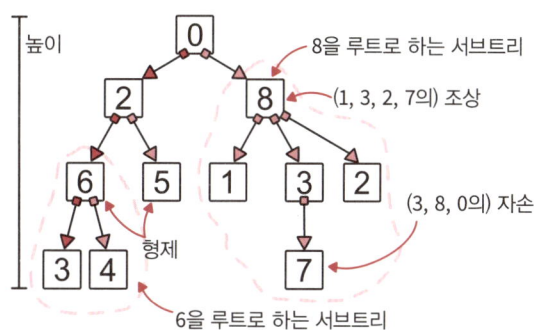

루트와 노드 M 사이의 경로에 노드 N이 있다면 N은 M의 조상ancestor이고, M은 N의 후손descendant이다. 즉, 노드 N의 후손은 N의 자식이거나 N의 자손 중 하나의 후손이다. 물론 루트는 모든 다른 노드의 공통 조상이다. 그림에서는 노드 8이 노드 7의 조상이라는 것을 알 수 있다. 같은 노드의 모든 자식은 형제sibling라고 한다. 형제들 간에는 직접적인 링크가 없으므로, 한 형제에서 다른 형제로 가려면 공통 부모를 거쳐야 한다.

서브트리subtree는 루트로 불리는 노드 R과 그 R의 모든 후손을 포함하는 트리의 일부다. 각 노드의 자식은 각자의 서브트리의 루트다. 트리의 높이는 루트에서 리프로 가는 가장 긴 경로의 길이를 의미한다. 그림에서 트리의 높이는 3이다. 왜냐하면 0→2→6→3과 같은 3개의 링크가 있는 여러 경로가 존재하기 때문이다. 값이 8인 노드에서 시작하는 서브트리의 높이는 2다.

연결 리스트에서 트리로

연결 리스트는 완벽하게 선형적인 관계를 모델링한다. 리스트의 요소들 사이에 완전한 순서total order가 정의되어 있으며, 첫 번째 요소는 두 번째 요소 앞에, 두 번째 요소는 세 번째 요소 바로 앞에 위치하는 방식이다. 그러나 트리는 비교 가능하고 순서가 정해진 요소와 비교 불가능하거나 서로 관계가 없는 요소가 있는 부분 관계partial relation를 쉽게 표현할 수 있다. 이 차이를 시각적으로 이해하기 위해, 아침 식사에 대한 두 가지 다른 접근 방식을 생각해보자. 여기서 말하는 것은 물론 유럽식 콘티넨털continental 조식으로, 보통 짠맛보다는 단맛이 강한 음식이다.

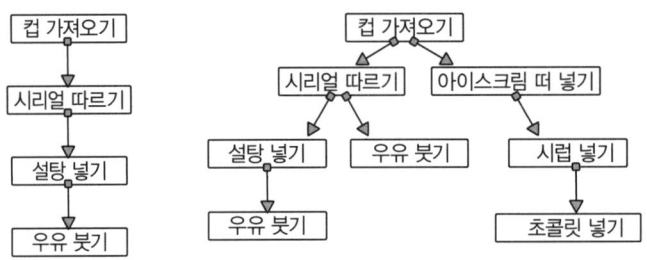

음식 이야기는 차치하고 두 가지 접근 방식을 고려해보자. 첫 번째는 체계적인 방법이다. 매일 아침 시리얼을 먹고 동일한 순서로 같은 동작을 반복하는 사람을 예로 들어보자. 이와 같은 선형적 접근은 연결 리스트로 모델링할 수 있다. 두 번째 옵션은 영감에 따른 접근이라고 부를 수 있다. 대부분의 아침에는 식단을 따르며 설탕 없이 시리얼을 먹지만, 기분이 우울할 때 가끔은 시리얼에 설탕을 추가해 하루를 달콤하게 시작하기도 한다. 또 때로는 기분이 너무 가라앉아 시리얼을 건너뛰고 바로 아이스크림 통으로 향하기도 한다. 이런 선택과 다양한 옵션이 있는 접근 방식은 연결 리스트로는 표현할 수 없고 트리가 필요하다.

표 11.1은 연결 리스트와 트리의 추가적인 차이점과 유사점을 요약한 것이다.

표 11.1 연결 리스트와 트리의 비교

연결 리스트	트리
단일 노드는 선행 노드가 없다(head).	단일 노드는 부모가 없다(root).
단일 노드는 후속 노드가 없다(tail).	많은 노드가 자식이 없다(leaf).
각 노드는 후속 노드로 향하는 하나의 링크만 가진다.	각 노드는 0개, 1개 또는 여러 개의 자식으로 향하는 링크를 가진다.
이중 연결 리스트: 각 노드는 선행 노드로 향하는 하나의 링크만 가진다.	일부 트리에서는 노드가 부모로 향하는 링크를 가진다. 이 경우 각 노드는 유일한 부모로 향하는 하나의 링크를 가진다.

이진 트리

이진 트리는 각 노드가 최대 2개의 자식을 가지도록 제한함으로써 정의된다. 따라서 이진 트리에서 노드는 0개, 1개 또는 2개의 자식 링크를 가질 수 있다. 일반적으로 이 두 링크에 레이블을 붙여 왼쪽 자식과 오른쪽 자식으로 구분하며, 이에 따라 왼쪽과 오른쪽 서브트리가 생긴다. 하지만 모든 이진 트리에서 자식의 순서가 중요한 것은 아니다.

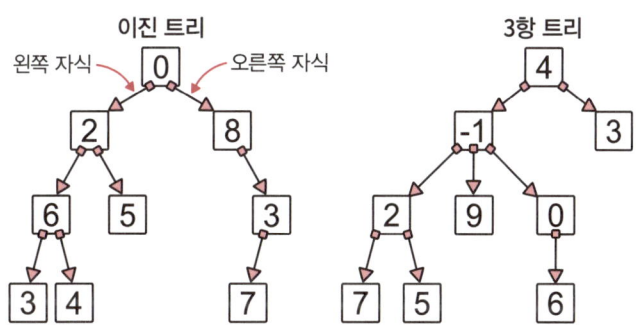

트리의 응용 분야

트리를 사용하는 분야는 매우 다양하다. 계층적 관계를 나타낼 때는 트리가 답이다. 머신러닝에서도 트리를 사용한다. 의사결정 트리와 랜덤 포레스트random forest는 신경망이 아닌 분류 도구 중에서 좋은 방법 중 하나다. 10장에서 논의한 힙heap은 우선순위 큐를 효율적으로 구현하는 특별한 트리다. 이 외에도 데이터를 효율적으로 저장하는 b-트리나 다차원 데이터를 인덱싱할 수 있는 kd-트리 같은 특수한 트리가 있다. 그러나 이것은 빙산의 일각일 뿐이다. 트리는 매우 다양한 자료구조의 큰 범주에 속한다.

이진 탐색 트리

관계 모델링 외에도 트리를 컨테이너로 사용할 수 있다. 우리는 이미 10장에서 그런 식으로 트리를 활용한 적이 있지만, 힙은 그 용도가 비교적 제한적이다. 하지만 이 장의 나머지 부분에서 다룰 컨테이너는 보다 범용적인데, 바로 **이진 탐색 트리**binary search tree, BST다. 이름에서 일부 속성을 알 수 있듯이, 트리 구조의 이진 트리이므로 각 노드의 왼쪽과 오른쪽에 자식을 가질 수 있으며, 탐색에 사용된다.

빠른 탐색을 수행하도록 설계된 이 트리들은 정렬된 배열에서의 이진 탐색만큼 빠르게 작동할 수 있다. 또한, 정렬된 배열에 비해 중요한 장점도 있다. BST에서는 삽입과 삭제가 더 빠를 수 있다는 점이다. 그렇다면 이진 탐색 트리의 단점은 무엇일까? 그리고 그 대가로 우리는 무엇을 얻을까? 연결 리스트처럼 트리는 더 많은 메모리를 필요로 하며, 특히 배열보다 더 빠른 연산을 보장하려면 코드가 더 복잡해진다.

이 절에서는 BST를 자료구조로 설명하고, 그 구현 방법에 대해 논의한다.

순서가 중요하다

힙과 마찬가지로 트리의 구조와 데이터에 대한 제약이 있다. 이진 트리에서 이진 탐색 트리로 변환하려면, 노드에 저장된 데이터에 특정 속성을 추가해야 한다.

> 모든 이진 탐색 트리는 **BST 속성**을 따라야 한다. 값 v를 저장하는 노드 N에 대해, N의 왼쪽 서브트리의 모든 노드는 v보다 작거나 같은 값을 가져야 하며, N의 오른쪽 서브트리의 모든 노드는 v보다 큰 값을 가져야 한다.

왼쪽과 오른쪽 서브트리 사이에는 비대칭성이 있다는 점을 염두에 두자. 중복되는 값이 있을 경우, 항상 중복된 값을 어디에 저장할지 결정할 수 있는 방법이 필요하다. 왼쪽 서브트리를 선택하는 것은 전적으로 관례에 따른 임의의 결정이다.

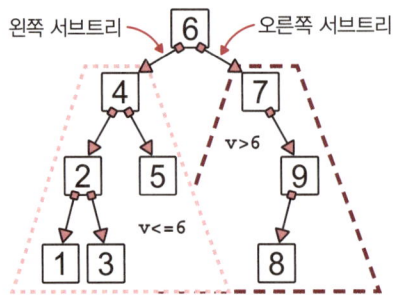

클래스 정의와 생성자

이 시점에서 이진 탐색 트리 클래스 구현에 대해 논의해보자. 우리는 복합 자료구조를 다루고 있으므로, 클라이언트와 공유할 공용 인터페이스를 담당하는 외부 클래스와 노드의 표현을 담당하는 내부의 비공개 클래스를 구현해야 한다. 여기서는 간단한 `Node` 클래스 버전을 구현했으며, 대부분의 작업은 외부 클래스에서 이루어진다. 반대로 구현할 수도 있다는 점도 알아두면 좋다.

```python
class Node:
    def __init__(self, value, left=None, right=None):
        self._value = value
        self._left = left
        self._right = right
    def set_left(self, node):
        self._left = node
    def set_right(self, node):
        self._right = node
```

여기서는 노드의 비공개 필드를 참조하는 단순한 `getter` 메서드를 생략했다(전체 코드는 책의 저장소에서 확인할 수 있다). 이 코드에서 보는 것처럼 노드의 왼쪽과 오른쪽 자식은 `setter` 메서드를 사용해 나중에 변경할 수 있지만, 노드의 값은 변경할 수 없다. 트리에서 노드의 값을 변경하려면 새로운 `Node` 인스턴스를 생성하고, 그 자식을 설정해야 한다. 외부 클래스의 생성자는 훨씬 더 간단하다. 루트를 빈 노드로 초기화하기만 하면 된다.

```python
class BinarySearchTree:
    def __init__(self):
        self._root = None
```

탐색

이진 탐색 트리의 데이터 속성을 좀 더 자세히 살펴보면 몇 가지 흥미로운 점을 발견할 수 있다. 트리의 각 노드에 대해 그 서브트리와 왼쪽 및 오른쪽 자식의 경계에 위치할 수 있는 값들의 범위를 유추할 수 있다. 값 v를 포함하는 노드 N은 자신의 서브트리 내에서 가능한 값들을 나눈다. 즉, 트리를 왼쪽 링크로 탐색하면 $x \leq v$인 값들만 찾을 수 있고, 오른쪽으로 탐색하면 $x > v$인 값들만 찾을 수 있다.

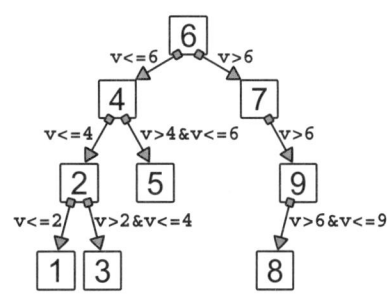

하지만 더 중요한 것은 노드의 조상에 대한 제약이 그 자식에게도 유효하다는 점이다. 루트에서 왼쪽 가지를 탐색하면 $x \leq 6$인 값들만 찾을 수 있다. 그런 다음 값이 4인 노드를 찾으면, 그 오른쪽 서브트리에는 $x > 4$인 값만 있을 수 있지만, 부모 노드로 인한 제약으로 인해 값이 4인 노드를 루트로 하는 서브트리 전체에는 $x > 6$인 값은 존재할 수 없다. 따라서 노드 4의 오른쪽 서브트리에서 가능한 값의 범위는 $4 < x \leq 6$임을 알 수 있다.

많은 정보가 있는데, 어떻게 활용할 수 있을까? 답은 탐색에서 찾을 수 있다. 예를 들어 특정값(예: 100)을 트리에서 검색한다고 가정해보자. 루트를 보는 순간, 목푯값이 루트의 오른쪽 서브트리에 있다는 것을 바로 알 수 있다. 이 말인즉 왼쪽 서브트리는 전혀 볼 필요가 없다는 뜻이다! 마찬가지로 값이 루트의 값보다 작거나 같으면 오른쪽 서브트리를 볼 필요가 없다.

예제에서 값이 7인 그다음 노드에서는 어떻게 될까? 같은 원칙이 적용된다. 왼쪽 또는 오른쪽으로 이동한다(이 경우 여전히 100을 찾고 있다면 오른쪽으로 간다). 각 노드에서 우리는 왼쪽 또는 오른쪽으로만 갈 수 있으며, 절대 트리 위로 올라가서 루트를 향하지 않는다. 어느 시점에서 목푯값을 찾지 못한 경우, `null` 링크를 따른다. 그 의미는 리프 노드에 도착했거나, 자식이 하나인 중간 노드에 도달했다는 뜻이다(오른쪽으로 가야 할 때 왼쪽 자식만 있는 경우나 그 반대의 경우). 이때 탐색에 실패했다는 것을 알 수 있는데, 그 이유는 목푯값이 트리의 다른 경로에 있을 수 없기 때문이다. 왜냐하면 각 노드에서 두 서브트리는 서로 배타적이어서, 우리가 따랐던 경로는 목푯값이 저장될 수 있는 유일한 경로이기 때문이다.

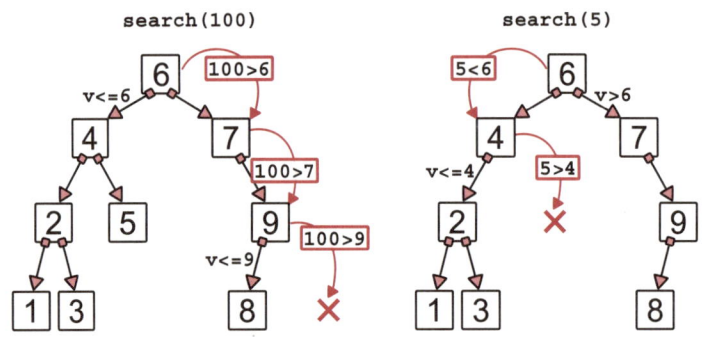

탐색 메서드가 루트에서 리프까지의 단일 경로를 따른다는 사실은, 트리의 높이보다 많은 단계를 거치지 않는다는 것을 의미한다. 비교 횟수는 트리의 높이 h에 비례하므로, $O(h)$만큼의 비교가 필요하다.

이제 구현을 살펴보자. 탐색 메서드는 값을 받아 해당 값을 포함하는 트리의 노드를 반환하는데, 트리에 값이 없으면 `None`을 반환한다. 연결 리스트와 유사하게 이 메서드는 트리의 내부 구조를 클라이언트에게 노출하지 않기 위해 비공개 메서드로 제공된다. 간단히 공개 메서드 `contains`을 제공하여 탐색 결과가 `None`인지 확인할 수 있다.

이제 튜플을 반환하는 탐색 메서드의 변형을 살펴보자. 여기에서는 노드와 함께 부모도 반환한다. 그 이유는 노드의 부모에 대한 참조를 저장하지 않으면, 단일 연결 리스트와 유사한 상황에 처하게 되기 때문이다. 즉, 리스트를 순회할 때 노드의 이전 노드를 기억하지 않으면 나중에 이전 노드를 검색할 수 없다.

```python
def _search(self, value):
    parent = None          # 루트에서 시작하며, 루트의 부모는 None이다.
    node = self._root
    while node is not None:
        node_val = node.value()
        if node_val == value:
            return node, parent    # 목푯값을 찾았다!
        elif value < node_val:
            parent = node
            node = node.left()
        else:
            parent = node
            node = node.right()
    return None, None      # 여기에 도달하면 목푯값을 찾지 못한 채 루프를 벗어난 것이다.
```

최솟값과 최댓값 찾기

BST를 수정하는 메서드로 넘어가기 전에, 특별한 종류의 탐색인 트리에서 최솟값과 최댓값을 찾는 방법을 먼저 살펴보자. 이 작업은 일반적인 탐색보다 간단하다. 왜냐하면 이 두 값이 트리에서 정확히 어디에 위치할지 알고 있기 때문이다.

예를 들어 최댓값을 찾으려면 루트에서 시작해 오른쪽 자식을 따라가며, 더 이상 오른쪽 자식이 없는 노드에 도달할 때까지 이동한다. 이 노드가 트리에서 가장 큰 값을 저장하고 있는데, 왜 그럴까? 만약 우리가 어떤 지점에서 왼쪽으로 방향을 틀면, 그 이후에 나오는 왼쪽 서브트리의 값들은 현재 노드에 저장된 값보다 클 수 없기 때문이다. 최솟값을 찾는 과정도 비슷한데, 오른쪽 대신 항상 왼쪽으로 이동한다.

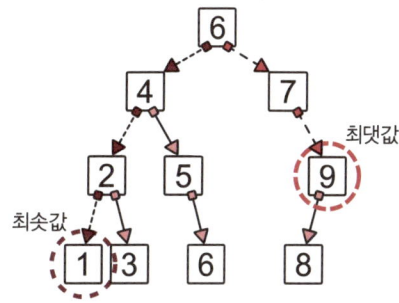

BST의 중요한 특징 중 하나는 재귀적 구조다. 각 서브트리도 유효한 BST다. 이는 우리가 주어진 노드를 루트로 하는 서브트리의 최댓값과 최솟값을 구할 수 있다는 의미이기도 하다. 따라서 `Node` 클래스에서 주어진 노드를 루트로 하는 서브트리의 최댓값을 찾는 메서드를 구현해보자.

```python
def find_max_in_subtree(self):
    parent = None
    node = self
    while node.right() is not None:
        parent = node
        node = node.right()
    return node, parent
```

여기서도 `_search` 메서드처럼 찾은 노드의 부모도 함께 반환해야 한다는 점에 주목하자.

삽입

BST에서 어떻게 탐색하는지, 그리고 빈 BST를 어떻게 만드는지 알아보았다. 다음으로 어떻게 트리에 새로운 요소를 추가하는지 살펴보자! 삽입 메서드는 탐색 방법과 매우 유사하다. 이는 우연이 아니다. 새로운 요소를 삽입할 때 실제로는 그 요소가 이미 트리에 삽입되어 있다고 가정했을 때 그 위치를 찾는 것이다. 물론 탐색 메서드와는 약간의 차이점이 있다. 삽입하려는 값과 동일한 값을 찾았을 때 멈출 수는 없다(중복을 허용하지 않는 경우는 예외지만, 이는 특수한 경우다). 대신 삽입하려는 값과 동일한 값을 발견하면 왼쪽으로 계속 이동한다.

일반적으로 노드에 도달하면 먼저 그 노드에 저장된 값을 확인해서 어느 방향으로 가야 할지 결정한다. 판단 결과 왼쪽으로 가야 한다면 해당 노드에 왼쪽 자식이 없는지 확인한다. 만약 없다면, 그곳이 새로운 요소를 추가해야 할 위치다. 새로운 노드를 생성하고 현재 노드의 왼쪽 자식으로 연결하기만 하면 된다. 오른쪽으로 가야 하는 경우에는 대칭적으로 처리한다.

몇 가지 예시를 통해 삽입이 어떻게 작동하는지 살펴보자.

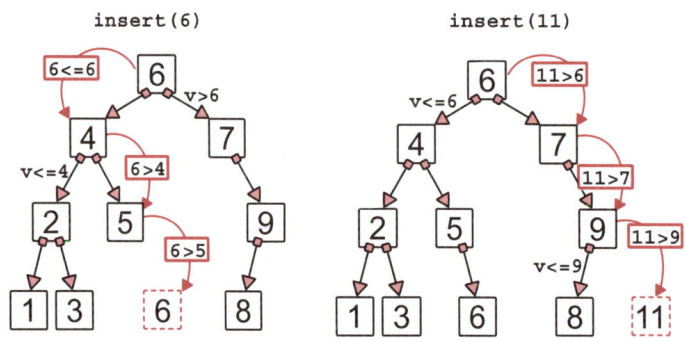

첫 번째 예시에서는 트리의 루트에 있는 값 6과 동일한 값을 추가한다. 루트에서 노드에 저장된 값과 동일한 값을 찾으면 항상 왼쪽으로 간다. 이 경로를 따라가다가 값이 5인 리프 노드에 도달하면, 여기에서 새로운 노드를 추가한다. 나는 2개의 같은 값이 BST에서 이렇게 멀리 떨어질 수 있다는 것이 항상 궁금했다. 정렬된 배열에서는 인접하게 배치되지만, BST에서는 그렇지 않다. 이 점을 염두에 두고 다시 이야기할 것이다. 다른 경우에서는 트리에서 가장 큰 값인 11을 추가한다. 따라서 트리의 가장 오른쪽으로 가는 경로를 따라가며 여기에서 새로운 노드를 추가한다.

삽입 메서드의 코드는 탐색 메서드와 크게 다르지 않다.

```python
def insert(self, value):
    node = self._root
    if node is None:          # 트리가 비어 있다.
        self._root = BinarySearchTree.Node(value)
    else:
        while node is not None:
            if value <= node.value():     # 새로운 값을 추가할 올바른 위치를 찾는다.
                if node.left() is None:
                    node.set_left(BinarySearchTree.Node(value))
                    break
                else:                      # 이 서브트리의 왼쪽 분기를 계속 탐색한다.
                    node = node.left()
            elif node.right() is None:    # 여기에서도 새로운 값을 추가할 올바른 위치를 찾는다.
                node.set_right(BinarySearchTree.Node(value))
                break
            else:                          # 이 서브트리의 오른쪽 분기를 계속 탐색한다.
                node = node.right()
```

BST에서 삽입은 실패한 탐색에 해당하므로 실행 시간은 $O(h)$이다. 여기서 h는 트리의 높이이다.

삭제

요소를 추가하는 것은 비교적 간단하지만 삭제하는 것은 훨씬 더 복잡하다. 이 방법 또한 검색에 크게 의존한다. 삭제하려는 값을 찾고 해당 값이 포함된 노드에 대한 참조를 가져와야 하기 때문이다. 이 방법은 삭제할 노드를 삭제 메서드에 직접 전달하는 것보다 낫다. 무엇보다도 삭제할 노드의 부모 노드에 대한 참조도 필요하다.

노드를 삭제할 때는 다음 세 가지 상황을 구분해야 한다.

- 리프를 삭제하는 경우(케이스 1)
- 자식이 하나뿐인 노드를 삭제하는 경우(케이스 2)
- 삭제할 노드에 자식이 2개 모두 있는 경우(케이스 3)

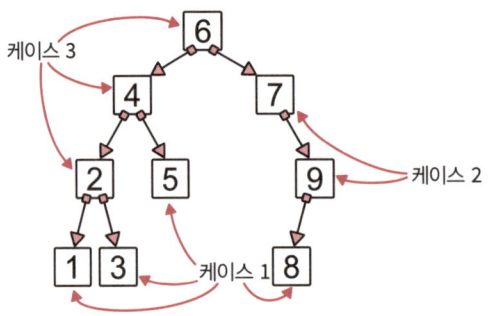

삭제할 노드가 루트인 경우에는 각 경우에 따라 워크플로가 약간 다르다. 모든 경우에서 우리는 이미 검색을 수행하고 삭제할 노드 N과 그 부모 P를 찾았다고 가정한다.

리프 삭제

이 경우가 가장 간단하다. 리프는 정의상 자식이 없으므로 정리할 것이 없다. 우리가 해야 할 유일한 일은 부모 노드와 트리에서 제거하려는 노드 간의 연결을 끊는 것뿐이다. 이것이 바로 성공적인 검색에서 부모 노드를 반환해야 하는 이유다.

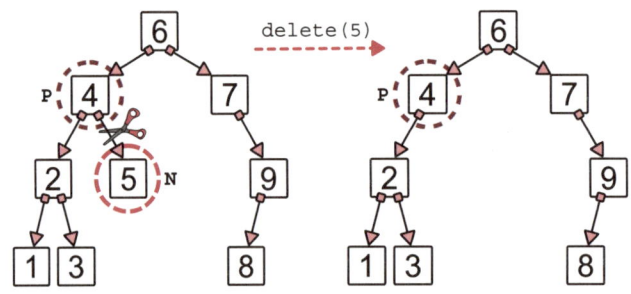

삭제할 노드가 루트이고 부모가 없는 경우에는 어떻게 될까? 루트가 리프인 경우, 그것을 제거하면 빈 트리만 남는다.

자식이 하나만 있는 노드 삭제

삭제하려는 노드에 정확히 하나의 자식만 있는 경우, 두 자식을 가진 노드를 삭제하는 것에 비해 훨씬 간단하다. 삭제된 노드의 부모와 자식 노드를 직접 연결해주기만 하면 된다. 여기에는 네 가지 경우가 있다. 노드 N은 왼쪽 자식이나 오른쪽 자식을 가질 수 있으며, N 자체도 부모 P의 왼쪽 자식이나 오른쪽 자식일 수 있다. 이 네 가지 경우는 모두 같은 방식으로 처리할 수 있다. 다만 사용하는 포인터가 달라질 뿐이다.

예를 들어 노드 N의 자식 C가 오른쪽 자식인 경우를 생각해보자. 이 예에서 우리는 트리에서 값 7을 삭제하려고 한다.

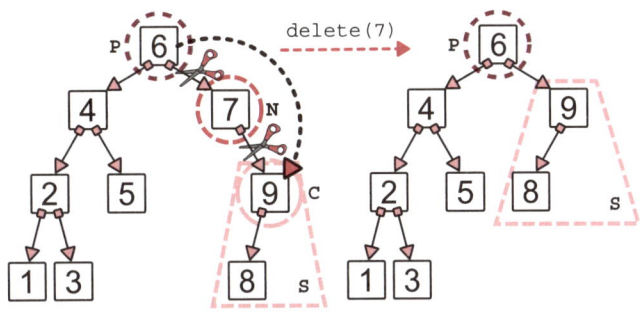

해야 할 일은 P와 N, N과 C 사이의 연결을 끊고, P와 C 사이에 새로운 직접 연결을 만드는 것이다. 이 예에서 N도 P의 오른쪽 자식이었으므로, C는 P의 새로운 오른쪽 자식이 된다. 이런 방식을 거쳐 N의 이전 오른쪽 서브트리였던 S는 위로 이동하여 이제 P의 오른쪽 서브트리가 된다. 만약 N이 트리의 루트였다면 어떻게 될까? 그 경우에는 루트를 업데이트하면 작업이 끝난다.

두 자식을 가진 노드 삭제

이 경우가 가장 복잡하다. 우리가 이 절에서 사용한 예시의 BST에서 노드 4를 삭제하려 한다고 가정하자(명확성을 위해 약간 다른 트리를 사용할 것이다). N을 찾았는데, 삭제하려는 노드 N이 두 자식을 가지고 있다. 그래서 부모 P와 자식 중 하나 사이의 연결을 단순히 끊을 수 없다. 왜냐하면 N의 다른 서브트리를 어떻게 처리해야 할지 모르기 때문이다. 힙에서처럼 값을 올려 보내는 것도 불가능하다!

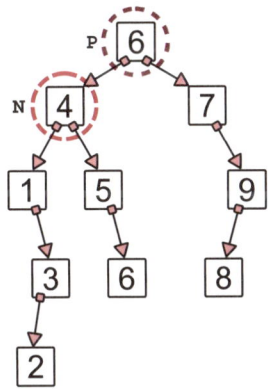

삭제하려는 노드를 대체하려면 N의 오른쪽 서브트리의 모든 값보다 작고, 왼쪽 서브트리의 모든 값보다 크지 않은 값을 찾아야 한다. 이 값 v는 N의 서브트리에서 N의 선행자다. 만약 N의 서브트리의 모든 값을 정렬했다면, v는 N 바로 앞에 오는 값이다.

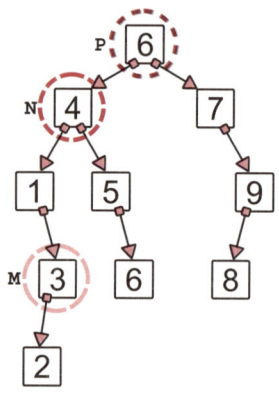

이 예에서 이 값은 3이며, 우연히도 노드 4의 왼쪽 서브트리에서 가장 큰 값이다! 사실 이는 우연이 아니다. 우리가 찾는 값 v는 **항상** N의 왼쪽 서브트리의 최댓값이다. 더 좋은 점은, 이 최댓값을 가진 노드 M은 오른쪽 서브트리를 가질 수 없다는 점이다.

실제로 만약 M이 오른쪽 서브트리를 가지고 있다면, 이는 N의 왼쪽 서브트리에 v보다 큰 값을 가진 노드가 있다는 뜻이므로 모순이 된다. 따라서 M을 삭제하는 경우, 삭제 메서드의 첫 번째 또는 두 번째 경우에 해당하게 된다. 즉, 노드 M을 삭제하는 것은 간단하며, 이는 우리에게 매우 좋은 일이다!

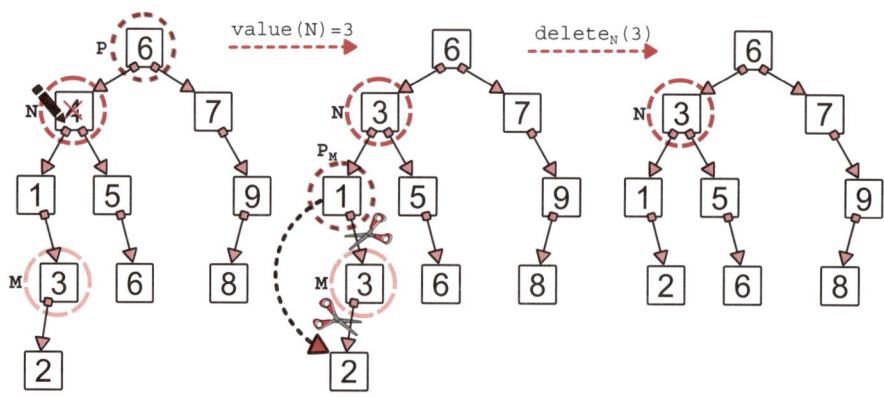

따라서 노드 4를 삭제하는 계획은 다음과 같다. 먼저 노드의 값을 왼쪽 서브트리에서 선행자인 노드 3의 값으로 대체한다. 그런 다음, 노드 4의 왼쪽 서브트리에서 노드 3을 삭제한다. 이 노드는 왼쪽 서브트리의 최댓값이므로 쉽게 삭제할 수 있다. 그러면 모든 작업이 완료된다.

모두 합치기

이제 노드 삭제와 관련된 모든 가능한 경우에 대해 논의했으니, 모두 합쳐서 BST 클래스에 메서드를 작성해보자. 지금까지 작성한 것 중 가장 복잡한 메서드가 될 것이다. 이전에 논의한 것과의 주요 차이점은 구현 세부 사항이다. 단순히 삭제할 노드의 값을 교체하는 것이 아니라, 전체 노드를 교체할 것이다.

이 명령은 케이스 2의 두 변형을 처리하며, 자식이 없는 경우(케이스 1)에도 동일한 코드를 사용할 수 있게 해준다.

```
def delete(self, value):
    if self._root is None:
        raise ValueError('빈 트리에서 삭제할 수 없습니다.')
    node, parent = self._search(value)
    if node is None:
        raise ValueError('값을 찾을 수 없습니다.')
    if node.left() is None or node.right() is None:
        maybe_child = node.right() if node.left() is None else node.left()
        if parent is None:
            self._root = maybe_child
        elif value <= parent.value():
            parent.set_left(maybe_child)
        else:
            parent.set_right(maybe_child)
    else:
        max_node, max_node_parent = node.left().find_max_in_subtree()
        if max_node_parent is None:
            new_node = BinarySearchTree.Node(max_node.value(), None, node.right())
        else:
            new_node = BinarySearchTree.Node(
                max_node.value(),
                node.left(),
                node.right())
            max_node_parent.set_right(max_node.left())
        if parent is None:
            self._root = new_node
        elif value <= parent.value():
            parent.set_left(new_node)
        else:
            parent.set_right(new_node)
```

이 분기는 케이스 1(리프 노드 삭제)과 케이스 2(자식이 하나인 노드 삭제)를 처리한다.

부모가 None이면 노드가 루트다. 그렇지 않으면 노드가 왼쪽 자식인지 오른쪽 자식인지 확인한다.

삭제할 노드의 왼쪽 서브트리에서 최댓값을 찾는다.

이 경우, 왼쪽 서브트리의 최댓값이 바로 삭제할 노드의 왼쪽 자식임을 의미한다.

이 세 가지 경우 모두에서 트리를 거슬러 올라가지 않고, 항상 루트에서 리프까지 경로를 따라가므로, 삭제는 최대 O(h) 단계만 소요된다.

BST 순회

순회는 자료구조의 기본 작업 중 하나다. 배열과 연결 리스트의 경우, 순회 방법이 명확하다. 처음부터 시작해 순차적으로 진행하면 된다. 반면 스택, 큐, 우선순위 큐는 내부적으로 요소를 제거해야만 반복할 수 있다. BST는 본질적으로 비선형 구조인데, 어떻게 순회할 수 있을까?

일반적인 이진 트리에는 세 가지 순회 방법이 있다.

- **전위 순회**pre-order: 각 노드를 먼저 방문한 다음 해당 서브트리를 방문한다.
- **후위 순회**post-order: 노드를 방문하기 전에 그 노드의 서브트리를 방문한다.
- **중위 순회**in-order: 각 노드 N에 대해, 먼저 왼쪽 서브트리를 방문한 다음 N을 방문하고, 그 후에 오른쪽 서브트리를 방문한다.

BST에서는 중위 순회가 가장 자연스럽다. 왜 그런지 이해하기 위해, 루트와 두 자식을 가진 작은 BST를 생각해보고 각 노드를 어떤 순서로 방문하는지 확인 해보자.

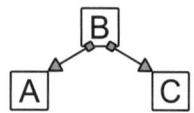

- **전위 순회**: B A C
- **후위 순회**: A C B
- **중위 순회**: A B C

중위 순회는 BST에서 정렬된 요소의 순서를 얻을 수 있는 유일한 방법이다. 중위 순회의 코드는 책의 깃허브 저장소*에서 찾을 수 있다.

선행자와 후행자

BST에서는 특별히 두 가지 추가적인 연산을 살펴본다. 바로 노드의 **선행자**predecessor와 **후행자** successor를 찾는 것이다. 공식적으로 중복이 없는 집합 C가 주어졌을 때, 어떤 원소 x의 후행자는 원소 s로, 이는 C에 있는 x보다 큰 원소 중 가장 작은 원소다. 마찬가지로 x의 선행자는 C에서 x보다 작은 원소 중 가장 큰 원소를 의미한다. 이러한 연산은 정렬된 배열이나 정렬된 이중 연결 리스트에서는 매우 간단하다. 그 이유는 선행자와 후행자가 (존재한다면) x와 인접해 있기 때문이다. 즉, 자료구조 내에서 x의 바로 앞이나 뒤에 위치한 원소가 된다. 정렬되지 않은 버전의 자료구조에서도 이 연산은 복잡하지 않지만, 비용이 비싸다. 후행자를 찾기 위해서는 컨테이너 전체를 스캔해야 하기 때문이다.

그렇다면 BST에서는 어떨까? BST의 원소들은 특정한 순서를 따르고 있지만, 선행자와 후행자를 찾는 연산은 상수 시간에 이루어지지 않는다.

삭제 메서드를 논의할 때, 어떤 노드 N의 서브트리 내에서의 선행자는 N의 왼쪽 서브트리에서 가장 큰 값이라고 설명한 바 있다(만약 왼쪽 서브트리가 존재한다면). 그러나 전체 트리에서 N의 선행자를 찾는 것은 그렇게 간단하지 않다.

---

* https://mng.bz/9de1

- N이 왼쪽 서브트리를 가지고 있다면, 선행자는 그 서브트리에서 가장 큰 값이다.
- N이 왼쪽 서브트리를 가지고 있지 **않고** 오른쪽 자식이라면, 그 부모가 바로 선행자가 된다.
- N이 왼쪽 서브트리를 가지고 있지 **않고** 왼쪽 자식이라면, 트리 위로 올라가면서 N이 오른쪽 자식인 노드를 찾아야 한다. 그 부모가 N의 선행자가 된다.
- 만약 이런 노드를 찾기 전에 루트에 도달한다면, N이 트리의 최솟값이라는 뜻이다. 따라서 선행자가 존재하지 않는다.

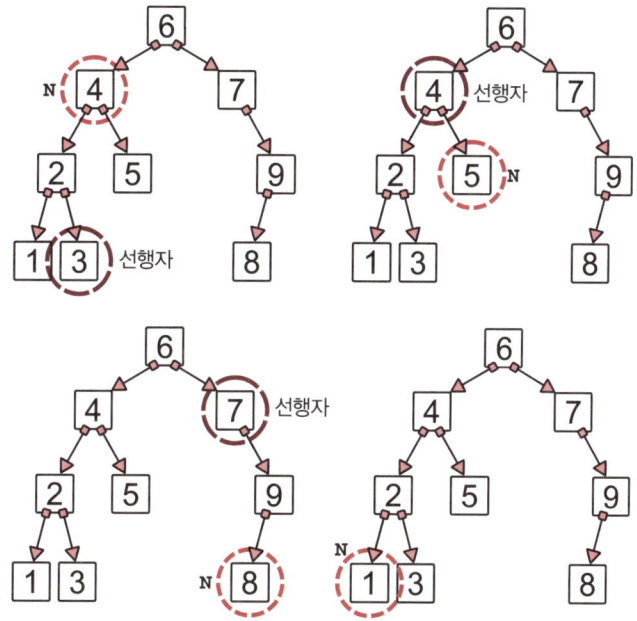

부모에 대한 링크를 저장하지 않는 BST에서 이 메서드를 구현하려면 **백트래킹**backtracking이라는 기법을 사용해야 한다. 이에 관한 내용은 이 책의 범위를 벗어나지만, 더 자세히 알아보고 싶다면 《Introduction to Algorithms》(한빛아카데미, 2024)을 참고한다.

기억해야 할 두 가지 중요한 점은 이 두 연산이 생각보다 어렵다는 것과, BST에서 이 연산들은 $O(h)$의 시간이 걸린다는 것이다.

연습 문제

11.1 각 노드가 부모에 대한 링크를 포함하는 BST 클래스를 구현하고, 선행자와 후행자 메서드를 추가해보자.

11.2 이전 절에서 설명한 선행자 메서드가 실패할 수 있는 예를 들어보자.
| 힌트 | 연습 문제 11.3을 참고한다.

11.3 BST에 중복이 포함된 경우, 선행자를 찾는 것이 조금 더 복잡해지지만, 후행자 메서드는 그대로 작동할 수 있다. 왜 그런지 설명해보자.

11.4 중복을 처리하기 위해 선행자 메서드를 어떻게 수정할 수 있을까?

균형 잡힌 트리

지금까지 살펴본 BST 연산들은 트리의 높이에 비례하는 시간이 소요된다. 그렇다면 이는 좋은 것일까? 이 질문은 '노드가 n개 있고 높이가 h인 BST가 주어졌을 때, $O(h)$가 $O(n)$보다 나은가?'라는 의미로 해석될 수 있다. 확실히 더 나빠지지는 않겠지만, $O(h) = O(n)$일 가능성이 있을까?

이진 탐색 트리의 실제 활용

컴퓨터 과학을 배우고 있는 우리의 친구 마리오는 엄마에게 도전했다가 크게 당한 적이 있다. 3장에서 마리오가 엄마와의 내기에서 졌다는 것을 기억하는가? 마리오는 엄마를 쉽게 속일 수 없다는 것을 알지만, 배운 것을 바탕으로 다른 친구를 속여 이기고 싶어 한다. 그래서 이번에는 자신이 새로 배운 이진 탐색 트리를 이용해 친구 킴에게 도전해보기로 했다. 마리오는 단순히 이기는 것 이상의 목표가 있다. 킴에게 깊은 인상을 남기고 싶었던 것이다. 그래서 부모님의 컴퓨터 과학 교과서에서 배운 BST를 사용하기로 결심했다. 단순한 정렬된 배열 대신에 말이다.

둘의 도전 과제는 같다. 그들 각각은 마리오의 카드 덱의 절반을 받았고, 주어진 시간 안에 카드를 가장 빠르게 찾기 위한 리스트를 준비해야 한다.

안타깝게도 킴은 BST에 대해 마리오보다 더 잘 알고 있었다. 마리오가 BST를 사용하려고 한다는 것을 듣자마자 킴은 자신의 카드 덱을 거의 정렬된 상태(내림차순, 역순)로 재배열해버렸다.

마리오가 방바닥에 자신의 BST를 구축하기 시작했을 때, 그는 킴이 자신을 속였다는 것을 깨달았다. 트리가 그의 방에 다 들어가지 않았고, 결국 마리오는 복도까지 길게 이어진 트리를 만들어야 했다.

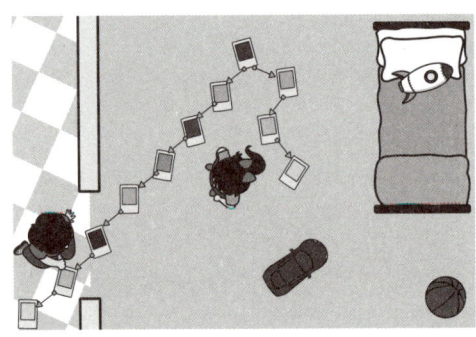

마리오가 다시 방으로 돌아왔을 때, 킴은 이미 자신이 찾아야 할 다섯 장의 카드를 모두 찾아낸 상태였다. 이번에도 패배한 마리오는 우울한 기분이 들었다. 마침내 마리오는 킴에게 물었다.

"네가 나를 속인 건 알겠는데, 대체 무슨 일이 일어난 거야?"

불리한 삽입 순서

킴이 한 일은 BST에 문제를 일으킬 수 있는 특별한 순서를 고른 것이다. BST에 원소를 가장 작은 값부터 가장 큰 값 순서로(혹은 그 반대로) 삽입하면, 연결 리스트처럼 트리가 완전히 한쪽으로 치우치게 된다.

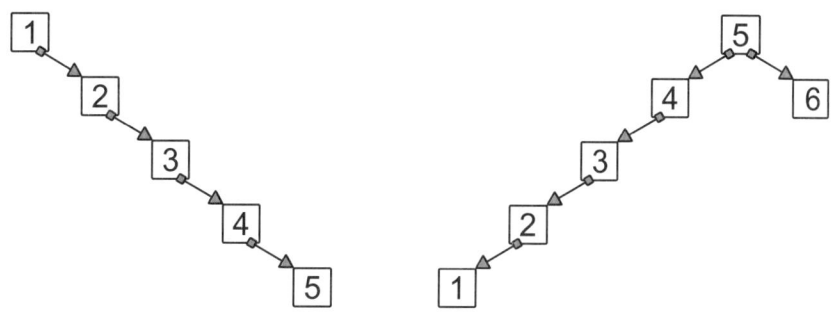

이런 극단적인 경우, 트리의 높이는 정확히 n이다. 생각해보자면 이미 정렬된 시퀀스에서 가장 나쁜 성능을 얻는다는 것은 아이러니하다.

일반적인 이진 탐색 트리에서 $O(h) = O(n)$임을 증명하기 위해서는 최악의 시나리오 하나만으로도 충분하다. 하지만 불행히도 그런 경우가 유일한 것은 아니다. 모든 원소가 이미 정렬된 상태로 삽입되는 운 나쁜 경우가 아니더라도 편향된 트리가 만들어질 수 있다. 삽입 순서에서 절반, 1/4, 1/5 등의 (인접하지 않은) 비연속적으로 정렬된 부분 수열이 존재하면, 트리의 높이는 최소한 $n/2$, $n/4$, $n/5$가 될 것이다. 그리고 $O(n/5) = O(n)$임을 알고 있다.

삭제는 트리의 편향을 불러온다

이진 탐색 트리가 불균형을 이루는 원인이 두 가지 있다. 첫 번째는 중복된 값이 있을 때인데, 이 경우에는 규칙에 따라 항상 왼쪽으로 배치한다. 이는 평균적으로 왼쪽 가지가 오른쪽 가지보다 약간 더 커진다는 것을 의미한다. 두 번째이자 더 나쁜 점은 BST에서 값을 삭제할 때, 삭제 위치를 메우기 위해 항상 삭제할 노드의 왼쪽 서브트리에서 최댓값을 가져온다는 것이다. 이는 왼쪽 가지가 점점 더 작아진다는 것을 의미하며, 많은 삭제가 이루어진 후에는 트리가 상당한 비대칭을 이룬다. 즉, 오른쪽 가지가 왼쪽 가지보다 훨씬 더 커지는 것이다.

트리 균형 맞추기

지금까지 논의한 내용을 되짚어보면 BST에 대한 전망은 그다지 좋지 않다. 삽입 순서를 잘못 선택하면 편향된 트리가 생기고, 많은 삭제 작업을 수행해도 역시 트리가 편향된다. 그렇다면 우리는 이런 문제에서 벗어날 수 없을까?

몇 가지 도움이 될 만한 방법이 있다. 삽입 순서에 어느 정도 통제권이 있다면, 입력 시퀀스의 순서를 섞어서 부분적으로 정렬된 시퀀스가 생길 확률을 줄일 수 있다. 그리고 삭제로 인한 불균형을 해결하는 한 가지 방법은 삭제할 값을 대체할 때, 선행자와 후행자를 번갈아가며 사용하는 것이다.

하지만 종종 우리는 삽입 순서를 통제할 수 없으며, 삽입은 동적이고 '즉시' 일어날 수 있다. 그리고 이러한 트릭들이 트리의 높이에 대한 상한을 보장해주지는 않는다. 10장에서 논의한 힙heap의 경우 n개의 요소에 대해 높이가 $O(\log(n))$으로 보장된다는 것을 기억하는가?

BST에서도 비슷한 것을 얻을 수 있을까? 물론 힙의 구조는 다르다. 힙에서는 노드의 전체 순서를 저장하지 않기 때문에, 높이를 로그 단위로 유지하는 것이 더 쉽다. 하지만 BST에서도 트리의 **균형**을 강제로 맞추는 방법이 있다. 어떤 이진 트리가 임의의 노드에서 왼쪽과 오른쪽 서브트리의 높이 차이가 최대 1 이하이고, 양쪽 서브트리 모두 균형이 맞춰져 있을 때 **높이 균형**height-balanced이 맞춰졌다고 한다.

BST에는 이 조건을 보장하는 발전된 자료구조들이 있다. 이러한 구조 중 하나는 힙의 특성을 사용하여 균형을 유지하는 방식이다. '무작위 힙randomized heaps'은 비결정론적으로 균형이 맞춰진 이진 탐색 트리다. 이에 대한 자세한 내용은 《Advanced Algorithms and Data Structures》의 3장에서 확인할 수 있다. 가장 많이 사용되는 균형 탐색 트리는 레드-블랙 트리red-black tree와 2-3 트리2-3 tree다. 더 자세히 알아보고 싶으면 《Advanced Algorithms and Data Structures》의 해당 장이나 《Introduction to Algorithms》의 13장을 참고한다.

균형 이진 탐색 트리balanced binary search tree, BBST에서는 검색, 삽입, 삭제와 같은 작업을 $O(\log(n))$ 시간 안에 수행할 수 있다. 이것이 BBST가 모든 작업에서 평균 성능이 가장 좋은 자료구조인 이유다. 일부 작업에서는 정렬된 배열이나 연결 리스트가 더 빠를 수 있지만, 모든 작업을 평균적으로 볼 때 BBST가 더 유리하다. 이는 또한 'BST가 왜 필요한가?'라는 질문에 대한 답이기도 하다. BST를 사용하면 정렬된 배열과 동일한 작업을 할 수 있지만, 전반적으로 더 빠르게 처리할 수 있다.

요약

- 트리는 노드로 구성된 재귀적 자료구조다. 각 노드는 값과 자식에 대한 특정 수의 링크를 가지고 있으며, 각 자식은 유효한 서브트리의 루트다.
- 트리는 계층적 관계나 교차로에서 분기되는 경로가 있는 모든 상황을 모델링하는 데 적합하다.
- 이진 트리에서 각 노드는 0개, 1개 또는 2개의 자식을 가질 수 있다. 자식이 없는 노드를 리프 노드라고 한다. 내부 노드라고 하는 다른 노드에는 하나 또는 2개의 자식이 존재한다.
- 이진 트리에서 자식으로 가는 링크는 보통 '왼쪽'과 '오른쪽'으로 라벨이 붙는다. 일부 이진 트리에서는 이 구분이 특별한 의미를 가질 수 있다.
- **이진 탐색 트리**$_{BST}$에서는 어떤 노드 N에 대해, N의 왼쪽 서브트리는 N의 값보다 크지 않은 값들만 포함할 수 있고, 오른쪽 서브트리는 N의 값보다 큰 값들만 포함할 수 있다.
- BST는 탐색에 유리하며, 트리가 균형 잡혀 있다면 최대 $O(\log(n))$번의 비교만으로 탐색을 완료할 수 있다.
- 일반적으로 n개의 노드를 가진 BST에서 트리의 높이를 h라고 할 때 삽입, 삭제, 탐색, 선행자와 후행자 찾기, 최댓값과 최솟값 찾기 같은 모든 연산은 $O(h)$ 시간이 소요된다.
- **균형 이진 탐색 트리**$_{BBST}$에서는 트리의 높이 h가 $O(\log(n))$로 보장되므로, 모든 연산이 로그 시간에 수행된다.

CHAPTER 12

딕셔너리와 해시 테이블: 연관 배열을 구축하고 사용하는 방법

이 장의 주요 내용

- 딕셔너리 ADT가 인덱싱을 어떻게 개선하는지 알아보기
- 이미 알고 있는 자료구조로 딕셔너리 구현하기
- 딕셔너리의 게임 체인저, 새로운 자료구조 소개—해시 테이블
- 해싱이 작동하는 방식
- 충돌을 해결하는 두 가지 전략인 체이닝과 개방형 주소 지정 비교

지금까지 요소의 위치를 기준으로 저장된 데이터를 검색할 수 있는 자료구조에 대해 논의했다. 배열과 연결 리스트에서는 자료구조 내에서의 위치를 기준으로 요소를 검색할 수 있다. 스택과 큐의 경우, 다음에 검색할 수 있는 요소는 특정 위치에 있다.

이제 키 기반 자료구조, 때로는 **연관 배열**associative array이라고도 하는 구조를 소개한다. 이 장에서는 키 기반 추상 자료형의 전형인 **딕셔너리**dictionary를 소개하고, 키를 기준으로 요소를 효율적으로 검색하기 위한 구현 전략에 대해 이야기한다.

딕셔너리 문제

우리의 작은 친구 마리오가 야구 카드 수집에 정말 진지해졌다. 그가 가장 좋아하는 것이 무엇인지 아는가? 바로 친구들과 카드를 교환하는 것이다!

마리오는 기억력이 좋지만, 이제 수백 장의 카드를 모았기 때문에 이미 소유하고 있는 카드와 없는 카드를 모두 기억하기가 어렵다. 특히 친구들과 카드를 교환할 때는 다른 사람이 카드를 가져가기 전에 재빨리 카드를 선택해야 하므로 더욱 그렇다. 경쟁에서 앞서기 위해 마리오는 카메라로 카드를 스캔하고 그 카드가 이미 자신의 컬렉션에 있는지, 몇 장을 가지고 있는지 몇 초 만에 확인할 수 있는 모바일 앱을 활용할 계획이다.

이 앱의 핵심 기능(UX와 객체 인식 외)은 바로 딕셔너리다. 딕셔너리는 특정 키로 데이터를 저장하고, 키를 기준으로 데이터를 검색한다. 야구 카드의 경우, 키로 선수 이름이나 심지어 카드의 사진을 사용할 수 있다. 이 예시에서 키는 소유한 카드의 복사본 수나 카드의 세부 사항(팀 정보, 통계 등)과 같은 속성과 연관될 수 있다.

중복 제거

딕셔너리의 또 다른 일반적인 사용 사례는 컬렉션에서 중복을 제거하는 것이다. 배열에서 중복을 제거하고 싶다고 가정할 경우, 일반적으로 배열을 정렬한 다음, 정렬된 배열을 스캔하면서 서로 인접한 중복 항목을 찾는다. 이 방법의 주요 비용은 시간 복잡도를 갖는 정렬에서 발생하는데 시간 복잡도는 $O(n \times \log(n))$이다.

이제 특정 객체를 이전에 본 적이 있는지 알려주는 마법의 블랙박스인 딕셔너리 D가 있다고 상상해보자. 그러면 그것을 사용해 컬렉션 C에서 중복을 필터링할 수 있다. 아이디어는 빈 딕셔너리에서 시작해서 요소 목록을 순차적으로 살펴보고, 동시에 각 항목 c를 D와 지원 컬렉션 tmp에 추가하는 것이다. 만약 c가 이미 딕셔너리에 있다면, 중복이 있다는 것을 알 수 있다.

```
tmp = []
for c in C:
    if not c in D:
        D.add(c)
        tmp.append(c)
C = tmp
```

파이썬에서는 이 작업을 위해 `set`을 사용한다. `set`은 값 없이 요소만 저장하는 특별한 딕셔너리의 일종이다. 비슷한 예로, 컬렉션에서 각 요소의 발생 횟수를 세는 방법이 있다.

```
counters = {}
for c in C:
    counters[c] = counters.get(c, 0) + 1
```

이것은 파이썬에서 허용하는 더 짧은 문법이지만, 이는 딕셔너리에 키 `c`가 있는지 확인한 다음, 해당 값이 있으면 가져와서 증가시키고, 새로운 키일 경우 값을 `1`로 초기화하는 것과 동일하다.

여기서 물어볼 만한 질문은 '중복을 제거할 때 딕셔너리를 사용하는 것이 정렬하는 것보다 나은가?'이다. 이 질문에 대한 답은 주로 딕셔너리에서 요소를 확인하고 새로운 항목을 추가하는 데 비용이 얼마나 드는지에 달려 있다. 두 연산 중 어느 하나라도 $O(\log(n))$ 이상의 비용이 든다면, 딕셔너리를 사용하는 것이 더 비싸다. 하지만 두 연산 모두 로그보다 적은 비용이 든다면, 딕셔너리를 사용하는 것이 훨씬 효율적이다. 구현에 따라 딕셔너리의 성능이 달라지며, 이 내용은 이 장의 뒤에서 다룰 것이다. 지금은 딕셔너리라는 추상 데이터 유형의 기능, 즉 딕셔너리로 무엇을 할 수 있는지에 초점을 맞추고, 그것을 어떻게 구현하는지는 나중에 살펴보자.

딕셔너리의 ADT

딕셔너리의 인터페이스를 설명할 때는 다음 세 가지 메서드를 포함해야 한다.

- 새로운 값을 삽입하기
- 키와 연관된 값을 검색하기(있는 경우)
- 값을 삭제하거나 키와 연관된 값을 삭제하기

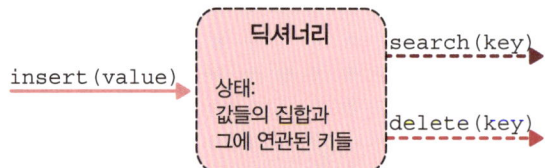

가장 일반적인 딕셔너리 인터페이스 정의에서는 값을 저장하고 그 값에 키를 연관시킨다. 정수와 같은 일부 값 유형의 경우, 연관된 키가 곧 그 값 자체일 수 있다. 키는 값을 통해 자유 함수free function를 적용해서 계산할 수 있다. 파이썬에서는 내장된 `hash` 함수가 이 작업에 적합하다. 또는 객체를 다룰 때는 객체가 자체 메서드를 가지고 키를 반환할 수도 있다. 이러한 가정하에 `insert` 메서드는 딕셔너리에 추가할 전체 값을 받는 반면, `search`는 키만 받아서 (키가 값보다 작을 것으로 가정) 연관된 값을 검색한다. `delete` 메서드는 키, 전체 값, 또는 삭제할 전체 값의 참조를 받을 수 있다.

이 API의 변형도 가능하다. 여기서는 고유한 2개의 값을 전달하고 별도로 저장하여 키와 값을 명시적으로 연관시킨다. 파이썬의 딕셔너리가 이러한 방식으로 작동한다.

딕셔너리는 더 많은 메서드를 제공할 수도 있다. 예를 들어 저장된 최소 또는 최대 키를 검색하는 메서드나, 특정 키를 기준으로 그 전 또는 그다음 키를 검색하는 메서드가 있다. 하지만 이러한 메서드들은 딕셔너리의 핵심 인터페이스에 속하지 않으므로 항상 제공되는 것은 아니다. 그 이유는 이러한 메서드들이 보통 구현하기 쉽고 실행이 빠른 딕셔너리 ADT의 일부 구현에서만 제공되기 때문이다.

딕셔너리를 구현하는 자료구조

이미 논의한 자료구조 중 딕셔너리를 구현하는 데 어떤 것을 사용할 수 있을까? 잠시 생각해보고 함께 답을 검토해보자.

새로운 요소를 삽입하고, 딕셔너리에 저장된 어떤 요소든 검색하고 삭제할 수 있어야 한다. 이러한 요구 사항으로 인해 스택, 큐, 우선순위 큐는 제외된다. 이들은 삽입 순서나 우선순위에 따라 검색 및 삭제할 수 있는 요소가 결정되기 때문이다. 따라서 배열, 연결 리스트, 균형 이진 탐색 트리만 남게 된다. 이 모든 구조는 세 가지 작업을 지원한다. 모든 옵션에서 키와 값을 쌍으로 명시적으로 저장한다고 가정한다.

배열

삽입은 바로 작동한다. `array.insert` 메서드를 사용해서 키-값 쌍을 배열에 저장한다. 동일한 키를 가진 2개의 쌍을 서로 다른 값으로 삽입하면 어떻게 될까? 일반적으로 딕셔너리는 각 고유 키에 대해 하나의 값만 허용한다. 하지만 고유 키마다 하나의 값만 허용하려면 삽입 전에 해당 키가 이미 존재하는지 먼저 확인해야 한다.

키를 삭제하려면 먼저 특수 검색을 수행하여 인수와 일치하는 키가 있는 쌍을 찾아야 한다.

마찬가지로 search의 경우 키를 인수로 전달하고 배열을 스캔하여 첫 번째 값이 키와 일치하는 쌍을 찾아야 한다. 정렬된 배열 또는 정렬되지 않은 배열을 사용할 수 있다. 전자는 검색은 빠르지만 삽입은 선형 시간이 걸린다. 반면 후자는 중복을 확인할 필요가 없는 경우 삽입을 상수 시간에 처리할 수 있지만 검색 속도가 느리다.

연결 리스트

배열에 대해 논의한 대부분의 원칙은 연결 리스트에도 적용된다. 더 효율적으로 삭제를 하기 위해 보통 이중 연결 리스트를 사용한다. 정렬된 리스트와 정렬되지 않은 리스트 중에서 선택할 수 있지만, 리스트는 이진 탐색을 지원하지 않으므로 정렬된 버전을 사용하는 것이 큰 이점은 없다.

균형 잡힌 이진 탐색 트리

이전 장에서 균형 잡힌 이진 탐색 트리를 살펴봤는데, 이 구조는 사실 이 경우에 좋은 선택이다! (최댓값과 같은 부가적인 작업을 포함해) 사전에 필요한 모든 작업은 균형 잡힌 트리에서 로그 시간 내에 실행할 수 있다. 다른 두 자료구조와 마찬가지로 중복 처리에 주의해야 하지만, 이 옵션은 약간의 추가 메모리를 사용하는 대가로 가장 균형 잡힌 성능을 보장한다.

요약

표 12.1은 이 장에서 논의한 각 구현이 사전의 주요 작업에 소요되는 시간을 나타낸 것이다. n개의 요소로 자료구조를 만드는 데 필요한 시간도 열에 포함했다. 이것은 고려해야 할 비용이며, 항상 n개의 삽입 비용과 같은 것은 아니다(10장에서 알아본 heapify를 기억하는가?).

표 12.1 딕셔너리의 다양한 구현에 따른 실행 시간

구현	삽입	삭제	검색	n 요소로 초기화
정렬되지 않은 배열	O(1)	O(n)	O(n)	O(n)
정렬된 배열	O(n)	O(n)	O(log(n))	O(n × log(n))
정렬되지 않은 이중 연결 리스트	O(1)	O(n)	O(n)	O(n)
정렬된 이중 연결 리스트	O(n)	O(n)	O(n)	O(n²)
균형 이진 탐색 트리	O(log(n))	O(log(n))	O(log(n))	O(n × log(n))

표 12.1 분석에서 삽입 시 키에 대한 검사를 수행하지 않는다고 가정했으며(그렇지 않으면 `insert` 시간은 `search` 시간보다 짧을 수 없다), `delete`는 제거할 키를 인수로 받아서 먼저 해당 키를 찾아야 한다고 가정했다. 예상한 대로 균형 잡힌 이진 탐색 트리가 모든 작업을 고려했을 때 평균 성능이 가장 좋다.

해시 테이블

앞 절에서 알려진 대안들을 요약하고, 이전 장에서 다룬 주요 내용을 복습했다. 이제는 완전히 새로운 개념을 도입해서 게임의 규칙을 바꿔보자. 이 절에서는 새로운 자료구조를 설명하고, 딕셔너리 추상 자료형을 구현할 때 이 구조가 어떻게 작동하는지 살펴본다. $O(\log(n))$이 좋은 성능이라고 생각하는가? 다시 생각해보자! 이제 우리가 달성할 성과는 놀라울 것이다.

새로운 인덱싱 방식

배열은 딕셔너리 연산에서 좋은 성능을 보장하지 못한다. 왜냐하면 키 기반 인덱싱에서는 배열의 주된 장점인 상수 시간 인덱스 접근을 잃어버리기 때문이다. 그렇다면 배열의 이 엄청난 장점을 어떻게 활용할 수 있을까? 다시 마리오와 그의 야구 카드 컬렉션을 예로 들어보자.

마리오의 카드 컬렉션이 정적이고 카드 수가 고정되어 있으며, 단순화를 위해 중복이 없다고 가정한다. 카드가 n개 있고 카드 컬렉션이 변하지 않는다면 이론적으로 각 카드에 0에서 $n-1$ 사이의 정수를 연관시킬 수 있다. 기억나는가? 이 정수는 배열의 인덱스로 사용할 수 있다. 하지만 이 인덱스를 각 카드와 어떻게 연결할 수 있을까? 지금은 카드를 입력하면 올바른 인덱스를 뱉어내는 블랙박스인 오라클oracle 함수가 있다고 가정해보자.

예를 들어 조 디마지오Joe Di Maggio의 카드에 대해 이 오라클 함수에게 물으면, 함수는 3이라는 값을 반환한다고 하자. 그러면 우리는 그 카드를 배열의 네 번째 셀(인덱스 3)에 저장할 수 있고, 검색할 때도 같은 인덱스를 사용해 그 카드를 찾을 수 있다. 여기서 주의할 점은 배열을 2장에서 논의한 방식과는 다르게 사용해야 한다는 것이다. 배열에 저장된 요소들은 왼쪽 정렬이 되지 않으며, 삽입된 순서에 따라 그 위치가 결정되지 않는다.

해시 테이블

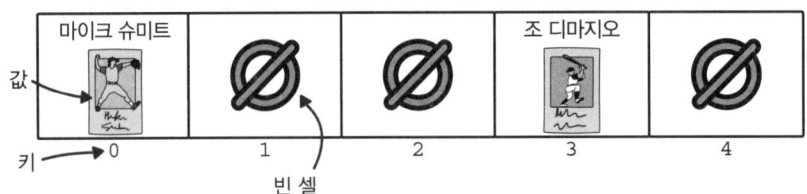

이 자료구조를 **직접 접근 테이블**direct-access table이라고 한다. 저장된 요소들은 배열 전체에 걸쳐 흩어져 있을 것이며, 요소들 사이에 빈 셀이 있을 수 있다. 그래서 사용된 셀과 빈 셀을 구분할 방법이 필요하다. 특별한 건 없다. 특정값이 없는 것을 나타내기 위해 프로그래밍 언어에서 제공하는 `None`, `null`, 또는 다른 특별한 값을 저장하면 된다.

특정 조건에서는 이 오라클 함수를 **인덱싱 함수**indexing function라고 부른다. 이 조건들은 추후 이 절에서 다시 다룰 것이다. 물론 여기서 설명하고 있는 것은 이상적인 상황이다. 곧 이 방식의 한계도 논의할 것이다. 하지만 이 방식이 가능하다면, 그 성능은 이전 절에서 논의했던 어떤 방법보다도 훨씬 우수할 것이다. 오라클 함수가 제공하는 인덱스를 얻으면 상수 시간 내에 요소의 검색, 삽입, 삭제 같은 모든 연산을 수행할 수 있다! 너무 공상적인가? 안타깝게도, 그렇다.

인덱싱의 비용

먼저 우리가 건너뛴 중요한 세부 사항이 있다. 인덱싱 함수의 비용은 얼마일까? 이를 이해하기 위해 카드에서 배열의 인덱스에 도달하는 작업을 좀 더 세분화해보자.

직접 접근 테이블에서는 객체의 키가 배열에서의 인덱스다. 하지만 여전히 이 키를 계산해야 한다. 먼저 전체 객체, 즉 야구 카드(혹은 그 디지털 표현)에서 고유한 식별자를 추출한다. 이 식별자가 정수라면 작업은 끝난다. 하지만 대부분의 경우, 식별자는 문자열 형태일 것이므로 정수로 변환하는 추가 단계가 필요하다. 이것은 전혀 어렵지 않다. 한 가지 방법은 각 문자를 ASCII 또는 유니코드 값으로 변환한 다음, 모든 값을 더하는 것이다. 하지만 이 공식에는 큰 문제가 있다. 문자의 위치를 고려하지 않기 때문에 문장이 다른 문자들로 재배열된 모든 경우(애너그램anagram)[*]가 동일한 값을 생성한다는 것이

---

[*] 옮긴이 단어나 문장을 구성하고 있는 문자의 순서를 바꾸어 다른 단어나 문장을 만드는 것을 말한다.

다. 따라서 고유한 식별자를 얻을 수 없다. 더 나은 공식은 각 문자의 값을 그 위치에 따라 특정 숫자로 곱하는 것이다. 예를 들어

```
id = 0
for c in 'Joe Di Maggio':
    id = id + ord(c)
    id *= 256
```

이 코드는 ASCII 문자열을 256진수 숫자로 처리한다. 여기서는 256진수 'Joe Di Maggio'를 10진수 정수로 변환하고 있다.

이와 같이 저장하려는 요소에서 배열의 인덱스로 가는 과정에는 문자열을 반복하는 등의 추가 비용이 발생할 수 있는 중간 단계가 있다. 이 비용은 인덱싱 함수가 O(k) 시간이 걸린다고 가정하여 계산할 수 있으며, 여기서 k는 저장하려는 요소에 따라 달라진다. 이 k값은 보통 저장하는 요소의 개수와는 무관하며, 만약 모든 이름이 최대 50자 이하라면 이를 상수 시간 연산으로 처리할 수 있다. 하지만 키를 추출하는 데 비용이 든다는 점을 잊지 말자.

이상적인 모델의 문제점

인덱싱 함수의 비용은 빙산의 일각일 뿐이다. 카드 컬렉션이 정적이고 변경되지 않는다는 가정이 더 큰 문제다. 예상할 수 있듯이, 이는 미래에도 유지될 수 있는 상황이 아니다. 매년 새로운 야구 카드가 출시된다. 만약 야구 카드를 온라인 서점의 책으로 대체한다면, 상황은 더욱 악화한다. 서적 목록은 랜덤한 시간에 변경되기 때문이다.

이 문제를 해결하려면 모든 가능한 제품에 대한 모든 키를 수용할 수 있을 만큼 큰 배열을 만들어야 한다. 만약 선수들의 이름을 256진수 숫자로 해석하여 인덱스를 계산한다면, 'Joe Di Maggio'의 경우 대략 10^{29} 정도의 인덱스를 얻을 것이다. 이러한 크기의 배열을 만드는 것이 가능하다고 하더라도, 대부분의 공간은 비어 있을 것이다. 이를 설명하기 위해 몇 가지 숫자를 계산해보자. 야구 카드에 대한 모든 가능한 이름 조합이 대략 2^{64}이라고 가정하면, 대략 200경 개에 달한다. 약 2만 명 정도의 역대 메이저리그 선수들이 20년 경력을 쌓는다고 가정하더라도 지금까지 인쇄된 고유한 야구 카드는 총 40만 장 이하일 것이다. 마리오가 지금까지 인쇄된 모든 야구 카드 1장씩을 사들였다고 하더라도, 2^{64} 용량의 배열에서 0.000000000002%도 채우지 못할 것이다. 더 현실적인 2^{32} 용량의 배열이라도 0.009% 정도만 채우는 것이 고작이다. 즉, 이는 엄청난 메모리 낭비다.

배열을 직접 접근 테이블로 사용하는 것은 저장하려는 요소의 크기와 구성을 제한할 수 있는 매우 특수한 상황에서만 가능하다. 하지만 이 아이디어에는 긍정적인 면도 있다. 모든 것을 버려야 하는 것은 아니다.

해싱

이제 새로운 개념을 도입할 필요가 있다. **직접 접근 테이블**에서 가장 큰 문제는 인덱싱 공간이 너무 크다는 점인데, 이렇게 큰 배열을 할당할 여유가 없다. 우리가 원하는 것은 예상되는 요소의 수를 저장할 수 있는 크기의 배열을 할당하는 것이다. 즉, 존재할 수 있는 모든 요소를 위한 배열이 아니라, 우리가 실제로 필요로 하는 요소들을 위한 크기 `m << |키|`의 배열이다. 예를 들어 마리오는 수십억 개의 카드를 저장할 수 있는 배열이 아닌, 그가 보유한 야구 카드를 저장하기 위해 대략 1000개 정도의 배열을 만들고 싶어 한다.

그러나 우리가 사용하는 배열의 용량이 가능한 키의 수보다 적다면, 더 이상 키를 인덱스로 사용할 수 없다. 객체에서 인덱스를 계산하는 과정을 재고해야 하며, 항상 유효한 인덱스를 생성하는 중간 단계가 필요하다.

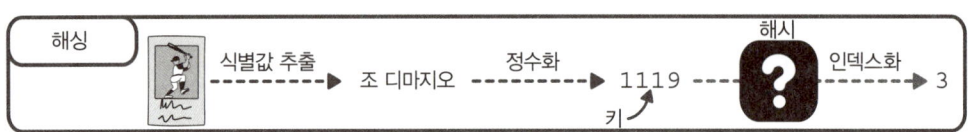

이 중간 단계가 바로 **해싱**hashing이며, 해싱에 의해 인덱싱된 요소를 저장하는 배열을 **해시 테이블**hash table이라고 한다. 넓은 의미에서 해싱은 객체에서 인덱스를 도출하는 전체 과정을 설명할 수 있다. 즉, 해시 함수는 전체 객체를 입력으로 받아 유효한 인덱스를 반환할 수 있다. 그러나 해싱이 이루어지는 가장 중요한 단계는 임의의 정수 식별자에서 유효한 해시 테이블의 인덱스로 변환되는 과정이다.

해시 함수

해시 함수의 속성은 무엇인가? 그리고 무엇이 좋은 해시 함수를 만드는가? 이것은 해시 테이블을 구현하기 위해 반드시 답해야 할 중요한 질문이다. 해시 함수에 대한 요구 사항은 콘텍스트, 특히 저장할 수 있는 값과 해시 테이블의 크기에 따라 달라진다.

- 해시 함수의 도메인은 가능한 모든 키의 집합이어야 한다. 물론 입력 가능한 값은 콘텍스트에 따라 달라진다. 하지만 저장할 요소를 항상 정수로 변환할 수 있으므로, 범용 해시 함수의 도메인은 모든 정수의 집합이라고 말할 수 있다.

- 해시 함수는 유효한 인덱스를 반환해야 한다. 만약 해시 테이블의 크기가 m이라면, 해당 테이블과 연결된 해시 함수의 출력값은 0에서 $m-1$ 사이의 정수여야 한다.

좋은 해시 함수의 조건을 이해하는 것은 다소 복잡하다. 이론적으로 해시 함수가 가져야 할 바람직한 속성은 균일성uniformity이다. 각 요소는 다른 요소가 해시된 위치와 상관없이 m개의 슬롯 중 어디로든 해시될 가능성이 동일해야 한다. 그러나 불행히도 균일성을 얻기는 어렵고(요소들이 독립적으로 생성되지 않는 경우가 많음), 이를 확인하기도 쉽지 않다(보통 키의 분포를 알지 못하기 때문이다).

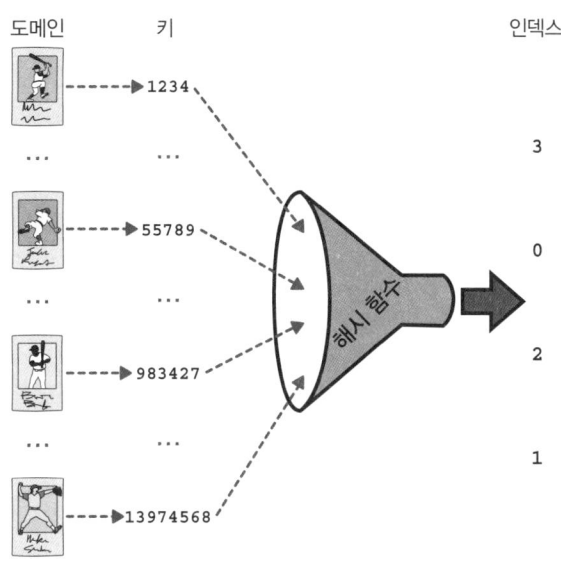

이러한 경우, 할 수 있는 최선은 균일성에 근접하지 않으면서도 충분히 잘 작동하는 휴리스틱heuristic을 설계하는 것이다. 이러한 휴리스틱을 설계할 때의 경험 법칙은 결과가 데이터에 존재할 수 있는 모든 패턴과 독립적인지 확인하는 것이다.

나눗셈 방법

9장에서 원형 큐를 논의할 때, 가상 주소 공간의 개념과 함께 큐의 앞 또는 뒤 포인터가 배열의 끝 초과 시 배열 끝에서 다시 시작하도록 하는 방법을 설명했다. 나눗셈 방법도 동일하게 작동한다. 크기가 m인 해시 테이블이 주어졌을 때, 임의의 정수 키 k에 대해 k를 저장할 인덱스를 해시 함수 `h(k) = k % m`을 사용하여 계산한다. 이것은 k를 m으로 나눈 나머지다.

이 방법은 간단하지만, 이 단순함에는 몇 가지 어려움이 숨겨져 있다. 예를 들어 m을 2의 거듭제곱인 $m = 2^p$(어떤 양의 정수 p에 대해)로 선택하면 문제가 발생한다. 문제는 결과 $k \% 2^p$가 정확히 k의 최하위 비트 수라는 것이다. 키의 가장 낮은 p개의 비트 분포가 균일하다고 확신할 수 없다면, 테이블 크기인 m의 값을 신중하게 선택해야 한다. 경험적 규칙으로 나눗셈 방법을 사용할 때 m의 최선의 선택은 2의 거듭제곱에 너무 가깝지 않은 소수다. 소수를 찾는 것은 쉬운 작업이 아니므로 대안을 고려할 수 있다.

곱셈 방법

해시 테이블 크기를 더 자유롭게 선택하고 싶거나 선택의 여지가 없는 경우, 해시 함수를 계산하기 위한 다른 방법을 사용할 수 있는데, 곱셈 방법은 효과적인 대안이지만 계산이 더 복잡하다. 첫 번째로 해야 할 일은 실수 A라는 상수를 선택해서 입력 키 k에 곱하는 것이다. 두 번째 단계는 이 곱셈 결과의 소수 부분을 취하는 것으로, `(k*A) % 1`을 계산한다. 이 단계에서 모든 A의 선택이 똑같이 좋지는 않다는 것을 알 수 있다. 예를 들어 정수는 항상 결과가 0이 되므로 최악의 선택이다.

어려운 점은 A의 최적값이 해시할 데이터의 특성에 따라 달라진다는 것이다. 그럼에도 불구하고 도널드 커누스Donald Knuth의 조언에 따라 `A = (sqrt(5)-1)/2`를 사용하면 대부분의 상황에서 잘 작동한다. 그러나 아직 끝난 것이 아니다! 결과 실수에 테이블 크기인 m을 곱한 후 결과의 정수 부분을 취해야 한다(결과는 0에서 $m-1$ 사이의 정수다).

파이썬 버전의 함수 h는 다음과 같다.

```
h = lambda k: math.floor(m * ((A * k) % 1))
```

이 방법에서는 m의 선택이 그리 중요하지 않다. 나눗셈 방법과 달리, 계산을 최적화하기 위해 2의 거듭 제곱을 사용하는 경우가 많다. 이 방법은 나눗셈 방법에 비해 또 다른 바람직한 속성을 가지고 있다. 서로 가까운 키들이 멀리 떨어진 인덱스에 배치된다는 점이다. 이는 테이블 전반에 걸쳐 부하를 고르게 분산하는 데 중요하며, 다음 절에서 왜 이것이 중요한지 논의할 것이다. 물론 해시 함수를 계산하는 다른 방법도 있지만, 우리의 목적에는 이 정도면 충분하다. 이제 테이블에 있는 '코끼리'를 해결할 때다.

충돌 해결

해시 테이블에서는 사용 중인 배열의 용량이 가능한 키의 수보다 적으므로 더 이상 키를 인덱스로 사용할 수 없다. 그 이유는 키가 해시 테이블의 가장 큰 인덱스보다 클 수 있기 때문이다.

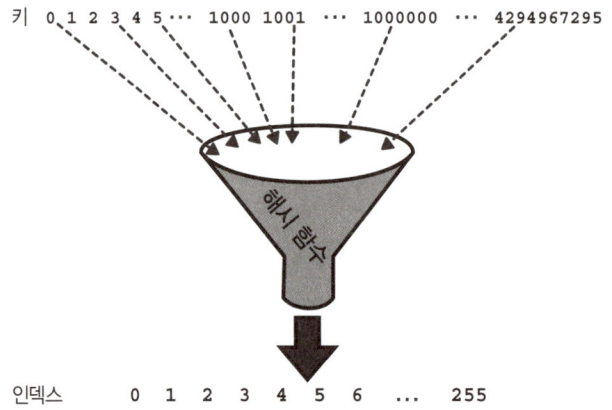

이 크기 차이에는 또 다른 결과가 있다. 바로 해시 함수가 적어도 2개 이상의 키를 동일한 인덱스에 매핑하게 된다는 것이다. 이것은 일명 비둘기집 원리pigeonhole principle에서 나온다. 만약 다섯 마리의 비둘기와 4개의 집이 있다면, 최소한 하나의 집에는 두 마리의 비둘기가 있을 것이다. 그리고 더 많은 비둘기가 한집에 들어가거나, 두 마리 이상이 들어가는 집이 여러 개 있을 수도 있다.

따라서 해시 테이블에서는 어떤 시점에 2개의 키가 동일한 배열 셀에 매핑되는 상황이 발생한다. 이것을 **충돌**conflict이라고 부른다. 이런 상황에서는 어떻게 해야 할까? 충돌을 어떻게 처리해야 할까?

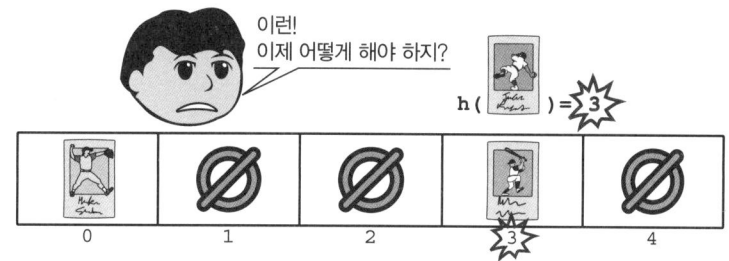

두 가지 주요 전략은 **체이닝**chaining과 **개방형 주소 지정**open addressing이다. 이들의 접근 방식은 완전히 다르며, 각각의 장단점이 있다. 이제 이것을 자세히 살펴보자.

체이닝

충돌을 해결하는 첫 번째 방법은 동일한 셀에 여러 항목을 저장할 수 있도록 하는 것이다. 물론 배열 셀을 더 크게 만들어 여러 값을 저장할 수는 없다. 그러므로 창의적인 방법을 모색해야 한다.

배열 셀에 값을 직접 저장하는 대신 각 셀에는 **해시 체인**hash chain이라 불리는 연결 리스트의 헤드를 저장한다. 새로운 요소 x가 i번째 셀에 해시되면, 해당 셀에서 가리키는 해시 체인을 가져와서 그 앞에 x를 삽입한다. 중복을 피하고 싶다면, 전체 리스트를 순회하며 x가 이미 존재하는 건 아닌지 확인한 후 리스트의 끝에 새 요소를 추가할 수 있다.

어떤 종류의 연결 리스트를 사용해야 할까? 5장에서 논의했듯이, 임의의 위치에서 요소를 삭제해야 하는 경우에는 이중 연결 리스트가 가장 좋은 옵션이다. 하지만 삭제할 노드에 대한 참조가 없기 때문에, 단일 연결 리스트와의 유일한 차이점은 요소를 삭제하는 코드가 복잡하다는 것이다.

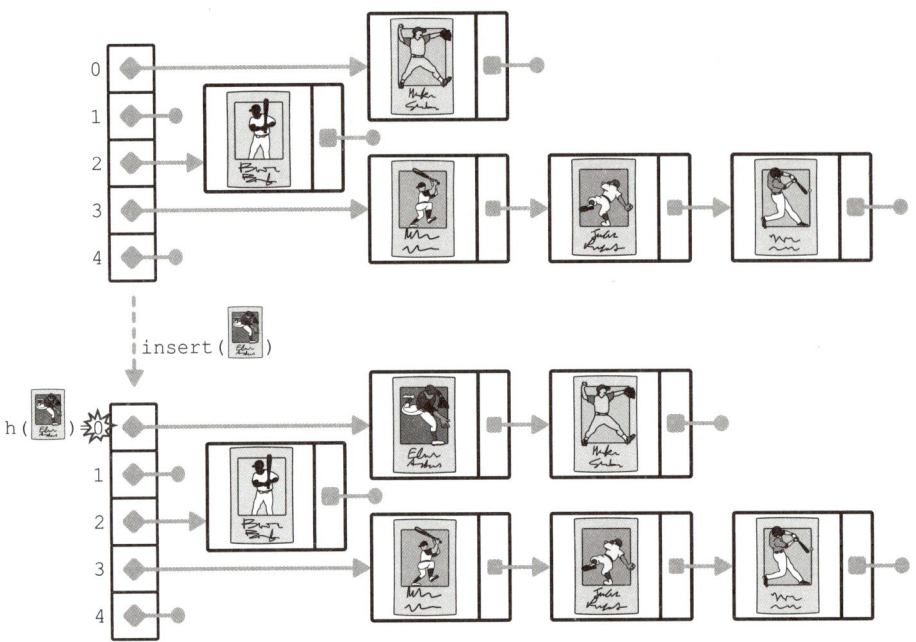

이미 두 가지 유형의 리스트를 구현했기 때문에 단일 연결 리스트와 곱셈법을 사용해서 해시 함수를 구현했다. 값을 인덱스로 계산하기 위해서는 해당 값에 연결된 키에 곱셈법을 적용한다. 내부적으로는 기본 제공 `hash` 메서드를 사용해 객체에서 키를 추출한다. 하지만 클래스가 초기화될 때 키 추출 방식을 원하는 대로 설정할 수도 있다.

```
class HashTable:
    __A__ = Decimal((sqrt(5) - 1) / 2)         ← 곱셈법에서 사용하는 상수,
    def __init__(self, buckets, extract_key=hash):   클래스 속성으로 정의
        self._m = buckets
        self._data = [SinglyLinkedList() for _ in range(buckets)]
        self._extract_key = extract_key
    def _hash(self, key):
        return floor(self._m * ((Decimal(key) * HashTable.__A__) % 1))
```

해시 테이블을 구현하기 위해 작성해야 할 코드의 내용을 대부분 설명했다. 나중에 보여주겠지만, 클래스 `SinglyLinkedList`의 메서드를 사용해서 주요 작업을 처리할 수 있기 때문에 각 메서드는 몇 줄만으로도 구현 가능하다.

그렇다면 체이닝을 사용하는 해시 테이블은 얼마나 효율적일까? 그것을 이해하려면, 지금까지 해왔던 것과는 다른 방식으로 점근적 분석을 해야 한다. m개의 버킷bucket이 있는 해시 테이블에 이미 n개의 요소를 저장했다고 가정하자. 또한 키의 해시값을 계산하는 데 $O(1)$ 시간이 걸리고, 중복은 고려하지 않는다고 가정하자.

분석을 위한 핵심 요소는 해시 체인의 크기다. 하지만 키들의 정확한 분포를 미리 알 수 없으므로 평균적으로만 추론할 수 있다. 우리는 **평균적**으로 각 배열 셀이 n/m개의 키를 가질 것이라고 가정할 수 있다.

삽입의 경우는 운이 좋다. 만약 새로운 요소를 리스트의 앞에 삽입한다면, `insert` 메서드는 특히나 효율적으로 작동하며, m과 n의 값에 상관없이 상수 시간만 소요된다.

```
def insert(self, value):
    index = self._hash(self._extract_key(value))
    self._data[index].insert_in_front(value)
```

그러면 검색 메서드는 어떨까? 앞서 말했듯이, 평균적으로 리스트는 n/m개의 요소를 가지며, 선형 탐색만 사용할 수 있기 때문에 `search`의 평균 실행 시간은 $O(1 + n/m)$이다. 그러나 운이 나쁘거나(또는 주의를 기울이지 않으면) 모든 키가 같은 버킷에 매핑될 수도 있다. 이 경우, 검색의 최악 실행 시간은 $O(n)$이다.

```
def _search(self, value):
    index = self._hash(key)
    value_matches_key = lambda v: self._extract_key(v) == key
    return self._data[index].search(value_matches_key)
```

이 `search` 코드에서, 우리는 조건에 맞는 첫 번째 요소를 반환하는 연결 리스트의 특별한 검색 메서드를 사용한다. 이 클래스가 제대로 작동하려면, 키는 반드시 값에 대한 고유한 식별자여야 한다. 요소 삭제는 이중 연결 리스트에서 상수 시간 내에 가능하지만, 이는 삭제할 노드에 대한 참조가 있을 때만이다. 그렇지 않으면 검색과 동일한 시간이 걸린다.

문헌에서 `delete` 메서드가 삭제할 값이 저장된 위치에 대한 참조를 받는 것이 일반적이지만, 깔끔하지도 않고 안전하지도 않기 때문에 이런 방식은 피하는 것이 좋다. 키로 삭제할지 값으로 삭제할지 선택할 수 있으며, 공간을 절약하기 위해 값으로 삭제하는 버전만 제시한다. 두 방법 모두 먼저 검색을 수행해야 하며, 평균적으로 $O(1 + n/m)$의 시간이 걸린다.

```
def delete(self, value):
    index = self._hash(self._extract_key(value))
    self._data[index].delete(value)
```

클래스 `HashTable`의 전체 코드는 이 책의 깃허브 저장소[*]에서 확인할 수 있다.

일반적으로 해시 테이블의 모든 요소를 순회하는 데는 $O(n+m)$ 단계가 걸린다. 배열 셀들을 모두 확인해야 하기 때문이다. 해시 테이블에서 최솟값이나 최댓값을 찾으려면 어떻게 해야 할까? 이 경우, 테이

---

[*] https://mng.bz/jXRP

블 전체를 스캔해야 하므로 실행 시간도 O(n+m)이 된다. 특정 요소의 선행자나 후행자 요소를 찾으려 해도 동일한 논리가 적용된다.

표 12.2는 체이닝을 사용하는 해시 테이블의 주요 메서드 실행 시간을 요약한 것이다.

표 12.2 중복을 허용하는 딕셔너리 추상 자료형(ADT)의 해시 테이블 구현에 대한 실행 시간

	삽입	삭제	검색	n개의 요소로 초기화
체이닝(평균적)	O(1)	O(1+n/m)	O(1+n/m)	O(m+n)
체이닝(최악의 경우)	O(1)	O(n)	O(n)	O(m+n)

개방형 주소 지정

해시 충돌을 해결하는 방법은 체이닝만 있는 것이 아니다. 복합 자료구조를 피하고 테이블에 요소를 직접 저장하려면 다른 접근 방식을 사용할 수 있다. 개방형 주소 지정에서는 각 키에 대해 특정 순서로 m개의 배열 셀을 모두 탐색probe할 수 있다. 이때 우리가 찾고 있던 요소나 빈 셀을 찾거나, 모든 셀을 탐색할 때까지 반복한다. 즉, 충돌이 발생한 후에는 다시 시도할 기회가 생기며, 두 번째 기회(그리고 세 번째, 그 이후의 기회)가 주어지는 셈이다.

탐색을 허용하기 위해 2개의 인수(해시할 키와 시도 횟수)를 받도록 해시 함수를 확장한다. 이 방법이 어떻게 작동하는지 살펴보자. 예를 들어 정수 키가 714인 새로운 요소를 삽입하려고 한다고 하자. p(714,0)=3을 계산한 다음, 인덱스 3의 셀을 확인했더니 키가 423인 다른 요소가 이미 해당 인덱스에 저장되어 있다. 하지만 여기서 포기하지 않는다! 대신 p(714,1)=1을 계산하여 인덱스 1의 셀을 확인해 보지만, 여전히 사용할 수 없다. 또다시 시도한다. p(714,2)=6을 계산한 후 인덱스 6에서 빈 셀을 발견했다. 이제 요소를 저장할 수 있다.

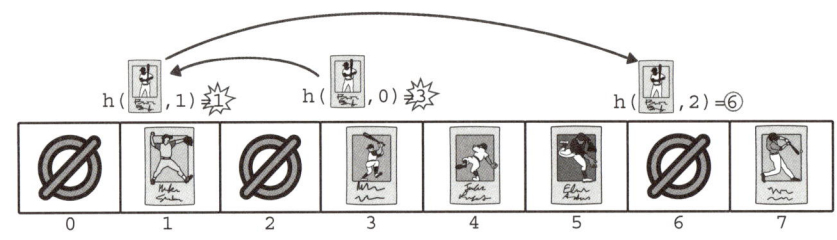

검색도 비슷하게 작동하지만 중요한 차이점이 하나 있다. 빈 셀에 도달하는 순간, 검색이 실패했다는 것을 알 수 있다. 그렇지 않으면 찾은 값을 확인하고, 그것이 검색 대상과 일치하면 성공한 것이고, 그렇지 않다면 다시 시도해야 한다.

물론 해시 함수는 어떤 키 *k*에 대해 [p(k,i) for i in range(0,m)]이 해시 테이블의 모든 가능한 인덱스를 포함하도록 설계되어야 한다. 즉, <p(k,0), p(k,1), …, p(k,m-1)>은 모든 *k*에 대해 <0, …, m-1>의 순열이어야 한다.

유효한 해시 함수 *h*가 주어졌을 때, 탐색 함수로 자주 사용되는 두 가지 방식은 **선형 탐색**linear probing 과 **이차 탐색**quadratic probing이다. 선형 탐색은 p(k,i) = (h(k) + i) % m이고, 이차 탐색은 p(k,i) = (h(k) + a*i + b*i2) % m으로, 여기서 *a*와 *b*는 상수다.

개방형 주소 지정의 문제점

체이닝과 비교했을 때, 개방형 주소 지정 방식의 주요 장점은 연결 리스트에 메모리를 낭비하지 않고, 배열에 최소한의 오버헤드만 필요하다는 점이다. 하지만 다음과 같이 단점도 여럿 존재한다.

- 체이닝은 무한히 많은 요소를 저장할 수 있지만, 개방형 주소 지정 방식은 정적 배열을 사용하여 해시 테이블의 용량을 초기화 시점에 고정한다(즉, $n \leq m$).
- 선형 및 이차 탐색은 요소 클러스터를 자주 발생시키며, 이는 검색 및 삽입 중에 긴 체인을 따라가야 하므로 작업을 느리게 만든다. 이차 탐색은 조금 더 나은 성능을 보이지만, 주어진 테이블 크기 *m*에 대해 모든 *a*와 *b*의 조합이 유효한 것은 아니다(해당 공식은 인덱스의 유효한 순열을 반환해야 한다).
- 개방형 주소 지정 방식에서 요소를 삭제하는 것은 복잡하다. 위치를 단순히 비워두면 검색 과정이 깨질 수 있다. 예를 들어 인덱스 6에 요소 *x*를 삽입한 후 인덱스 1의 요소를 삭제하고 빈 셀로 남겨두면, 새로운 *x* 검색은 인덱스 1의 빈 셀을 만나 검색이 조기에 중단될 수 있다.

삭제된 요소에 대해 특별한 값을 사용할 수는 있지만, 검색에서 실제로 저장된 요소보다 더 많은 요소를 방문하여 속도가 느려진다. 그렇지 않으면 요소 제거를 비활성화해야 하지만, 테이블이 빠르게 채워지고 필요하지 않더라도 더 큰 테이블을 할당해야 한다. 결론적으로 요소를 삭제해야 하는 경우에는 체이닝 방식을 사용하는 것이 좋다.

해싱의 위험

해시 테이블은 딕셔너리 ADT의 다른 구현 방식에 비해 눈에 띄는 성능 향상을 제공한다. 이 점이 너무 좋아서 믿기 힘들 정도다. 하지만 자료구조에서는, 인생에서와 마찬가지로 가시 없는 장미는 거의 없다(가시만 있고 장미가 없는 경우는 많다).

먼저 기억해야 할 것은 `insert`, `search`, `delete`는 해시 테이블에서 최적의 효율성을 제공할 수 있지만, `maximum`, `minimum`, `successor`, `predecessor`와 같은 다른 작업은 이진 탐색 트리를 사용할 때 더 빠르다는 점이다.

그러나 조심하지 않으면 더 큰 문제가 발생할 수 있다. 하나의 전제, 바로 여기서 설명한 체이닝 방식은 효율성을 극대화하기 위해 연결 리스트의 맨 앞에 요소를 삽입하고 중복을 무시한다. 만약 중복을 확인해야 하거나 어떤 이유로 연결 리스트를 정렬된 상태로 유지해야 한다면, 삽입 작업은 선형 시간이 걸린다. 표 12.3에 이에 관한 내용을 요약해 나타냈다.

표 12.3 중복이 허용되지 않는 경우의 해시 테이블 실행 시간

작업	삽입	삭제	검색	n개의 요소로 초기화
체이닝(평균)	$O(1 + n/m)$	$O(1 + n/m)$	$O(1 + n/m)$	$O(m + (n/m)^2)$
체이닝(최악의 경우)	$O(n)$	$O(n)$	$O(n)$	$O(m + n^2)$

중복을 허용할 수 없는 상황이 있는데, 이는 다음에 설명할 문제를 더욱 악화시킨다. 특히 테이블을 구성하는 것에 이차 시간이 걸리는 경우를 주목해야 한다.

해시 테이블의 문제점 중 절반은 평균 성능은 매우 좋지만, 최악의 경우 성능은 이진 탐색 트리를 사용하는 구현보다 나쁘다는 점이다. 문제의 나머지 절반은 대책을 마련하지 않는 한 클라이언트가 고의적으로 해시 테이블의 성능을 저하시킬 수 있다는 점이다. 특히 해시 함수가 고정되어 있거나(또는 이를 역으로 추론할 수 있는 경우), 클라이언트는 동일한 해시 체인에 매핑되는 키들의 순서를 찾아낼 수 있다. 이는 서버가 POST 요청과 함께 전송된 HTTP 매개변수를 저장하는 데 사용되는 해시 테이블을 겨냥한 공격에서 악용되었다.

수백만 개의 폼 매개변수를 전송하면서, 이 모든 매개변수가 동일한 버킷에 해시되는 경우, 요청 처리 속도가 약 1분으로 느려졌다. 이 1분 동안 한 프로세서 코어가 이 작업을 처리하느라 바쁘게 돌아갔다. 이러한 요청을 수백 또는 수천 개 보내면 서버가 멈출 수 있다는 것을 예상할 수 있다.

이 공격에 대해 더 자세히 알고 싶다면 관련 자료[*]를 참고하자. 또한 이 취약점을 자세히 설명한 원본 논문[†]을 읽어봐도 좋다. 이 취약점은 서버 코드에 의해 발생한 것이 아니라 펄Perl, PHP, 파이썬, 루비 Ruby, 자바, 자바스크립트와 같은 프로그래밍 언어에 내재된 문제였다. 그렇다면 이 공격을 어떻게 막을 수 있을까?

이 취약점은 해시 함수의 결정론적 특성에서 비롯된다. 물론 함수는 주어진 테이블에 대해 결정론적이어야 하고, 매번 작업할 때마다 변경할 수는 없다. 그러나 해시 테이블과 함께 초기화된 임의의 요소로 해시 함수를 생성하면 공격자가 키 버킷 매핑을 악용하는 것을 방지할 수 있다. 공격자가 여전히 사용된 해시 함수를 추측할 수 있기 때문에 충분하지 않을 수도 있지만, 이 위험을 해결하는 더 복잡한 솔루션도 존재한다.

---

[*] https://lwn.net/Articles/474912/

[†] https://mng.bz/WEK1

이러한 이유로 해시 테이블(그리고 이 책에서 다루는 다른 자료구조들)의 작동 방식을 이해하는 것이 매우 중요하다. 그들의 내부 구조를 이해해야만 사용하는 라이브러리를 현명하게 선택하고, 그들의 세부 사항을 확인하며, 이러한 취약점이 없는지 확인할 수 있다.

요약

- **딕셔너리**는 키를 통해 나중에 검색하거나 삭제할 수 있는 요소를 저장하는 컨테이너를 위한 추상 자료형이다. 딕셔너리는 라우터router부터 키-값 데이터베이스에 이르기까지 광범위하게 사용된다.
- 이 책에서 논의한 여러 자료구조를 사용해 딕셔너리 ADT를 구현할 수 있지만, 모든 작업에서 가장 뛰어난 성능을 보장하는 것은 균형 이진 탐색 트리다.
- **해시 테이블**을 사용하는 구현은 `insert`, `search`, `delete`에 대해 가장 좋은 평균 성능을 제공한다.
- **직접 접근 테이블**은 각 키(정수형 요소) k가 인덱스 k에 저장되는 배열로, 값에 의한 검색이 상수 시간만큼 빠르다. 비정수형 요소는 고유한 ID를 추출해 먼저 정수로 변환한다. 하지만 직접 접근 테이블은 비실용적으로 큰 경우가 많다.
- **해시 테이블**은 배열의 특별한 형태로, 정수형 요소의 인덱스가 해시 함수라고 불리는 특별한 함수에 의해 반환된다. 해시 테이블은 저장된 값의 범위보다 훨씬 작은 크기를 가질 수 있으므로 직접 접근 테이블보다 실용적이다.
- 해시 테이블의 키 범위가 테이블의 셀 개수보다 클 수 있기 때문에 2개의 키가 동일한 배열 셀에 매핑되는 **충돌**을 피할 수 없다.
- 충돌은 **체이닝** 또는 **오픈 어드레싱**open addressing 방식으로 해결할 수 있다.
- 체이닝에서는 테이블의 각 셀이 요소가 저장된 연결 리스트를 참조한다. 이러한 테이블은 무한히 커질 수 있다.
- 오픈 어드레싱에서는 각 키에 대해 테이블 인덱스의 다른 순열이 대응한다. 삽입 시 첫 번째 인덱스가 이미 차 있으면 두 번째 인덱스를 시도하는 방식으로 진행되며, 검색도 이와 유사하다.
- 오픈 어드레싱 방식을 사용하는 해시 테이블은 셀의 수보다 많은 요소를 저장할 수 없으며, 요소 삭제가 복잡해지고 채워지는 비율에 따라 성능이 저하된다. 따라서 이 방식은 드물게 사용된다.
- 해시 테이블에서 삽입, 검색, 삭제의 평균 실행 시간은 상수 시간이지만, 최악의 경우 성능은 선형 시간이 된다.
- 사용된 해시 함수가 결정론적이거나 공격자가 쉽게 추측할 수 있는 경우, 해시 테이블의 성능을 매우 저하시킬 수 있는 키 순서를 설계할 수 있다. 이 취약점은 펄, PHP, 파이썬, 루비, 자바, 자바스크립트 등 여러 프로그래밍 언어로 작성된 서버에서 발생했다.

CHAPTER **13**

그래프:
복잡한 관계를 효율적으로 모델링하기

이 장의 주요 내용

- 그래프 정의하기
- 그래프의 기본 속성 논의
- 그래프 구현 전략 평가: 인접 리스트와 인접 행렬
- 그래프 순회 탐색: 너비 우선 탐색과 깊이 우선 탐색

마지막 장에서는 또 다른 자료구조인 그래프를 다룬다. 그래프는 단순한 컨테이너의 특성을 뛰어넘는 자료구조다. 그래프는 데이터를 저장하는 데 사용할 수 있지만, 그것만으로는 부족하다. 그래프의 활용 용도는 훨씬 더 광범위하다. 이 장에서는 그래프가 무엇인지 정의하고, 그래프의 몇 가지 중요한 속성을 논의한다. 기본적인 사항을 다룬 후, 그래프의 구현 방법으로 넘어간다. 마지막으로 그래프를 순회하는 두 가지 방법에 대해 간략히 살펴본다.

그래프란 무엇인가?

첫 번째 질문은 당연히 '그래프란 무엇인가?'이다. 그래프를 정의하는 방법은 다양하다. 비공식적인 정의에서부터 엄격한 이론에 이르기까지 많은 방식이 있다. 먼저 정의부터 시작하자. 그래프는 트리의 일반화다. 11장에서 트리를 소개할 때, 계층적 관계를 모델링하는 데 트리를 사용할 수 있다는 걸 설명했다. 그래프는 보다 일반적인 관계를 모델링할 수 있다. 예를 들어 트리를 사용해 파일 시스템 구조나

산술식을 나타낼 수 있지만, 친구 관계 그래프나 컴퓨터 프로그램의 흐름을 나타내기에는 적합하지 않다. 이러한 종류의 관계를 모델링하려면 그래프가 필요하다.

정의

이 절의 후반부에서 그래프와 트리의 차이점을 다시 알아보자. 지금은 그래프에 대한 좀 더 공식적인 정의가 필요하다. 그래프 G는 다음과 같은 2개의 집합으로 정의할 수 있다.

- **정점**vertex**의 집합 V**: 서로 독립적이고 고유한 객체다. 정점의 집합은 임의의 크기를 가질 수 있으며, 비어 있을 수도 있다.
- **정점을 연결하는 간선**edge**의 집합 E**: 간선은 2개의 정점으로 식별된다. 첫 번째 정점을 **출발 정점**source vertex이라 하고, 두 번째 정점을 **도착 정점**destination vertex이라고 한다.

그래프 G를 $G = (V, E)$로 표기함으로써 그래프가 정점 집합 V와 간선 집합 E로 구성되어 있음을 나타낼 수 있다.

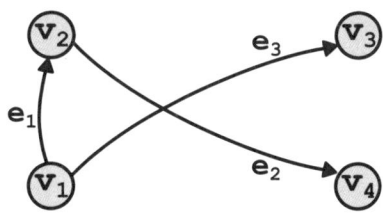

그림의 그래프를 다음과 같이 나타낼 수 있다.

```
G = ([v₁, v₂, v₃, v₄], [(v₁, v₂), (v₁, v₃), (v₂, v₄)])
```

몇 가지 기본 정의를 더 살펴보자.

- 소스와 도착지가 같은 간선을 **루프**라고 한다.
- **단순 그래프**simple graph는 루프가 없는 그래프로, 두 정점 사이에 최대 하나의 간선이 있다. 2개의 정점 u, v에서 $u \neq v$인 경우, u에서 v까지 간선은 최대 하나만 존재할 수 있다.
- **다중 그래프**multigraph는 주어진 두 꼭지점 사이에 원하는 수의 간선을 가질 수 있다. 단순 그래프와 다중 그래프 모두 루프를 허용하도록 확장할 수 있다.
- 간선은 연결된 숫잣값을 가질 수 있다. 이러한 값을 **가중치**weight라고 하며, 가중치가 있는 간선을 **가중 간선**weighted edge이라고 한다.
- 그래프는 간선의 수가 상대적으로 적으면 **희소 그래프**sparse graph다. 기준으로는 n개의 정점을 가진 그래프에서 간선의 수가 $O(n)$ 이하이면 희소 그래프라고 할 수 있다.

- 간선의 수가 최대 가능한 수에 가깝다면 **밀집 그래프**dense graph다. 단순 그래프에서 n개의 정점을 가질 때, 최대 $O(n^2)$개의 간선을 가질 수 있다.

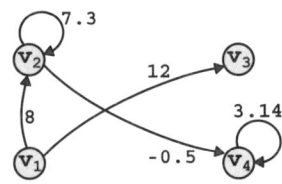

친구 관계 그래프

이 절에서는 첫 장에서 등장했던 친구들을 다시 만나본다. 동물 농장은 소란스럽다! 최근 새로운 소셜 네트워크가 도입되어 모두가 끊임없이 핸드폰을 들여다보고 있다. 사자와 호랑이는 오랫동안 갈등을 겪어왔는데, 이제 그들의 경쟁은 디지털 세계로 옮겨갔다. 동물 농장에서 곧 선거가 열릴 예정이며, 호랑이는 사자로부터 농장의 왕 자리를 찬탈하려고 한다. 이를 위해 호랑이와 그의 팀은 소셜 네트워크를 이용해 친구 관계 그래프를 그려, 서로의 연결 관계를 분석하고자 한다. 그들은 호랑이와 사자 중 누가 더 많은 팔로워follower를 가지고 있는지, 그리고 호랑이의 선거운동을 위해 누구의 표를 공략해야 할지 파악하려고 한다.

이 그래프의 정점은 농장의 동물들이 될 것이다. 그래프의 간선은 소셜 네트워크에서 친구 관계를 나타낸다. 어디서부터 시작해야 할까. 첫 번째 버전의 친구 관계 그래프에서 정점은 호랑이와 그의 선거운동 고문이자 절친인 원숭이가 된다.

유향 그래프 vs. 무향 그래프

원숭이를 그래프에 추가한 후, 다음은 호랑이의 선거운동 IT 담당자인 악어에게 차례가 돌아갔다. 소프트웨어 개발자인 악어는 중요한 기술적 질문을 던진다. 유향 그래프를 사용할 것인가, 무향 그래프를 사용할 것인가?

유향 그래프directed graph에서는 간선에 방향이 있다. 즉, 간선은 출발 정점에서 도착 정점으로만 간다. 두 정점 u와 v가 간선 (u, v)로 연결되어 있으면 u에서 v로 갈 수 있지만, v에서 u로 직접 갈 수는 없다. 트위터나 인스타그램과 같이 다른 사용자를 팔로우할 수 있지만, 그들이 나를 팔로우하지 않아도 되는 소셜 네트워크는 유향 그래프로 표현하는 것이 더 적합하다. 유향 그래프로 잘 모델링할 수 있는 다른 예로는 지도(일방통행 도로가 존재하는 경우), 워크플로, 그리고 프로세스(상태 머신)가 있다. 트위터에서 그녀의 선거운동에 참여한 모든 사람은 호랑이를 팔로우하지만, 호랑이는 누구도 팔로우하지 않는다. 악어는 선거운동 매니저인 원숭이를 팔로우한다.

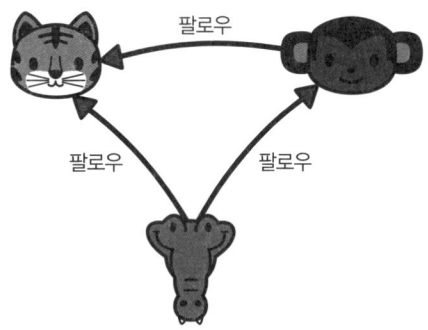

반면에 **무향 그래프**undirected graph에서는 간선을 양방향으로 통과할 수 있다. 따라서 무향 그래프에 간선 (u, v)가 있으면, v에서 u로도 갈 수 있다. 링크드인LinkedIn의 1촌이나 페이스북의 친구 관계처럼 양방향(대칭적인) 관계는 무향 그래프로 표현해야 한다.

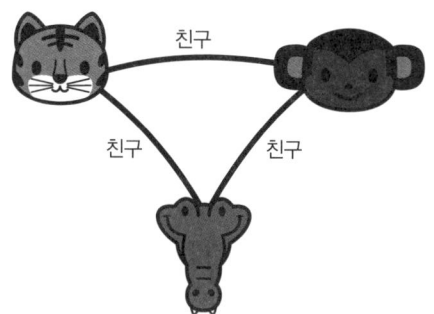

간선 옆에 설명 텍스트가 붙어 있는 것을 눈치챘을 것이다. 이러한 라벨을 간선의 가중치와 혼동해서는 안 된다. 이 경우에는 장식적인 요소에 불과하지만, (특히 다중 그래프에서는) 라벨이 의미를 가질 수 있다. 예를 들어 특정 간선을 통과하기 위한 조건을 지정하거나, 간선을 지날 때 수행해야 하는 작업을 나타낼 수 있다.

방향 그래프를 무향 그래프로, 또는 그 반대로 변환할 수 있을까? 무방향 간선 (u, v)는 방향 간선 (u, v)와 (v, u), 이 2개와 동등하다. 따라서 무향 그래프는 항상 방향 간선으로 표현할 수 있다. 하지만 그 반대는 성립하지 않는다. 예를 들어 이 절의 유향 그래프는 어떤 무향 그래프와도 동등하지 않다. 이 때문에 실제 그래프 유형에 상관없이 컴퓨터에서 그래프를 표현할 때는 방향 간선을 사용하는 것이 더 실용적이며, 더 많은 관계를 세밀하게 표현할 수 있다.

순환과 비순환

호랑이 선거운동본부에서 동물들이 팔로워 그래프를 확장하기 위해 열심히 일하고 있다. 그들은 최근에 얼룩말과 기린을 추가했는데, 기린이 아직 호랑이를 팔로우하지 않았다는 사실을 발견했다(나중에 기린과 건설적인 대화를 나눠봐야 할 것이다!).

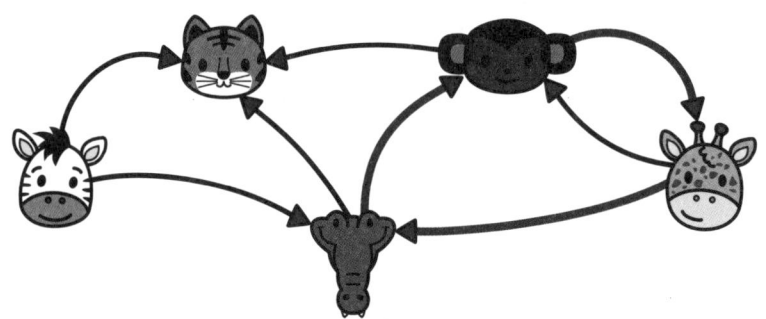

이 그래프에서 흥미로운 점이 하나 더 있다. 3개의 간선을 강조해서 조금 더 두껍게 표시한 것이다. 기린에서 악어로, 악어에서 원숭이로, 원숭이에서 기린으로 이어지는 간선들이다. 알다시피 이것은 순환이다. 잠시 설명하자면, 그래프에서 **경로**path는 하나 이상의 간선 $(v_1, v_2), (v_2, v_3) \cdots (v_{n-1}, v_n)$의 연속으로 정의된다. 이때 각 간선 쌍에서 첫 번째 간선의 도착지가 두 번째 간선의 출발지와 동일해야 한다. 쉽게 말해 경로는 그래프의 정점 v_1에서 정점 v_n으로 이동할 수 있는 정렬된 간선의 순서다.

순환cycle은 시작 정점과 도착 정점이 같은 경로를 의미한다. 즉, 순환에서 $v_1 = v_n$이다. 그래프를 자세히 살펴보면 악어→원숭이→기린만 순환인 것은 아니며, 원숭이와 기린 사이에 더 작은 순환이 있다는 것을 알 수 있다. 순환이 없는 그래프를 **비순환 그래프**acyclic graph라고 한다.

연결된 그래프와 연결 요소

경쟁을 좀 더 파악하기 위해 사자와 그의 친구들을 그래프에 추가할 때가 왔다. 사자의 몇몇 연결을 추가하자마자 명백한 점이 하나 드러난다. 사자는 호랑이와는 스타일이 다르다는 것이다. 그는 자신의 연결을 다시 팔로우하여 친밀감을 심어주려는 것 같다. 하지만 이 그래프에서 가장 흥미로운 점은 2개의 큰 영역, 즉 호랑이와 사자를 중심으로 한 2개의 클러스터가 서로 연결되지 않은 채로 존재한다는 점이다.

이 두 영역 각각을 **연결된 컴포넌트**connected component라고 하며, 이는 모든 정점이 연결된 하위 그래프를 의미한다. 주어진 그래프 $G = (V, E)$에서 정의 몇 가지를 하자면,

- **부분 그래프** $G' = (V', E')$는 원래 그래프의 정점 부분집합 V'와 그 정점들 사이의 간선 부분집합 E'로 구성된다.
- 두 정점 u와 v는 u에서 v로 가는 경로가 있을 때 **연결되었다**고 한다.
- 무향 그래프는 모든 정점이 연결된 경우 **연결되었다**고 한다. 연결된 그래프는 하나의 연결 요소만 가진다.

유향 그래프는 모든 방향을 무시하고 간선을 무향 간선으로 바꿨을 때 얻어지는 그래프가 연결 그래프라면 **약하게 연결**weakly connected되었다고 한다. 하지만 연결성에는 더 엄격한 정의가 있다. 두 정점 u와 v 사이에 u에서 v로 가는 경로와 v에서 u로 가는 경로가 모두 존재하면 두 정점은 **강하게 연결**strongly connected되었다고 한다.

무향 그래프에서는 두 정점이 강하게 연결되어 있다. 하지만 유향 그래프에서는 그렇지 않으며, 모든 정점이 상호 강하게 연결된 최대 부분 그래프인 **강하게 연결된 컴포넌트**strongly connected component를 식별하는 것이 중요하다.

예시에서 팀이 그래프에 닭을 추가하면, 그래프는 약하게 연결된 그래프가 된다(닭은 악어를 팔로우하고, 소가 닭을 팔로우한다). 강하게 연결된 그래프는 아니다. 대신 그래프에서 5개의 강하게 연결된 컴포넌트를 식별할 수 있다.

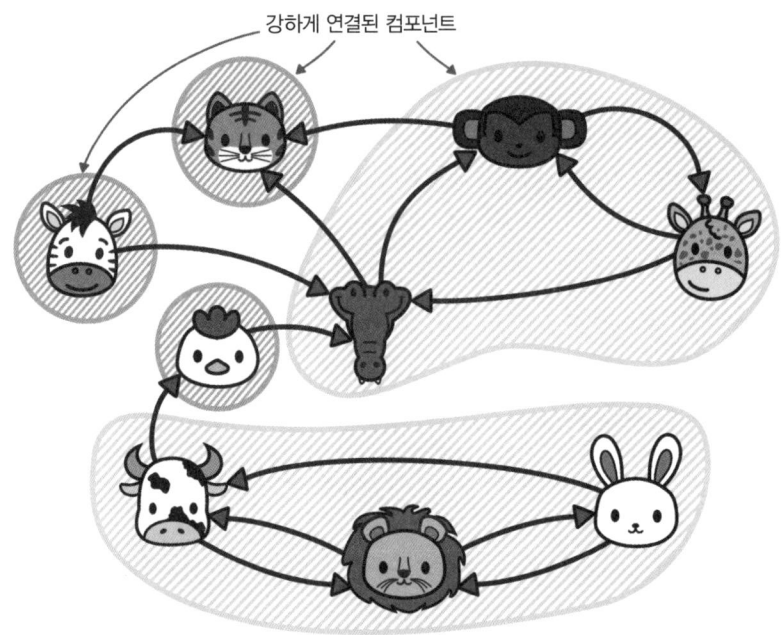

참고로 어떤 정점이 모든 간선이 나가는 경우(얼룩말처럼) 또는 모든 간선이 들어오는 경우(호랑이처럼), 그 정점 자체로 극단적으로 강하게 연결된 컴포넌트degenerate strongly connected component가 된다. 그러나 이것이 발생하는 유일한 경우는 아니다(예: 닭). 연결된 컴포넌트와 강하게 연결된 컴포넌트는 대규모 그래프에서 매우 중요하다. 왜냐하면 이러한 구성 요소는 큰 그래프를 더 작은 부분으로 나누어 따로 처리할 수 있기 때문이다.

그래프로의 트리

이제 모든 정의를 살펴보았으니, 트리와 그래프의 차이로 돌아가 트리에 대한 좀 더 공식적인 정의를 내릴 수 있다. 트리는 사실 단순하고, 무향이며, 연결된 비순환 그래프다. 따라서 n개의 정점(트리 용어로는 **노드**node)을 가진 트리는 정확히 $n-1$개의 간선을 가져야 한다. 연결되지 않은 단순 무향 비순환 그래프는 **포레스트**forest(숲)라고 한다. 여기서 연결된 각 컴포넌트는 포레스트의 트리다.

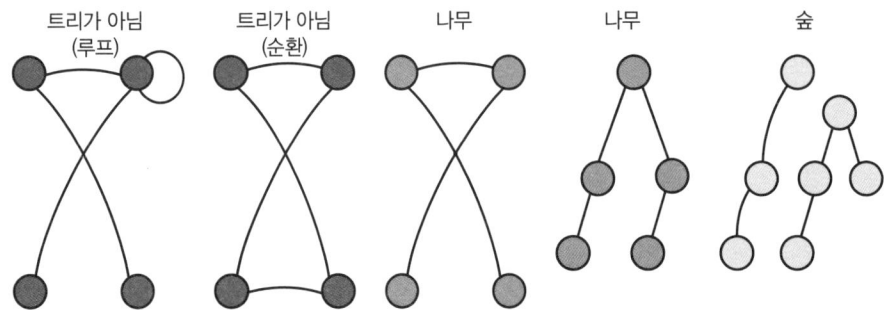

트리에서는 간선이 부모에서 자식으로 가기 때문에 방향 간선으로 모델링해야 한다고 주장할 수 있다. 하지만 트리에서는 루트 노드를 식별하면 부모와 자식 간의 모호성이 사라지므로, 간선의 방향을 명시할 필요가 없다.

그래프 구현

트리와 마찬가지로 그래프는 추상 자료형보다는 자료구조의 한 종류로 설명하는 것이 더 적합하다. 하지만 여전히 API를 정의할 수 있고, 대부분의 그래프가 지원하는 공통적인 작업이 있다. 예를 들어 정점과 간선을 추가하는 것 등이 있다. 물론 이 기본 API를 넘어서는 많은 작업이 존재한다. 자료구조 수준으로 이동하면, 핵심은 그래프의 정점과 간선을 쉽게 탐색하고 검색할 수 있는 방식으로 저장하는 방법을 찾는 것이다.

이 절에서는 그래프를 구현하는 두 가지 방법, **인접 리스트**adjacency list와 **인접 행렬**adjacency matrix을 살펴본다. 이것들이 유일한 방법은 아니지만, 가장 일반적이다.

인접 리스트

인접 리스트 표현에서는 출발 정점을 기준으로 간선을 그룹화한다. 정점 v가 주어지면, v를 출발로 하는 모든 간선의 목록이 v에 대한 인접 리스트다. 그런 다음 그래프의 각 정점을 인접 리스트와 연관시킨 딕셔너리를 만든다. 파이썬 구현에서는 인접 리스트가 실제로 연결 리스트일 수도 있지만, 파이썬 리스트나 집합일 수도 있다. 사실 탐색과 순회를 제공하는 어떤 컨테이너라도 가능하다.

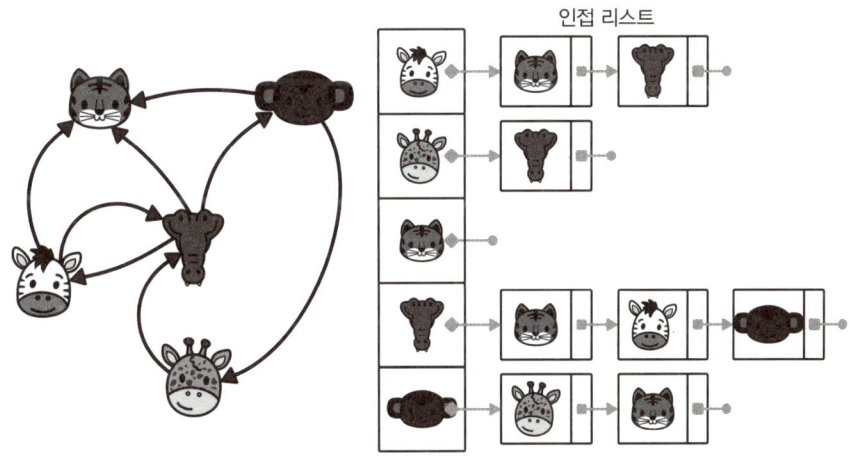

파이썬 구현 예제를 더 자세히 살펴보자. 메서드들이 너무 많은 관계로 여기서 모두 보여줄 수는 없지만, 책의 깃허브 저장소*에서 전체 코드를 확인할 수 있다.

딕셔너리에는 명확성과 단순성을 위해 파이썬 딕셔너리를 사용했다. 인접 리스트를 저장하기 위해서는 6장에서 정의한 단일 연결 리스트를 사용할 것이다. 각 간선은 (출발점, 도착점) 또는 (출발점, 도착점, 가중치) 의 튜플로 저장할 수 있으며, 사용자 정의 `Edge` 객체를 사용할 수도 있다. 하지만 그래프가 가중치 없는 간선으로만 이루어진 경우, 인접 리스트에 도착 정점만 저장하면 된다. 왜냐하면 출발 정점은 이미 알고 있기 때문이다.

정점에 대한 내부 클래스를 정의하는 것부터 시작하자. 각 정점은 고유하게 식별되는 키로 감싸인 객체가 될 것이다. 또한 각 정점은 자신의 인접 리스트를 저장한다. 이렇게 하면 `Vertex` 객체에 나가는 간선을 처리하는 다양한 메서드를 추가할 수 있고, `Vertex` 객체가 이러한 것들을 정리하는 책임을 맡는다.

```python
class Vertex:
    def __init__(self, key):
        self.id = key
        self._adj_list = SinglyLinkedList()
    def has_edge_to(self, destination_vertex):
        return self._adj_list._search(destination_vertex) is not None
    def add_edge_to(self, destination_vertex):
        if self.has_edge_to(destination_vertex):
            raise ValueError(f'간선이 이미 존재합니다: {self} -> {destination_vertex}')
        self._adj_list.insert_in_front(destination_vertex)
```

간결성을 위해 가중치 없는 그래프를 구현하고 인접 리스트에는 도착 정점만 저장했다. 따라서 인접 리스트에서 간선을 찾는다는 것은 연결 리스트에서 정점을 찾는 것을 의미하며, 이는 연결 리스트 API에 위임할 수 있다. 마찬가지로 새로운 간선을 삽입하려면, 연결 리스트에서 제공하는 메서드를 사용한다. 이때 간선이 이미 존재하지 않는지 확인해야 한다.

이제 외부 `Graph` 클래스를 정의할 수 있다. 간단한 생성자부터 시작해보자. 인접 리스트를 저장하기 위한 빈 딕셔너리를 만든다.

```python
class Graph:
    def __init__(self):
        self._adj = {}
```

---

* https://mng.bz/8wgw

말했듯이 정점은 키로 식별하며, `Vertex` 객체는 `Graph` 내부에서만 사용해야 한다. 예를 들어 클라이언트가 `"v"`라는 키를 가진 정점을 삽입해달라고 요청하면, 내부적으로 생성된 `Vertex("v")` 인스턴스에 대한 참조는 제공되지 않는다. 클라이언트가 해당 정점에서 어떤 작업을 수행할 때는 오직 ID인 `"v"`로만 식별할 수 있다. 예를 들어 클라이언트는 `graph.add_edge("v", "u")` 같은 메서드를 호출할 것이다. 따라서 주어진 정점 ID와 연관된 `Vertex` 객체를 검색하는 방법이 필요하다. `_get_vertex`를 비공개 메서드로 구현하는데, 이는 클라이언트가 이 객체들에 대한 참조를 가질 필요는 없지만, 우리에게는 매우 유용하기 때문이다. 여기서 `_adj` 속성이 필요하다. 이 속성은 정점 식별자를 키로 하고, 해당 `Vertex` 객체를 값으로 가지는 딕셔너리다.

```
def _get_vertex(self, key):
    if key not in self._adj:
        raise ValueError(f'정점 {key}가 존재하지 않습니다!')
    return self._adj[key]
```

그래프에 새로운 정점을 추가하는 것은 단순히 딕셔너리에 값을 설정하는 것이며, 정점이 이미 그래프에 존재하지 않는지 확인하는 절차를 거친다.

```
def insert_vertex(self, key):
    if key in self._adj:
        raise ValueError(f'정점 {key}가 이미 존재합니다!')
    self._adj[key] = Graph.Vertex(key)
```

마지막으로 새로운 간선을 추가하는 방법을 살펴보자. 출발 정점과 도착 정점에 해당하는 `Vertex` 객체를 가져오고, 그런 다음 해당 작업을 출발 정점에 위임하면 된다. 출발 정점은 간선이 이미 존재하는지 여부도 확인할 것이다.

```
def insert_edge(self, key1, key2):
    v1 = self._get_vertex(key1)
    v2 = self._get_vertex(key2)
    v1.add_edge_to(v2)
```

간선을 제거하는 것은 이와 비슷하다. 동일한 흐름을 따라가며 출발 정점에 위임하고 오류를 확인한다. 여기서는 지면 관계상 메서드를 생략하지만, 깃허브 저장소에서 확인할 수 있다.

정점을 제거하는 것은 더 신중하게 생각해야 한다. 인접 리스트에서 정점 v에 대한 항목을 제거하는 것만으로는 충분하지 않다. 이렇게 하면 v에서 나가는 간선만 제거되고, v로 들어오는 간선은 영향을 받지 않는다. 불행히도 이 문제를 해결하려면 모든 인접 리스트를 탐색해 도착 정점이 v인 모든 간선을 제거해야 한다. 예상할 수 있듯이, 이 작업은 n개의 정점과 m개의 간선을 가진 그래프에서 $O(n+m)$ 단계가 걸리고 비용이 많이 든다.

```
def delete_vertex(self, key):
    v = self._get_vertex(key)
    for u in self._adj.values():
        if u != v and u.has_edge_to(v):
            u.remove_edge_to(v)
    del self._adj[key]
```

인접 행렬

인접 행렬 표현에서는 그래프의 정점들을 행과 열로 하는 큰 행렬에 간선 정보를 저장한다. 행렬의 좌표 (*u*, *v*)에 있는 셀은 이진값(간선이 없으면 0, *u*에서 *v*로 가는 간선이 있으면 1), 간선의 가중치(간선이 없을 경우에는 None 같은 특수값을 사용), 또는 간선을 모델링하는 객체를 저장할 수 있다.

두 정점 간에 간선이 있는지 확인해야 하는 경우, 인접 행렬은 인접 리스트보다 더 빠를 수 있다. 2차원 배열에서 한 번의 조회만으로 확인할 수 있기 때문에 O(1) 시간이 걸린다. 따라서 연결 여부를 집중적으로 확인해야 하는 알고리즘에서는 인접 행렬이 유리하다. 반면 인접 행렬은 정점 수의 제곱에 비례하는 메모리를 요구한다(이는 간단한 그래프에서 가능한 최대 간선 수에 해당한다). 따라서 그래프가 희소할 경우에는 인접 행렬을 잘 사용하지 않으며, 보통 그래프가 밀집된 경우에만 사용된다. 이러한 이유로 인접 행렬 구현 코드는 여기서 깊이 다루지 않는다.

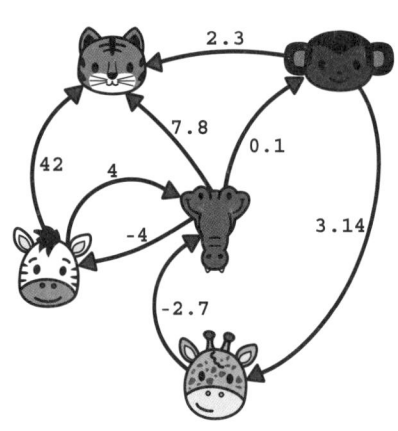

그래프 탐색

그래프에서의 탐색은 지금까지 다뤘던 것과는 다른 의미를 가진다. 물론 인접 리스트나 인접 행렬을 통해 정점이나 간선이 그래프에 있는지 검색할 수 있다. 하지만 그렇게만 생각하면 그래프의 잠재력을 과소평가하는 것이다. 그래프는 단순히 데이터를 담는 그릇이 아니라, 정점들 간의 관계를 저장하고 있다. 이 절에서는 그래프에서 이런 정보를 추출하는 몇 가지 예시를 살펴본다.

친구 탐색

이번과 다음 절에서는 무향 그래프를 사용한다. 하지만 유향 그래프에도 동일한 개념을 적용할 수 있다. 호랑이 선거운동본부는 지금 아주 바쁘다. IT 팀은 이제 페이스북 친구 그래프를 만들고 있다. 앞서 이야기했듯이, 이 관계는 대칭적이므로 무방향 간선으로 모델링하는 것이 적합하다. 이는 이전에 다뤘던 그래프보다 더 큰 그래프이며, 이를 분석하는 데는 약간의 노력이 필요하다. 악어와 악어가 속한 팀의 아이디어는 호랑이와 직접 연결된 친구들을 찾아내고, 이를 사자와 직접 연결된 친구들과 비교하는 것이다.

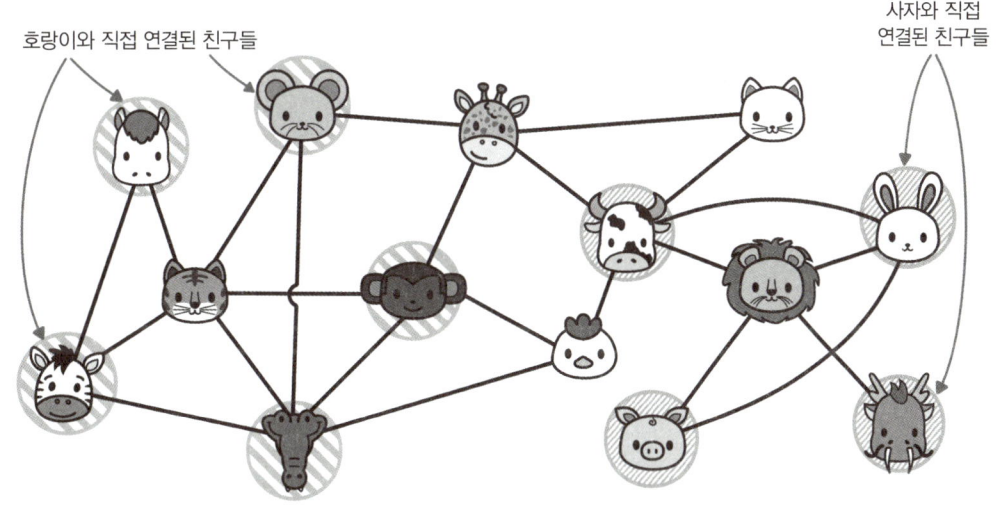

호랑이에게는 친구가 5명이 있고, 사자에게는 4명이 있다. 좋은 소식이다! 하지만 이것이 그래프에서 배울 수 있는 전부일까? IT 팀의 다음 목표는 '친구의 친구' 집합을 연구하는 것이다. 호랑이와 사자의 친구 집합은 교차하지 않으므로, 이 아홉 마리의 동물은 각각 가장 가까운 친구에게 투표할 것으로 추측할 수 있다. 그리고 합리적인 추측은, 그들의 친구들에게 영향을 받을 수 있는 2차 연결의 미결정 투표자들이 있다는 것이다. 따라서 이들의 표심을 돌리는 것이 중요하다.

여기서 상황은 그리 밝지 않다. 명확히 설명하기 위해 그림은 호랑이의 관점에서만 보여준다. 호랑이의 2차 이웃은 기린과 닭뿐이다. 반면 사자는 2차 친구가 3명이다. 그는 호랑이와 기린과 닭을 공유하고, 추가로 고양이도 친구로 가지고 있다.

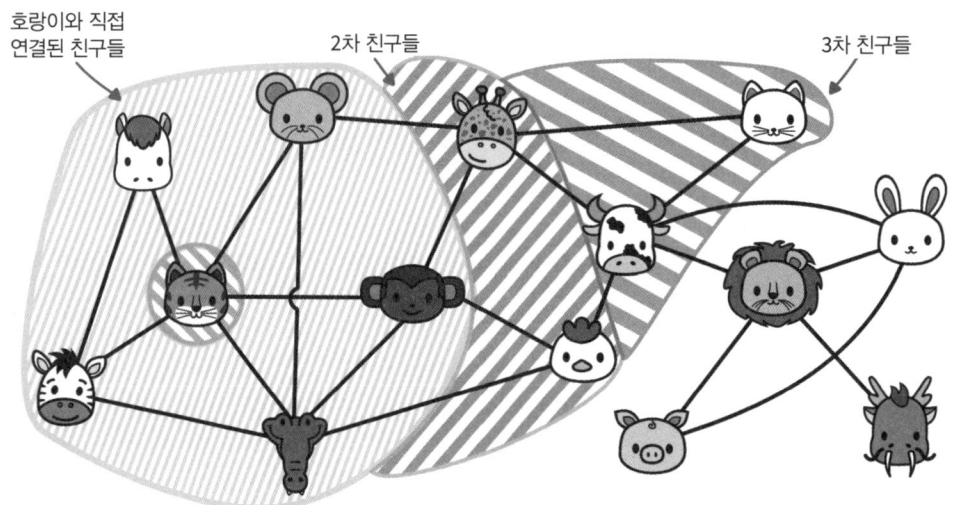

3차 친구나 4차 친구에게 가면 어떻게 될까?

너비 우선 탐색

정확히 이러한 방식으로 작동하는 탐색 알고리즘이 있다. 이 알고리즘은 그래프의 정점을 동심원 형태로 탐색하여 원하는 것을 찾을 때까지 진행된다.

선거운동 매니저가 수집한 정보에 따르면 토끼는 소셜 네트워크의 스타이며, 토끼의 지지를 얻으면 선거 판도를 바꿀 수 있다. 호랑이 본부에서는 토끼가 친구 사슬에서 얼마나 떨어져 있는지 이해하고 싶어 한다. 또한 호랑이와 토끼 사이의 최단 경로는 무엇인지 알고 싶어 한다. 계획은 호랑이의 친구 중 1명으로 시작해, 그 친구가 호랑이를 자신의 친구 중 1명에게 소개하고, 그 친구가 다시 호랑이를 자신의 친구에게 소개하는 식으로 진행해나가는 것이다. 이 과정을 토끼에게 도달할 때까지 반복하며, 경로가 짧을수록 관여하는 인원이 적어진다.

너비 우선 탐색breadth-first search, BFS 알고리즘은 정확히 이 작업을 수행한다. 이 알고리즘은 출발 정점 s(호랑이)에서 시작하여 s와 직접 또는 간접적으로 연결된 정점의 경계를 확장하면서 도착 정점(토끼)에 도달할 때까지 그래프를 탐색한다. 더 중요한 것은, BFS는 시작 정점의 이웃부터 시작하여 정점을 특정 순서로 탐색한다는 것이다. 즉, 1차 이웃을 탐색한 후 2차 이웃으로 경계를 확장하는 식이다.

자세히 설명하자면 이 확장은 레벨별로 이루어지지 않고 정점별로 진행된다. 가장 가까운 정점을 먼저 탐색하도록 보장하기 위해 큐를 사용할 수 있다. 우선 호랑이의 모든 이웃을 큐에 추가한다.

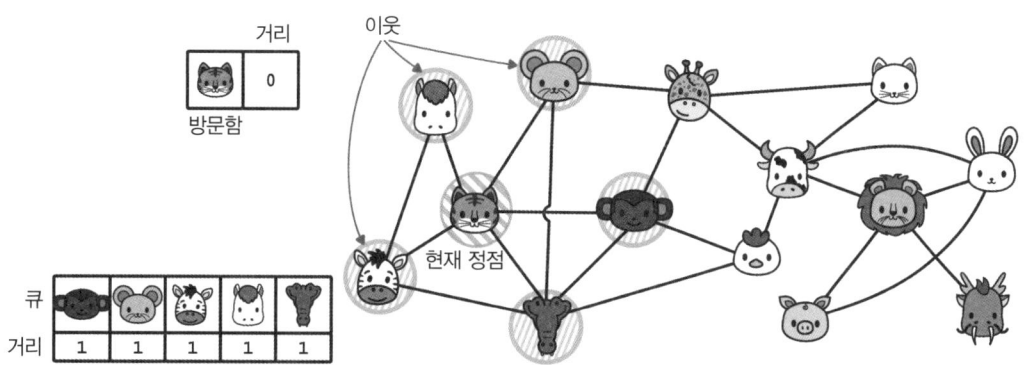

그런 다음 큐에서 첫 번째 정점(원숭이)을 추출하고 모든 출발 간선을 살펴본 후, 그 도착 정점을 큐의 뒤쪽에 추가한다. 이러한 정점들은 (이미 탐색하지 않았다면) 호랑이에서 두 간선 떨어져 있는 정점들이다.

모든 이웃을 큐에 추가할 때 확인하지 않으면 큐에 중복이 생길 수 있다. 이 중복은 시작 정점에서 해당 정점까지의 대체 경로를 나타내지만, 이러한 중복된 경로는 시작 정점까지 더 짧은 거리를 가지지 않는다! 따라서 이미 큐에 추가된 이웃은 무시함으로써 두 번 추가하는 것을 피할 수 있다.

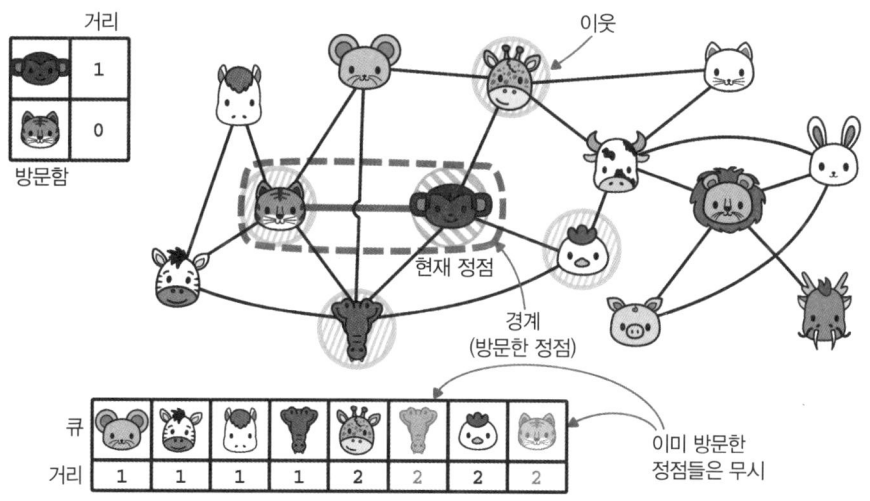

이런 식으로 그래프를 계속 탐색하며 시작 정점과 연결된 정점의 경계를 확장해나간다. 그러다가 결국 목표에 도달하거나 큐에 정점이 더 이상 없을 때까지 진행한다.

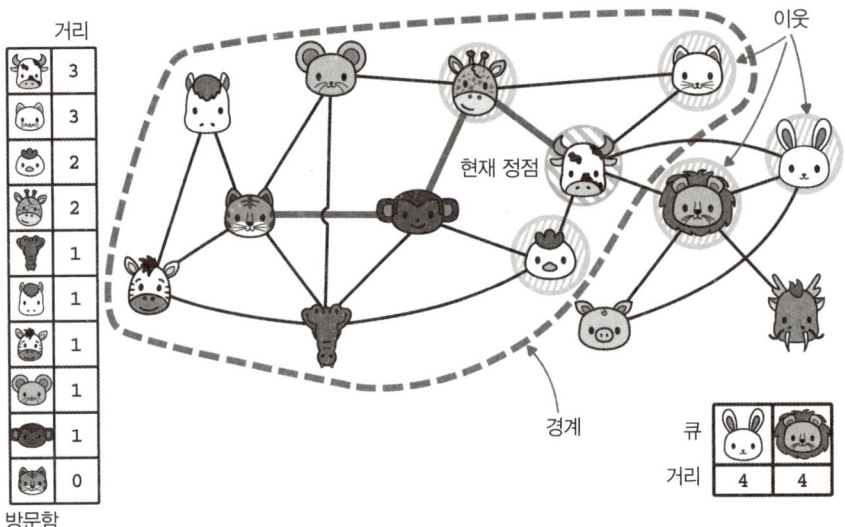

정점 v를 큐에 추가할 때 그 정점까지의 거리를 추적하면, 현재 탐색 중인 간선의 출발 지점의 거리 + 1로 설정해서 `distance[v]`를 설정할 수 있다. 이렇게 하면 정점을 탐색할 때 이 값이 시작 정점과 v 사이의 최소 거리(탐색해야 할 간선 수 기준)가 됨을 증명할 수 있다. 그리고 v에 도달하기 위해 어느 간선을 지나갔는지를 추적하면, 메서드가 끝날 때 시작 정점에서 각 정점까지의 최단 경로를 재구성할 수 있다(그림에서 강조된 부분). 예시에서, 호랑이에서 토끼까지의 길이 4인 여러 개의 최단 경로가 있기 때문에, 실제로 어떤 경로를 선택할지는 정점이 큐에 추가된 순서에 따라 달라진다.

이제 이 멋진 메서드의 코드를 살펴볼 시간이다.

```python
def bfs(self, start_vertex, target_vertex):
    distance = {v: float('inf') for v in self._adj}
    predecessor = {v: None for v in self._adj}
    queue = Queue(self.vertex_count())
    queue.enqueue(start_vertex)
    distance[start_vertex] = 0
    while not queue.is_empty():
        u = queue.dequeue()
        if u == target_vertex:
            return reconstruct_path(predecessor, target_vertex)
        for (_, v) in self._get_vertex(u).outgoing_edges():
            if distance[v] == float('inf'):
                distance[v] = distance[u] + 1
                predecessor[v] = u
                queue.enqueue(v)
    return None
```

처음에는 시작 정점을 큐에 추가한다.

이 시점에서 시작 정점에서 도착 정점까지의 경로가 없다는 것을 알게 된다.

정점들을 탐색하는 방식 때문에 처음으로 어떤 정점에 도달했을 때, 이미 해당 정점이 시작 정점으로부터의 최소 거리를 찾은 상태다. 따라서 방문한 정점을 명시적으로 추적할 필요는 없으며, 큐에 한 번만 추가되도록 보장하면 된다.

이제 퍼즐의 마지막 조각인, 각 정점 v의 선행 정점을 포함하는 딕셔너리를 받아서 s에서 v까지의 최단 경로를 재구성하는 헬퍼 메서드가 필요하다.

```
def reconstruct_path(pred, target):
    path = []
    while target:
        path.append(target)
        target = pred[target]
    return path[::-1]
```

리스트는 목표 정점에서 시작 정점으로 가므로, 이를 뒤집어야 한다.

전체적으로 최악의 경우 `bfs` 메서드는 모든 m개의 간선과 n개의 정점을 탐색해야 하므로 실행 시간은 $O(n+m)$이다. 이 메서드는 간선의 수로 거리를 정의할 때 완벽하게 작동한다. 만약 간선에 가중치가 있고, 두 정점 u와 v 사이의 거리를 u에서 v까지의 경로에서 간선들의 가중치 합으로 정의한다면, BFS 알고리즘의 수정된 버전인 데이크스트라 알고리즘Dijkstra's algorithm을 사용해야 한다. 이 내용에 대해 더 알고 싶다면 《Advanced Algorithms and Data Structures》의 15장을 참조하자.

깊이 우선 탐색

BFS가 그래프를 탐색하는 유일한 방법일까? 물론 아니다. BFS는 시작 정점에서부터 증가하는 거리를 가진 동심원의 형태로 그래프를 탐색한다. 따라서 방문한 정점의 경계를 모든 방향으로 파도처럼 확장한다. 반대로 그래프의 깊숙한 곳까지 최대한 들어가보는 방법도 있는데, 그것이 **깊이 우선 탐색**depth-first search, DFS이다. 시작 정점 s를 선택한 후 알고리즘은 s에서 끝까지 하나의 경로를 따라간다. 경로의 끝에 도달하면 다시 돌아가서 다른 간선을 선택할 수 있는 정점을 찾고, 그 경로를 끝까지 따라간다.

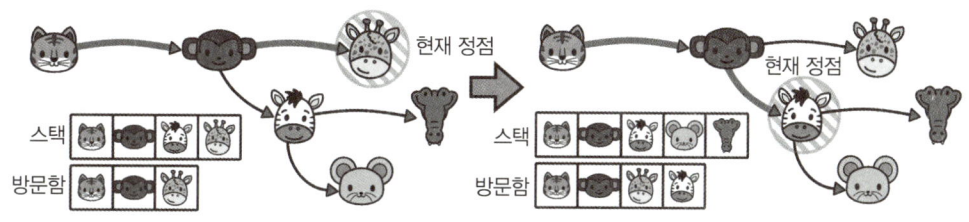

이 알고리즘은 정점 사이의 최단 경로를 찾는 데는 사용할 수 없다. 그 대신 연결된 또는 강하게 연결된 컴포넌트를 찾거나, 유향 그래프가 비순환인지를 확인하거나, **유향 비순환 그래프**directed acyclic graph, DAG에 대한 위상 정렬을 찾는 데 유용하다.

이 절에서는 그래프가 비순환적인지 확인하는 방법을 살펴볼 것이다. 다른 응용 프로그램에 대해서는 《Advanced Algorithms and Data Structures》를 참조하자. 그래프에서 사이클의 존재 여부를 확인하기 위해 DFS를 사용할 때, 정점을 탐색하면서 추가적인 작업을 수행해야 한다. 구체적으로 정점을 색상으로 표시한다. 처음에는 모든 정점이 **흰색**이며, 정점을 방문하면 **회색**으로 표시하고, 모든 간선을 탐색한 후 스택에서 처음으로 제거할 때 정점을 **검은색**으로 표시한다.

그럼 정점을 탐색할 때 어떤 순서를 따라야 할까? BFS에서는 큐를 사용해서 발견된 순서대로 간선을 탐색한다. DFS에서는 대칭적인 방식으로 스택을 사용하여 간선을 탐색하며, 가능한 한 멀리까지 경로를 따라간다.

이제 스택에서 정점을 꺼내고 그 정점의 색을 확인한다는 것은 무엇을 의미할까?

- **흰색** 정점을 발견하면, 이는 아직 탐색되지 않은 정점이므로 특별히 알 수 있는 것은 없지만, 할 일이 많다. 해당 정점의 이웃들을 스택에 추가한 다음, 그 이웃들을 탐색해야 한다.

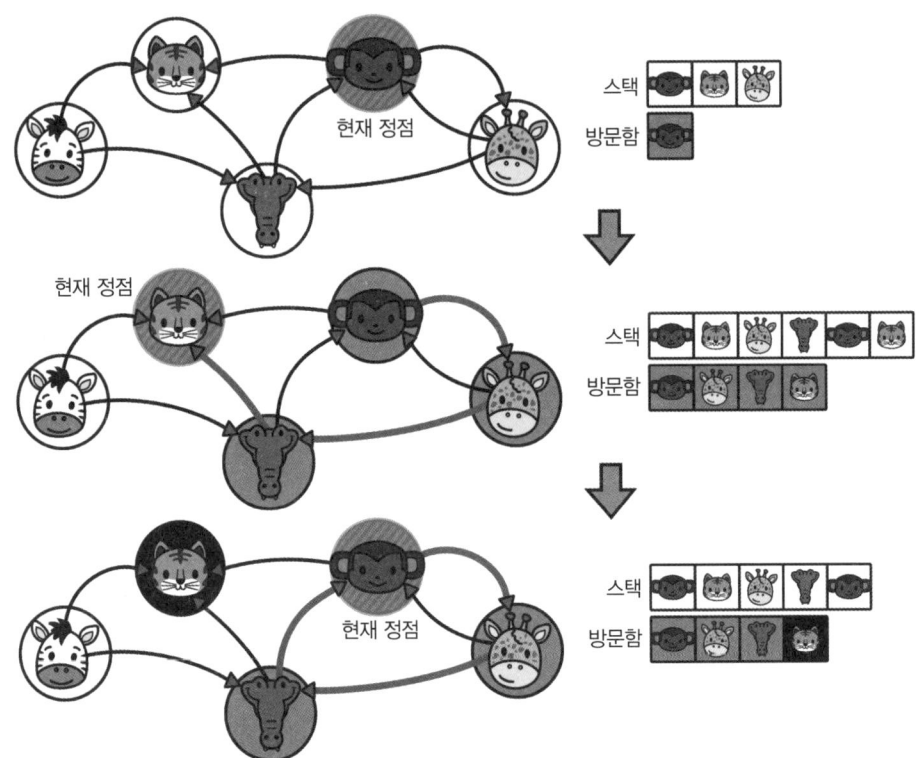

- **검은색** 정점 v를 발견하면, 해당 정점은 이미 완전히 탐색되었음을 알 수 있다. 이제 다른 정점 u에서 v로의 간선을 가지고 있다는 것을 발견하면, v에서 u로 도달할 수 있는 경로는 더 이상 없다는 것을 알 수 있다.*
- 하지만 **회색** 정점 w를 발견하면, 해당 정점은 아직 완전히 탐색되지 않은 정점이다. 따라서 그래프에서 w에서 시작해 다시 w로 끝나는 경로가 있음을 알 수 있다. 즉, 사이클을 발견한 것이다.

DFS에 대해 할 말이 더 많지만, 이제 코드를 살펴볼 때다. 나는 명시적 스택(BFS에서 사용하는 큐와는 대조적으로)을 사용하는 반복 버전의 `dfs` 메서드를 구현했다. 그러나 재귀를 사용하여 DFS를 구현할 때 암시적으로 콜 스택을 통해 탐색 정점의 순서를 결정하는 것이 일반적인 방식이다.

명시적인 스택을 사용할 때, 정점의 탐색을 완료했는지 여부를 알기 위해 약간의 트릭이 필요하다. 처음으로 정점 v를 방문할 때 스택에 다시 v를 푸시할 수 있지만, 이것만으로는 충분하지 않다. 왜냐하면 v를 다른 정점의 이웃으로 다시 추가할 수 있기 때문이다. 그래서 스택에서 v의 마지막 등장인지 표시하는 플래그flag도 필요하다. 이를 위해 스택에 튜플을 푸시한다. 튜플의 첫 번째 값은 정점을 검은색으로 표시할 준비가 되었는지를 알려준다.

```python
def dfs(self, start_vertex, color=None):
    if color is None:
        color = {v: 'white' for v in self._adj}
    acyclic = True
    stack = Stack()
    stack.push((False, start_vertex))
    while not stack.is_empty():
        (mark_as_black, v) = stack.pop()
        col = color.get(v, 'white')
        if mark_as_black:
            color[v] = 'black'
        elif col == 'grey':
            acyclic = False
        elif col == 'white':
            color[v] = 'grey'
            stack.push((True, v))
            for (_, w) in self._get_vertex(v).outgoing_edges():
                stack.push((False, w))
    return acyclic, color
```

---

* 옮긴이 이는 이미 v를 완전히 탐색했기 때문에 새로운 정보는 얻을 수 없다는 의미다. 간단히 말하면 v에서 u로 가는 새로운 경로는 존재하지 않으며, DFS상에서 더 이상 할 일이 없다.

이 메서드는 다른 시작 정점을 사용하여 여러 번 호출할 수 있다. 그래프가 강하게 연결되어 있지 않다면, 한 번의 호출로 전체 그래프를 방문할 가능성은 적다. 그래서 `color` 딕셔너리와 함께 DFS가 사이클을 발견했는지를 나타내는 불값을 반환한다. 이전에 표시된 색상을 사용하여 시작 정점에서 도달할 수 있는 정점들과 그래프의 연결 컴포넌트들을 찾을 수 있다(이 메서드에 대한 테스트는 깃허브 저장소[*]를 참조하자). DFS는 모든 간선을 탐색하고 그래프의 모든 정점을 방문할 수 있으므로, BFS와 마찬가지로 시간 복잡도는 O($n+m$)이다.

남은 단계

이로써 그래프와 이 장 및 책 전체에 대한 여정을 마친다. 그래프와 그래프에서 실행되는 알고리즘에 대해 더 자세히 알고 싶다면 다음 책을 추천한다.

- 《Advanced Algorithms and Data Structures》(Manning, 2021)
- 《Introduction to Algorithms》(한빛아카데미, 2024)
- 《Graph-Powered Machine Learning》(Manning, 2021)
- 《Graph Databases in Action》(Manning, 2020)

이것으로 자료구조에 대한 투어를 종료한다. 흥미가 돋아나고 더 많은 것을 배우고 싶다는 동기가 생겼길 바란다. 자료구조에 대한 여러분의 여정은 이제 막 싹을 틔운 셈이다. 좋은 소식은 자료구조에 대한 호기심을 충족시켜줄 수 있는 훌륭한 책이 많다는 것이다. 《Introduction to Algorithms》이나 《The Algorithms Design Manual》과 같은 고전적인 교과서 외에도 참고할 만한 도서는 다음과 같다.

- 아디티야 바르기바의 《그로킹 알고리즘(2판)》: 이 책을 다소 보완해준다. 정렬이나 검색과 같이 자료구조에서 실행할 수 있는 알고리즘에 더 중점을 두고 있다.
- 카미스Khamis의 《Optimization Algorithms》(Manning, 2024): 고급 검색 알고리즘, 진화 알고리즘, 머신러닝에 대해 배울 수 있다.
- 《Advanced Algorithms and Data Structures》: 그래프에 대한 심층적인 논의와 함께 무작위 난수 힙, 트라이, k-d 트리, Ss+ 트리 등의 고급 자료구조에 대해 소개한다.

---

[*] https://mng.bz/EZ6O

요약

- 그래프는 단순한 컨테이너 이상의 역할을 하며, 간선으로 연결된 개체(정점)들 간의 관계를 모델링할 수 있다.
- 그래프는 트리의 일반화다. 특히 트리는 단순하고 연결되어 있는, 비순환적인 그래프다.
- 그래프는 두 정점 사이에 최대 하나의 간선만 존재하고, 자기 자신에게 연결된 간선이 없으면 **단순**simple 그래프라고 한다.
- 그래프는 임의의 두 정점에 대해, 하나의 정점에서 다른 정점으로 이동할 수 있는 간선들의 순서를 찾을 수 있으면 **연결**connected되어 있다고 한다. 연결되어 있지 않은 그래프는 연결 성분으로 분해할 수 있다.
- 그래프는 시작과 끝이 같은 경로가 하나라도 있으면 **순환적**cyclic이라고 하며, 그렇지 않으면 **비순환적**acyclic이라고 한다.
- 유향 그래프에서는 간선을 한 방향으로만 탐색할 수 있다. 예를 들어 트위터의 팔로우 관계는 방향성 그래프로 모델링할 수 있다. 무향 그래프에서는 모든 간선을 양방향으로 탐색할 수 있다. 페이스북의 친구 관계가 그 예다.
- 그래프는 주로 **인접 리스트**adjacency list나 인접 행렬로 구현되며, **인접 행렬**adjacency matrix은 특정한 상황에서만 사용된다.
- **너비 우선 탐색**BFS은 그래프를 탐색하고, 시작 정점에서 그래프의 나머지 부분까지 최소 간선 수로 경로를 찾는 알고리즘이다.
- **깊이 우선 탐색**DFS은 그래프에서 경로의 끝까지 탐색을 진행하는 방식이다. 이 알고리즘은 그래프가 연결되어 있는지, 사이클이 있는지 등의 여러 속성을 확인하는 데 사용할 수 있다.

진솔한 서평을 올려주세요!

이 책 또는 이미 읽은 제이펍의 책이 있다면, 장단점을 잘 보여주는 솔직한 서평을 올려주세요.
매월 최대 5건의 우수 서평을 선별하여 원하는 제이펍 도서를 1권씩 드립니다!

- **서평 이벤트 참여 방법**
  1. 제이펍 책을 읽고 자신의 블로그나 SNS, 각 인터넷 서점 리뷰란에 서평을 올린다.
  2. 서평이 작성된 URL과 함께 review@jpub.kr로 메일을 보내 응모한다.

- **서평 당선자 발표**

  매월 첫째 주 제이펍 홈페이지(www.jpub.kr)에 공지하고, 해당 당선자에게는 메일로 연락을 드립니다.
  단, 서평단에 선정되어 작성한 서평은 응모 대상에서 제외합니다.

독자 여러분의 응원과 채찍질을 받아 더 나은 책을 만들 수 있도록 도와주시기를 바랍니다.

찾아보기

기호

_adj 속성	223
_get_vertex 메서드	223
_head 속성	126
_heapify 메서드	165
_highest_priority_child_index 메서드	170
_push_down 메서드	170
_search 메서드	86, 95
_tail 링크	96

A

array 모듈	21
array.array 클래스	21
array.insert 메서드	199

B

Bag 클래스	114
BFS (breadth-first search)	138, 226
bfs 메서드	229
Big-O 표기법	46, 51
BST 순회	189

C

color 딕셔너리	232
contains 메서드	86
core.Array 객체	23
core.Array 베이스 클래스	71
core.Array 클래스	35
cProfile	44, 127

D

DAG (directed acyclic graph)	230
data 인수	130
deepcopy 메서드	126
delete 메서드	26, 35, 74, 86, 199, 209
delete_from_front 메서드	88, 139
dequeue 메서드	135, 139, 148
DFS (depth-first search)	138, 229
double_size() 메서드	72
DynamicArray 클래스	71
DynamicSortedArray 클래스	75

E

Edge 객체	222
enqueue 메서드	135, 139, 146
extract_max 메서드	156

F

FIFO	135
find 메서드	74
front 포인터	145, 150

G, H

get(i) 메서드	126
HashTable 클래스	209
head 포인터	87
Heap 클래스	165

I

initial_capacity 인수	73
insert 메서드	25, 35, 72, 89, 167, 209
insert_in_front 메서드	124
insert_in_sorted_list 메서드	89
insert_to_back 메서드	139
iterate() 메서드	111

L

LIFO	118
linear_search 메서드	41
list 클래스	21

M

max_in_array 함수	30
max_size 메서드	35
max_size 인수	146
max_value 변수	29

N, P

Node 클래스	82, 86, 91, 181
peek 메서드	126
pop 메서드	125
print 메서드	28
profile	44
pull_highest_priority_element 메서드	156
push 메서드	124
push 인수	130

R

RAM (random-access machine)	46
rear 포인터	145

S

search 메서드	38, 85, 96
SinglyLinkedList 클래스	83
SinglyLinkedList.delete_from_front 메서드	129
SinglyLinkedList.Node 클래스	129
SortedArray 클래스	34, 62, 71
SortedDoublyLinkedList 클래스	97
SortedSingleLinkedList 클래스	97

Stack 클래스	124
Stack.pop 메서드	129
Stack.push 메서드	129
StackArray 클래스	127

T

top 메서드	157, 169
traverse 메서드	41, 75, 95, 115
typecode 인수	71

U, V

UnsortedArray 클래스	35
Vertex 객체	223

ㄱ

가방	110, 117
가상 인덱스	141, 147
가중 간선	215
간선	215
강하게 연결된 컴포넌트	219
개방형 주소 지정	207, 210
검색	35, 74, 85, 95
곱셈 방법	206
공간	55
구현	104, 113
균형 이진 탐색 트리(BBST)	194
균형 잡힌 트리	192
그래프	109, 132, 214
깊이 우선 탐색	138, 229

ㄴ

나눗셈 방법	205
너비 우선 탐색	138, 226
높이 균형	194

ㄷ

다중 그래프	215
다차원 배열	31
단순 그래프	215
단순 큐	134
단일 연결 리스트(SLL)	80

데카르트 평면	47
도착 정점	215
동적 배열	19, 60, 62, 71, 77, 114, 122, 150
디큐	148
딕셔너리	196, 197

ㄹ

랜덤 접근 기계	46
런타임	17
루프	215
리스트	19, 21
리스트 ADT	113

ㅁ

메모리	16, 144
메시징 시스템	152
모듈로 연산	142
무작위성	113
무향 그래프	217
밀집 그래프	216

ㅂ

반환 주소	130
배열	15, 21, 23, 28, 78
백트래킹	191
병합 정렬	51
부작용	110
분할 상환 분석	54
분할 상환 실행 시간	114
비순환 그래프	218

ㅅ

삭제	35, 38, 74, 86, 96
삽입	35, 36, 72, 83, 93, 166
삽입 정렬	37
서비스 거부(DoS) 공격	6
선입 선출(FIFO)	135
선택 정렬	51
선행자	190
선형 시간	48, 56
선형 큐	141
선형 탐색	39, 55, 90, 211
성장 함수	48
성장률	47
순환 연결 리스트	98
순환 큐	141
순회	27, 35, 95
스택	12, 26, 117
스택의 맨 위	119
실수	22
실행 취소	131

ㅇ

알고리즘	3
연결 리스트	77, 105, 114, 123, 124, 139, 157, 178, 200
연결된 컴포넌트	219
연관 배열	196
우선순위 큐	155
운영체제	152
웹 서버	152
유연한 인덱싱	4
유향 그래프	216
유향 비순환 그래프	230
이중 연결 리스트(DLL)	90
이진 탐색	40, 57, 90
이진 탐색 트리(BST)	180
이진 힙	160
이차 탐색	211
인덱스	15, 19
인덱싱 함수	202
인접 리스트	221
인접 행렬	221, 224
인큐	146

ㅈ

자료구조	3, 60, 104, 121, 138, 157, 199
재실행	131
전위 순회	190
점근적 분석	44, 55
정렬되지 않은 리스트	158
정렬되지 않은 배열	158
정렬된 배열	33, 35, 157

정렬된 연결 리스트	88, 157
정수	22
정적 배열	15, 19, 61, 114, 121, 140, 144
정점	215
중복 제거	197
중위 순회	190
중위 표기법	130
직접 접근 테이블	202, 204

ㅊ

체이닝	207
초기화	20
최악의 사례 분석	53
추가 공간	55
추상 자료형(ADT)	18, 103, 110, 118, 134, 156
출발 정점	215
충돌	207
측정된 자원	55

ㅋ

캡슐화	23
컨테이너	2, 108, 117, 134
컬렉션	15, 30
콜 스택	129
큐	2, 13, 134, 138, 144, 150
크기 속성	149

ㅌ

테일 요소	81
통계	28

ㅍ

평균 사례 분석	53
포레스트	220
풀 전략	152
프로파일링	44
피보나치 힙	129

ㅎ

해시 체인	207
해시 테이블	201, 204
해시 함수	204
해싱	204
헤드 요소	81
후위 순회	190
후위 표기법	130
후입 선출(LIFO)	118
후행자	190
희소 그래프	215
힙	160
힙 정렬	51
힙화	171